ESPACIO RIZOMA

Homeopatía para la cultura local y sus redes

José Ramón Insa Alba

Edición respaldada por:

Diseño de interior y portada: estudio Detalier.

#ÍNDICE

LA AUTOEDICIÓN RESPALDADA

No sé muy bien si se trata de nueva modalidad, pero, aunque desconozco iniciativas similares, seguro que en alguna parte se está hablando de esto mismo, se está poniendo en práctica algo parecido. No estamos solos aunque nos lo parezca, aunque a veces el ego nos juegue malas pasadas. La simbiosis radical, como dejé escrito en otro lugar, es lo que en realidad está por debajo del movimiento continuo de la inteligencia: posiblemente metacultura.

En todo caso, bien podríamos llamar así a este modelo: autoedición respaldada, y vamos a creer que lo inauguramos aquí. También es bueno alimentar nuestra autoestima, controlando las calorías, eso sí. ¿En qué consiste el modelo? Hasta ahora las editoriales, las instituciones, fundaciones, sociedades, universidades… sufragaban los gastos de una publicación, se hacían cargo de los costes. Con este gesto no solo facilitaban su difusión sino que, muy importante, dotaban a la obra de un respaldo académico, literario, técnico... suficiente al, de algún modo, arriesgar capital e imagen. En este momento ese aval económico está reduciéndose pero bien podemos seguir acudiendo a ellas para ese respaldo intelectual. No aportan el capital pero sí su carga de prestigio. Algo así como una forma de decir que esa obra cuenta con la confianza suficiente y que suscribe su contenido.

Debo decir también que tengo que agradecer a PROCURA (Profesionales de la cultura en Aragón) el respaldo. Su confianza. Y en función de esa simbiosis radical de la que hablaba al principio me parece justo corresponder. Si has adquirido esta obra en formato digital debes saber que he cedido los beneficios. Parte de ellos a PROCURA. La otra parte, me parece imprescindible colaborar con los medios que cada uno tenemos, va a ir destinada al proyecto INTEREBOOK, una plataforma editorial emergente. La plataforma en dónde se aloja el ebook.

Nexonáutica.

#0

Una pequeña historia del por qué y del dónde

Allá sobre finales de 2010 comencé a ordenar, en cierto modo, las reflexiones que durante los cinco años anteriores fui anotando en diversos soportes. No sé muy bien cómo ni por qué los había ido guardando, pero allá estaban, por carpetas, maletines, notas digitales, solapas de los libros, cuadernos varios... Desde 2005, como digo, pasando a tinta espacios de pensamiento surgidos de la búsqueda. Qué hacer con lo anotado. Guardarlo, compartirlo... sí pero, cómo. La idea de blog podía ser útil. Sin embargo tampoco iba a ser demasiado ortodoxo. Pero qué más daba. La cuestión era, como decía, guardar y compartir así que me puse. En todo caso había mucho material y la estructura de post al uso no cuadraba mucho. No importaba. Fui incorporando las entradas tal y como la había ido recopilando, con un cierto orden temporal surgido, cómo no, de ese desorden inicial. Como digo, nada ortodoxo. Por ello hasta la entrada #627 no comienza una, digamos, normalización secuencial del relato. O sea, hasta esa entrada todo corresponde al periodo 2005/2010.

La cuestión inicial era componer una especie de pastillero con muchas entradas de tamaño pequeño que yo imaginaba como píldoras homeopáticas. Algo que pudiese ser útil para aliviar o vigorizar de algún modo ese espacio de la cultura local y sus redes. Unos textos cortos y potentes que, poco a poco y a medida que avanza el tiempo, van creciendo y se van haciendo más extensos. Tampoco pasa nada, me dije, no sé por qué ese empeño en mantener una unidad estructural en algo que surge del trastorno del pensamiento.

Allá quedó el blog. Dejé de incorporar entradas coincidiendo con un cambio en mi vida laboral y, como sabía que no podría dejar de hablar sobre el tema, pedí hospitalidad a Marta Ardiaca @mardiaca y a Rafa Milán @rafamilan. Me acogieron en Temptatives (http://temptatives.wordpress.com). Pongo en bonus track lo que allá publiqué.

He hecho pocas trampas a la hora de convertir en libro este blog. Mínimas correcciones y algún remiendo de estructura. Incluso he preferido respetar esos errores de numeración que a veces dan saltos y otras veces «eliminan» entradas. Incluso alguno se repite... también los he dejado así. Del mismo modo me ha parecido conveniente conservar la fecha de entrada de cada post (aunque recuerden que hasta la 627 pertenecen a ese momento difuso desde 2005 hasta 2010) con la idea de que podrá ser un dato curioso cuando en un futuro podamos acceder y contrastar.

Y quien se vea empujado a confirmar, con buenas o regulares intenciones, la coherencia del inventario con el blog, observará también que, en ocasiones, textos de una entrada se repiten en otras. La remezcla autoinducida ha sido una de las convicciones y como en ocasiones utilizaba algunas de estas piezas para construir intervenciones más extensas es fácil observar esta especie de anomalía. No quise purgar demasiado.

Y al final, después de abrigar la idea de ampliarlo con diversos textos dispersos, decidí incorporar dos remates que creo delimitan bien la geografía de este compendio de reflexiones. Hubiese querido ofrecerlo antes pero circunstancias lo impidiero. En todo caso, aquí queda.

En la composición de estos textos pueden hallarse trazas de animadas y tabernarias conversaciones con

Agustín Serra, Andrés Perruca, Chelo Carboné, Elena Val, Javier Albisu, Joaquín Merchán, M Angeles Serrano, Patricia Shelly Vidal, Rubén Sscaramuzzino, Javier Anós, José Luis Murillo, Eduard Miralles, Jordi Pascual, Juana Escudero, Joseba Acha, Chus Cantero, Luis Ben, Ángel Mestres, Iguázel Elhombre,Tomas Guido, Oscar Ciuro, Victor Domeque, Diego Garulo, Maria Victoria Alcaraz, Freddy Montero Mora, César Falo, Luis Calvo, Esteban Ruiz, José Ibáñez Almajano, Jorge Melguizo, Rafael Flores, Silvye Duran, Cissi Montilla, Saúl Esclarin, José Luis Mariscal, Rafael Mandujano, Silvina Freiberg, Roberto Gómez de la Iglesia, Vitor Martelo, José Luis Melendo, Félix Manito, Rafael Morales, Tulio Hernández, Mayté Cordeiro, Fabiola Leiva, Rafael Morales, Rodolfo Nomen, Javier Galán, Ernesto Piedras...

Lecturas de

Gilles Deleuze, Guy Debord, Noam Chomsky, Tzvetan Todorov, Edgar Morin, Jean Baudrillard, Susan Sontag, John Berger, Cornelius Castoriadis, Eduardo Haro Tecglen, Émile Armand, Ignacio Castro, Chaime Marcuello, Zigmunt Bauman, Alfredo Saldaña, Gilles Lipovetsky, Jaime Pastor, César Rendueles, Félix Guattari, George Yúdice, José Luis Brea, Nestor García Canclini, Ignacio Ramonet, Pierre Levy, John Holloway, Vicente Verdú, Santiago López Petit, Nicolas Bourriaud, Armand Mattelart, Serge Latouche, Sergio Martinez Luzan, Carlos Taibo, Alain Touraine, Henri Atlan, Manuel Delgado, Kalle Lasn, Pierre Bourdieu, Agustín García Calvo, Perry Anderson, Eugenio Trias, Paul Virilio, Robert Hughes, Daniel Cassany, Daniel Innenarity, Armand Mattelart, Saskia Sassen...

Y de enriquecedores tuiteos (siento que no estén tod's)

@gestionpublicav @torcuataTK @HangarBCN @Iguazelelhombre @galantweet @zhuge liang @Sonaratv @ColaBoraBora @milladigital @jifamiliar @virolanet @cebajomartir @MarcRoig @ Bagdadcafebcn @carlosguadian @diaz meco @CrowdS11 @elena asensio @perdomo @tiscar @ dreig @La-CasaEncendida @latabacalera @alg a @agetec @mataderomadrid @zzzinc @LaCasaInvisible @LABoral @mediotic @urbanohumano @rtayar @kamen @misstechin @MedusaCultura @adelgado @Rafacereceda @Jordi Fabregas @recordartv @1ernesto1 @JavierAnosL @Lacapsa @ADICREA @anmontes @oscarsenar @eldelacajita @saulesclarin @innosfera @antonigr @CoNCATwits @JSerraFiguerola @MariaFa @crissal¬branera @AlfredoLlopico @salaRekalde @Idealibros @miqueltebar @ia g¬ @martavines @PepeZapata @eduardovicent @mediamusea @Achilipunk @MaxisLovely @hipermedula @eraser @ElPratCultura @ar¬nausabate @OriolOcana @RubenMartinez @yproductions @Indigestio @Razimar @javierbrun @Daniel¬dazaprado @ricardparera @sirjaron @tulioehernandez @musas20 @ahiebra @lacolectivalab @mtroguet¬taull @lbonetUB @CristinaRiera @eldadodelarte @petitachiado @atrapasuenios @cali75 @SUSALERNO @javierneme33 @stephanyhoy @rmandu @ryukenichi @rafami.an @sjararam_rez @Cissimon @jarade¬diavolo @TEDxUFRO @lidlalo @marianolegname @rubendiaz @PipocasColabs @rafamilan @maitesdg @JavierAnosL @marisolbcn @cajade_oshilos @isabelcz @Iguazelelhombre @josebaacha @stepienybarno @jordipapiol @rodriguezmateo @fuina @zdeo @lafundicio @shewasapunk @docultura @semillerourbano @SINERGIASOSTEN @1ernesto1 @JuanPedregosa @martinrked @Arianata @beabusaniche @EduardoDuarte @rutx @andresduran @monikitanipone @ciudadanoe @lafontina @horaciooscar @malenatotino @joana varon @preescolar @glorialescano @mardiaca @astangl @cecisabatinolorenandreu @AngelikDi @ginocingolani @markopunk @Mache166 @johelm @danielaescobar @mestresbcn @jfreire @maudelfin @luzpearson @NachoMolano @zemos98 @pedrojimenez @sarok manual para el pasado, no

#MANUAL PARA EL PASADO. NO FUTURE? QUÉ HEMOS HECHO CON LA CULTURA.

Esta reflexión nace de la revisión del texto, de la revisión de este "espacio rizoma" y de descubrir cambios, los pasos dados... hoy puede que dotara de matices a algunas de las entradas. Incluso que quitara algunas de ellas. No he querido precisamente para acercarme más a ese análisis diacrónico que deberíamos hacer de nuestro propio pensamiento. Un ejercicio de aceptación. Quizá de catarsis.

Quizá durante el tiempo que duró ese "espacio rizoma" tuvimos que contemplar algún trastorno grave: el empobrecimiento del ambiente erudito (muerte a los intelectuales) en una sociedad orientada hacia la persona como herramienta de producción (*animal laborans*); la anulación de todo obstáculo teórico, especulativo o utópico que apartara de esa meta hipermercantilista (la infancia y juventud triunfadoras deben aprender a jugar en bolsa antes que acercarse a la filosofía); el progresivo abandono del compromiso para la construcción social de los comunes, aunque esto no sé muy bien si es consecuencia o antecedente. Y una grave, más si cabe, el creciente posmodernismo individualista (anulación de lo colectivo) sustentado sobre el consumo y la propiedad de infinitos gadgets.

Parece ser que, al contrario de esa necesidad de análisis que reclamaba al principio, lo que ha habido, en general, es una tendencia a despeñarse por las pronunciadas laderas de la acción y a gran velocidad hacia la necia arrogancia del "menos pensar y más hacer" (¿eso que Byung-Chul Han denomina "la sociedad del rendimiento"?). Claro que sigue habiendo islas en las que se juntan especies raras.

Puede que solo a mi me parezca, y por ello esté absolutamente confundido, pero cuando la posmodernidad proclama la muerte de las ideologías, la inclinación consecuente tiende a encerrarlo todo dentro de un escenario posibilista y en torno al pensamiento dominante del que nos habla Touraine. La consecuencia coloca a la cultura como un objeto sin compromiso (sí, sé que los discursos la han ofrecido como la estructuradora de las sociedades y su valor central) ausente de otros méritos que no sean la generación de empleo, el patrimonio como experiencia a partir del turismo, el ocio, los espectáculos y últimamente las comunidades como discurso renovado en forma de culturas vivas. En todo caso, todo bien delimitado por un buen marco cínico.

Y ahí nos hemos quedado. Alimentando el espejismo hasta que de repente todo se rompe y ya no se venden esas vasijas sin fondo. Y todo se paraliza porque ya nada cuadra con el mercado infinito. Ya no nos preparan esos estupendos platos que nos alimentaban, esos estupendos manjares elaborados por expertos cocineros y servidos por eficientes meseros que nos libran de la incomodidad de pensar, de la posibilidad de que cada cual pueda elegir la mezcla o el orden, la combinación, las texturas… (Barthes, en su "El imperio de los signos" hace un precioso análisis sobre la comida japonesa que bien podríamos leer y aplicarlo a este mundo de la cultura). Todo nuestro alimento-cultura se ha servido a lo grande y con una secuencia y dosificación bien estructurada y calculada para una ingesta sin sobresaltos. Para que los destellos y la espectacularidad cumplan su papel. Para ello, en el camino se ha ido olvidando y despreciando lo pequeño, lo minúsculo, la armonía se ha ido perdiendo en ese infinito cúmulo de sabores sin son. En un consumo forzoso de grandes bocados que, a la postre, mal pueden ser digeridos, asimilados, aprovechados.

Y en esa superioridad de quien prepara y distribuye, esa autoridad que no cabe duda es fruto de nuestra metafísica occidental, aristotélica, cristiana, cartesiana y, sobre todo, monoteísta, todo lo que se produce desde la institución, desde el centro del poder, es obra del dios único, es la Verdad: lo que debe ser. Y así, como en la más pura "guerra cultural preventiva", así como el Imperio quiere imponer la democracia a los bárbaros y siempre por su bien, quizá así acabó nuestro intento de democratizar la cultura: imponiendo modelos y muchas veces paranoias. No sé si nos hubiese ido mejor sin esos ministerios, secretarias, unidades, servicios, áreas… no sé.

Lo que si creo tener claro es que estamos en una especie de desajuste de los códigos. Por un lado la distancia que existe entre la realidad y los espejismos de la gloria. Por otro entre la sensibilidad creativa y la indolencia lucrativa. La cultura oficial acaba siendo la representación de una copia, un estereotipo inanimado. Ni siquiera se pretende la ilusión de una realidad sino la construcción de unos artificios que más bien buscan gloria superficial. Y alcanzamos una cultura intransitiva que no filtra sino que se canaliza en dirección única y sin retorno. Una especie de ejercicio del vacío sin vasos comunicantes. Un aparentar de esencia. Los envoltorios de la nada en forma de esos grandes eventos que han dilapidado las energías ciudadanas y han servido a más nobles intereses: adecentar riberas, esponjar barrios, limpiar zonas oscuras, acelerar el turismo, urbanizar terrenos, explotar el ladrillo… ¡poner nuestras ciudades en el mapa! La lectura de los mercaderes. La práctica de las formas, la práctica del vacío.

La cultura parece que ha sido obligado sacramento, el bautismo a una nueva vida, ese adeudo con el dios único para codearnos con los más grandes. Mandamiento y fe. Eso sí, evitando la heterodoxia y la razón, evitando cuestionar modos y principios. Y todo a través de los sacerdotes.

Pero la cultura es también su contrario y eso, quizá, no lo hemos sabido comprender.

Nadie sabe el pasado que le espera. Dice un proverbio cubano. Magistral. A mi me sucede que no sé si vivimos el presente de un pasado que no supimos construir, un presente que no podíamos esperar. La cultura ha jugado con dos modelos de futuro y, al parecer, en algún momento decidió abundar en uno de ellos. Por una parte el diseñado por y para el mercado, la feria, el zoco en su más amplio sentido. Por otra, el señalado por el compromiso, la humanidad, la proximidad... Tengo muchísimas dudas sobre si hemos hecho lo correcto pero a todos se nos ha ido en algún momento el pib por la boca. Muchos, muchísimos, demasiados, solo han tenido ese argumento.

Está bien claro que es un indicador productivista que nada tiene que ver con el bienestar individual o comunitario y menos todavía con el desarrollo de la cultura como tal. Algo sujeto a las tendencias financieristas de la sociedad y que arropa y aúpa un concepto de desarrollo absolutamente influenciado por el liberalismo y a costa de la dignidad de las personas. Existen claros ejemplos de sociedades con extremas desigualdades y pib's excelentes. Existe, sobre todo, el papanatismo de extender consignas sin ningún tipo de crítica, doblegados ante un sistema que difunde afirmaciones que la mayoría toman como absolutamente sólidas solo por que suenan con la melodía que se ha encargado que suenen, solo porque ellos parecen muy listos y nosotros muy tontos. El capitalismo, sus consignas estrella y su necedad dineraria son las que han compuesto un discurso absolutamente perverso que ha hecho desaparecer otros argumentos relacionados realmente con el cultivo de las sensibilidades, con el crecimiento intelectual. El discurso impone y desde este negociado de la cultura se ha doblado la rodilla quién sabe si por parecer contemporáneos o por no perder algún tren. ¿El desmantelamiento de la cultura? En algún momento también he hablado de la transgenización. El pib también modifica los genes de la cultura. Solo es necesario cambiar el enfoque y configurar una nueva perspectiva para que el escenario se distorsione de modo absoluto. Enfocar la cultura a través del pib no hace sino desmejorarla. Lo demás son cantos de sirena mercantilista.

Esos dos modelos anteriores ni siquiera han colisionado (se sabe por la física que cualquier colisión genera contaminación), uno ha anulado al otro, lo ha relegado a "prácticas menores" porque, al parecer, lo contemporáneo, lo respetado y prestigioso, solo puede tener una lectura práctica, de resultados, de cifras, esas que nos iban a salvar sin esfuerzos. La inmortalidad, el liberalismo infinito. Por eso la cultura, como tal modelo de compromiso social, no importó. En alguna ocasión he hablado de la cultura zombi, aquella que iba alimentándose de cerebros pero nada de ellos transmutaba en quien los ingería. Esa cultura que después de muerta se resistía a desaparecer. Cultura obligada a vivir, a una mecánica sin voluntad propia, sin alma…

Porque la tiranía de lo cotidiano no nos dejaba tiempo para el futuro. Por eso fuimos construyendo todo sobre lenguajes que no eran los nuestros. Lenguajes que se presentaban como los únicos válidos para dignificar el trabajo, para consolidar la cultura en las sociedades emergentes, los lenguajes de una estrategia de mercantilización absoluta. Lenguajes que iban construyendo una cultura-ficción en la que, como en aquellas películas de los años cincuenta el attrezzo vestía el discurso, para reforzarlo, con trajes y aparatajes ridículos. Nosotros quisimos ver una sociedad culta, avanzada, y le pusimos los trajes del mercado. Siempre en la obsesión de ir más allá, la montamos en un tren de alta velocidad que no podía parar en estaciones intermedias, que no podía detenerse en poblaciones mínimas, que podía salirse de la vía señalada, que no podía perder el tiempo.

Y así se convirtió también en un cachivache posindustrial, en material fungible, algo que competía con otras tantas mercancías con fecha de caducidad. La energía se convirtió en coágulo y pareció obstruir no pocos vasos, no pocas venas, no pocas arterias, inutilizado no pocos corazones. Y ese trombo llegó también al cerebro, bloqueó no pocos protocolos de pensamiento: no era necesario pensar, todo discurría de manera tan natural y maravillosa, tan productiva, que mejor no estropearlo. Se instaló una especie de "prevaricación cultural" que nos alejaba de cualquier relación con la ciudadanía. Lo que sobraba de la cultura era la cultura y así se actuó.

Me queda la triste sensación, por lo que a mi me toca, que todo se aceleró enormemente cuando la cultura fue normalizada por los gobiernos locales, cuando se la apropio el sistema y se le quitó todo el germen político, cuando se transgenizó para garantizar los resultados. Cuando la convertimos en un organismo genéticamente modificado que podía controlar el futuro de las ciudadanías. Quizá también aquí fuera apareciendo una desafortunada tensión entre lo cultural y lo político. Aparece la cultura unidimensional (Marcusse). Vinculada a unos marcos de pensamiento que no ven más allá del horizonte de un capitalismo neoliberal que todo lo absorbe, que todo lo transforma, que todo le vale.

Podríamos decir que éste modelo de cultura-mercado ha señalado el tiempo de una cultura totalitaria, algo que ha sido dogma y religión laica y, como ambas cuestiones, vacías de toda lógica y razón, sustentadas por la fe y el repudio a la disidencia, al discurso crítico. La cultura, a pesar de los múltiples y extraordinarios esfuerzos de algunas personas y organizaciones, es un objeto muerto dentro de las actuales políticas institucionales. Quizá el pasado viene por ello hacia nosostros. O como dice Rodrigo Fresán: *el futuro ya no es lo que era.*

cultura: entre el valor y el fetiche

La planificación (gestión) cultural de los últimos veinte años (vamos a redondear) ha evolucionado, de forma sutil, hacia la explotación de la cultura como una extensión del mercado. Se ha desmenuzado y se ha dividido en lotes (industrias culturales – economía de la cultura) para favorecer su producción, distribución y consumo, para respaldar un control muy bien argumentado desde narrativas técnicas y de método. A la par, desde la construcción capitalista de imaginarios, se la dignifica con "argumentos pib" para auparla a la categoría que necesitan quienes quieren entrar en el juego de esa modernidad difusa que reniega de su pasado. El proceso hace mella, por supuesto, en las políticas culturales y aparecen, con su apoyo y fomento, los tres estados de la cultura contemporánea:

1. Se organiza una "cultura extensiva" que busca abarcar el mayor mercado posible desde un modelo evidentemente industrial. Los grandes espacios, los grandes eventos como metáfora del modelo neoliberal y las ciudades "marca".

2. Se configura una "cultura de lo dado" en la que no participamos sino que adqurimos. Una inercia de civilización consumista en la que sólo pueden ofrecer los expertos.

3. Se propicia una "cultura extractiva" en la que todos no pueden jugar porque no tienen fuerza, capital, posición o contactos suficientes como para competir en este entorno.

El clima: Un gran consenso alrededor de estos discursos que han homogeneizado hasta el límite todos los procesos y las formas de entender la cultura. Se ha conseguido consolidar una visión de ella en la que el estado y el capital se sienten muy cómodos: se han controlado las ansias de libertad que la socio-cultura planteaba. A la vez, se ha logrado que esté inevitablemente subordinada a las lógicas de la economía capitalista. Se ha alcanzado un entusiasmo unificador a través de lo que Ron Sakolsky llama "aquiescencia mutua", un lineamiento acrítico en torno a comportamientos, actitudes y discursos que, bajo una apariencia de rebeldía y progresía, no hacen sino asimilar y asegurar la continuidad del sistema que pretenden derribar. El papel institucional es importante y de ahí la implicación de muchos gobiernos locales en esta dimensión facilitadora.

En este escenario, es como si la cultura hubiese adquirido un carácter fetichista: no hay discurso que no la ponga en la primera línea para alcanzar ese desarrollo que tanto se desea. Un fetiche que resulta bastante atractivo para esa política liberal-progresista, representada por la socialdemocracia, que tan a gusto se siente en un entorno tibio compartido con la derecha tradicional. Como diría Giorgio Agamben, un fascinante artificio que se utiliza, en realidad, para la expropiación de la idea de cultura de comunidad: al estar comprometidos con el pensamiento dominante, con su promoción, con su refuerzo, la operativa de una búsqueda alternativa desaparece.

Es como si todo hubiese girado en torno a una lógica cerrada, a una racionalidad que se sustenta sobre mitos que no se cuestionan, que no se piensan, en definitiva una fantasía global que mantiene las condiciones para esa paz tan necesaria. Pero estas afirmaciones desarrollistas y positivas tan claras y taxativas se hacen desde una tremenda simplificación y sin observar matices ni comprender la cultura como un sistema complejo de difícil atomización.

Y así vamos creando una sociedad que cada vez se sumerge más en modelos de relación que sólo circulan por ese espacio de valor de mercancía. Como Pasolini decía quizá, estemos consiguiendo una "mutación antropológica" desde la homogeneización tan absoluta de comportamientos y horizontes. ¿Dónde está la cultura en este escenario que nos viene sobrecargado y mediatizado? Quizá estemos asistiendo a la devaluación de la cultura en función de un "exceso de cultura", de una sobrecarga que se somete a la necesidad rotación y circulación infinita del producto: la cultura como una herramienta "blanda" para hacer negocios.

Y cómo no, desde esta circunstancia, la cultura es algo que nos viene dado, algo que no construimos desde las relaciones sino desde las normativas del mercado. El éxito neoliberal ha sido vaciarla de su carácter social y político y dejarla en manos de los "expertos", apartarla de la vida cotidiana y comunitaria, apartarla de lo ordinario y hacerla rentable, excepcional, ostentosa... Organizarla de modo que sea previsible y ordenada, utilitaria, calculada y planificada para que concuerde con los estándares de una sociedad bien delimitada. La cultura "se hace" en las fábricas autorizadas de cultura. Lo demás no lo es: "sólo es cultura si lleva la certificación oportuna". La cultura para "ser cultura" se encuentra sometida a la planificación centralizada, a la supervisión de los expertos y a la puesta en valor de mercado. La homogeneización es la consecuencia lógica tanto en cuanto a sus productos como a sus procesos. Por supuesto en cuanto a los discursos. (Nota mental: Quizá el folclore cumpla con una curiosa necesidad de diferenciación que cuadra muy bien con la teoría de las identidades y con ello tenga un hueco más o menos cómodo. Las señas de identidad convertidas en un eslabón más de esa cadena productiva bajo vigilancia).

Por eso mismo a la cultura, a esa cultura que hoy se propone, sólo se acercan quienes reúnen alguna o las dos de las siguientes características: tener potencial económico suficiente para comprar el producto ofrecido, y dos, tener una pulsión y curiosidad "natural" por asomarse a otras ventanas. ¿Dónde está el resto? Me da la sensación de que estamos en un círculo cerrado en el que sólo tienen cabida ciertos elegidos y qué, como en esa economía neoliberal que dirige nuestros futuros, sólo se da de comer a quien ya tiene comida, aquí solo se da cultura a quien ya tiene cultura. En ambos casos la brecha de la desigualdad crece.

Pero la cultura que "habitamos" no sé si puede llamarse cultura desde el momento que ha abandonado los espacios utópicos y ha olvidado las razones que le llevaban a la interpretación, a la imaginación de otra vida, de otras posibles vidas. La dicotomía entre la "cultura ordenada" y la cultura como espacio espontáneo de creación, de gozo, de hábito y de conocimiento es algo que sólo puede superarse si nos liberamos de ese pensamiento único y uniformizador con el que nos construyen. Quizá pudiésemos delimitar tres grandes dolencias fruto de ese "pensamiento patrocinado":

1. Gran debilidad teórica en cuanto todos los análisis giran en torno a los modelos económicos y de mercado.

2. Una estandarización extrema de programación fruto de las exigencias de ese mercado al que se somete.

3. Un acatamiento por parte de su "cuerpo técnico" de la ortodoxia.

¿Dónde está el límite? ¿Hasta dónde puede llegar un modelo de cultura distribuida? ¿Dónde está el límite de una gestión de producto? Qué podemos cambiar cuando consideramos la cultura como algo externo, fuera de todo comportamiento que no sea el del consumo. Porque el horizonte de la cultura no se despeja únicamente desde los escenarios, las salas, los museos, las librerías, los cines... Ni desde unas barricadas que acaban convirtiéndose en otros espacios cerrados. Se requiere interpretarla desde su contexto ordinario, considerarla como algo propio, natural, intrínseco... no siempre e inevitablemente como algo externo que se nos da, que viene de fuera como una concesión, algo que otorga quien gobierna y quien sabe. Sería bueno alcanzar una "cultura cotidiana", trabajar por emanciparnos de los "saberes expertos", de esa cultura que lo sabe todo, que todo lo conoce, que todo lo resuelve, que todo lo vende... Cuestionar, en fin, este fetichismo de la cultura/mercado para imaginar otras salidas. Algo que la libere de la valoración capitalista (Robert Kurz y Anselm Jappe) y que la aborde desde el afecto, la relación, las emociones, los gozos... no mercantilizados. Un modelo menos instrumentalizado, menos mediatizado por la ideología del capital...

De lo que fuimos y de lo que queremos ser podría llamarse también todo esto. De lo que hemos hecho y de la oportunidad que se nos presenta, de la oportunidad que parece que hoy tenemos para modificar hábitos, para mirar la cultura desde una perspectiva menos instrumentalizada, liberada de ciertos secuestros... Pero para eso es necesario acercarnos desde la crítica a esta realidad que hemos ido construyendo, de lo que los gobiernos locales han ido promoviendo como cultura. Entender que, quizá, todo este tiempo que hemos usado para hablar y reforzar estos discursos uniformes y lineales lo lo hemos perdido para analizar y plantear otras tendencias más acordes con una sociedad no mercantilizada. Un decálogo/resumen, para finalizar, remezclado e inspirado en el documento generado en el seminario "perspectivas y oportunidades de la ciudad construida"

1. La cultura es nuestra. No existe un futuro si no disfrutamos de ella en todos sus sentidos.

2. La cultura necesita procesos flexibles y adaptables más allá de los reglados y los estructurados por la necesidad de rentabilidades varias

3. Todo lo que hacemos, todos nuestros actos… construyen la cultura en la que nos movemos y la conforman como un caldo nutricio.

4. La oferta de productos culturales y la sobreexplotación no genera necesariamente cultura.

5. La cultura esta condicionada a su uso como elemento socializador. No es una imposición.

6. La gestión multinivel, multicriterio, multidisciplinar… supone el aprovechamiento de recursos, la sostenibilidad y la expansión

7. Las iniciativas espontáneas suponen una riqueza sociocultural que es necesario comprender para impulsarlas y multiplicar su valor.

8. La mezcla y la remezcla potencian los atributos propios y funcionan como mecanismos de cohesión

9. La realidad de la cultura colectiva y comunitaria señala caminos que que nos guían por mapas más humanos.

10. Los mecanismos de decisión no se fundamentan en la autoridad sino en la canalización de las potencialidades.

La retrovisión

Reflexionar sobre el tránsito de la cultura hasta donde hoy se encuentra. Cuáles eran los sueños, cómo queríamos enfocarla, qué inconvenientes encontramos, qué fue de la animación sociocultural, de la educación de adultos, de los barrios... qué ha pasado con todos esos documentos generados, con todas esos planes directores, esos indicadores de gestión, toda esa literatura y todos esos congresos, esas cartas... dónde nos hemos columpiado si es que lo hemos hecho... dónde está la ciudadanía, qué piensa de todo esto, cómo ha quedado la estructura asociativa, los colectivos, las plataformas... y los profesionales, los ivas, la implicación más allá de las tarifas... hasta dónde hemos sido capaces de reducir y domesticar el discurso... si la hemos convertido simplemente en un negocio, en una industria más, porque capital e independencia no se llevan demasiado bien... o en vez de reducirla la hemos hipertrofiado... si la hemos ahogado en la economía... cómo han influido las tecnologías... si hemos hablado siempre y circularmente de lo mismo (reciéntemente, a un grupo de personas, bien metidas en asuntos de programación pero poco "leidas" de éstos asuntos y a solicitud de ellos para generar un grupo de trabajo, les pasé varios documentos de diferentes procedencias sobre políticas culturales; el comentario a mi preguna de si ya lo habían leído y reflexionado me dijeron: todos dicen lo mismo!)... si nos hemos contado todo a nosotros mismos en esas misas que nos montamos cada cierto tiempo...

No sé, tengo muchas dudas, no tengo claro que todo lo consumido nos haya hecho mejores. Ni que vayamos a ser peores si no devoramos todas las superventas en forma de libros, discos, películas... que parece que tanto nos ennoblecen. De hecho habrá que pensar, quizá lo primero, cómo hemos podido llegar hasta aquí si de verdad la cultura era tan beneficiosa y conformaba sociedades comprometidas, favorecía la participación ciudadana, la cohesión, la inclusión social... O todo era un espejismo. O será que quienes hemos trabajado en esto no nos hemos sabido explicar, o que hemos caído como pardillos en un discurso anecdótico, circular y apocado, o que se nos permitían esas travesuras infantiles porque habíamos perdido todo el peligro, porque habíamos desarmado a la cultura, porque la habíamos llevado al paraíso neoliberal del mercado, porque habíamos creado una cultura transgénica controlada y controlable... Porque la mercantilización de la cultura, o de eso que algunos llaman cultura, no puede generar nada que no esté directamente relacionado con la rentabilidad y el beneficio. Las paños calientes y nuestras anuencias refuerzan el capitalismo depredador. No sé por qué creíamos que la producción de consumos culturales iba a civilizar el capitalismo cuando en realidad estábamos jugando con sus reglas. ¿Inocencia?

Hará falta que quien piensa se dé cuenta. Y ya no digo quien manda (bueno, esperen, ahora parece que gozamos de un periodo de luz en algunos municipios, ¡que dure!) porque eso sí que es clamar por lo imposible. Hará falta que se comprenda que no ha existido, porque igual es imposible, la gestión de la cultura sino de su mercado (o que si existe debe pasar inevitablemente por un tamiz social y político..) Pensar en qué nos hemos convertido después de consumir esa cultura que se nos ha vendido en lotes y bien empaquetada en formato "grandes eventos". O en otros lotes ad hoc: la cultura del vino, la cultura empresarial, la cultura de las organizaciones, la cultura gastronómica, la cultura de la imagen, la cultura digital... incluso la cultura de la pobreza.

Y un poco más adelante (pero eso ya lo dejaremos para dentro de otros veinte...) habrá que ver, qué nos ha pasado y en qué nos hemos convertido desde que, por la crisis (qué perverso término), dicen, tuvimos que dejar de "consumir" cultura, habrá que ver si todavía nos queda algo de alma sin ese maná que las instituciones ya no nos van a lanzar desde su cielo protector, ese que ha controlado nuestras emociones.

Pero hará falta también que se comprenda que no todos los credos son válidos para construir ese mundo solidario y comprometido que parece deseamos desde la cultura y que incluso muchos de ellos están absolutamente en contra de esos derechos fundamentales que propugna la UNESCO. Y que estas visiones reaccionarias y carcas, si se quiere, también son cultura y eso es lo complicado. Y habrá que comprender también y por otra parte, si es que seguimos empeñados en el consumo de producto como principal fuente de cultura, que el mundo del esclavo que hemos creado impide la lectura o cualquier otro goce intelectual tranquilo y reposado, simplemente porque no queda tiempo ni fuerzas sino para asegurar lo básico y, si cabe, sentarse ante un televisor que distribuye felicidad narcótica. O simplemente también porque desde los poderes han conseguido que la escuela y sus sucesivas secuelas (qué bonito cambio de orden en esas dos primeras letras) sean lugares de adoctrinamiento para las sociedades productivas, lugares donde no caben las humanidades ni la filosofía, donde no cabe la sensibilidad, donde se reproducen los moldes de un patriarcado duro, de pelotón...

Quizá sea necesaria una cultura sin cultura, una cultura atea de sí misma. Que no se piense desde los altares, ese universo de signos vacíos sin significante ni significado. Que reniegue de su fe en sí misma, esa fe que le roba el aroma metafórico de la duda y la pone al servicio de una siniestra y ridícula espiritualidad engañosa. La de un dios anclado.

Porque no creo de ningún modo que el desmantelamiento de la cultura tenga del todo que ver con los problemas del mercado. Ni con los despreciables recortes, ni con el advenimiento de nuevos soportes. Ni tampoco con la estructura de recaudación. Ni siquiera con las nuevas formas de distribución y consumo de sus productos. No creo, digo, que tenga del todo que ver. La tragedia de la cultura tiene referencias en la sensibilidad que hemos abandonado, con el pisoteo de la dignidad humana.

Si la cultura acaba en puro mercadeo, y una vez desaparecido el eventeo, nosotros mismos habremos colaborado gracias a esos discursos desarrollistas que la han relacionado directamente con el progreso económico de las sociedades. Habremos colaborado nosotros mismos abandonando los argumentos que la relacionaban con las sensibilidades, la inteligencia, la felicidad... Habremos colaborado nosotros mismos entregándola a la desastrosa combinación mercado-estado cuando los dos son conniventes y abandonan a la ciudadanía. El reduccionismo ha sido quien ha acabado con la cultura. A partir de aquí, como la sanidad, la educación, el cuidado generacional, la comida y el techo, como todo lo que significa completar los derechos humanos, tendrá dos caminos: el del individualismo de quien tiene y puede, y el de la caridad mientras el estado se desentiende. Pero como es difícil que exista una caridad especial para la cultura se ha recompuesto el mecenazgo: aquello que sólo apoyará lo que tenga interés a corto plazo o hinche egos.

Es bueno saber de dónde se viene para saber a dónde se va, o simplemente para saber dónde se está. Porque siempre se habla de prospectiva y se suele hacer olvidando la retrospectiva. Catarsis del presente continuo y la imaginación de nuevos escenarios.

Nota fin: en ocasiones me gustaría que la cultura fuese como un bar cutre

*2005/2010[1]

[#1] (2010-05-26 13:32)
Una pregunta ¿puede el capital de corte neoliberal forzar la matriz de la cultura a la lógica de la mercancía? ¿Puede hacerlo a través de las instituciones públicas? Esto ya son dos preguntas. Y la tercera ¿a quién pertenece entonces esta cultura? La respuesta a esta última condiciona las anteriores.

[#2] (2010-05-26 13:33)
La economía como retórica: la cultura secuestrada.

[#3] (2010-05-26 13:33)
La cultura contemporánea se constituye entre la pertenencia territorial y la preferencia simbólica. La identidad global y la local interactúan produciendo efectos de nomadismo. La cultura ya no está determinada por una autoridad omnisciente y fija sino que se abre para ser absorbida por un individuo que ha roto la estática y que se mueve en espacios polisensoriales.

[#4] (2010-05-26 13:34)
La filosofía sirve para hacer preguntas, para saber hacer peguntas. Pensar la cultura desde la filosofía es una de las grandes necesidades. Por lo menos para saber dónde nos tenemos que colocar. O para saber dónde nos colocan. Para intentar, por lo menos, generar voces que no sean las que repiten a modo de papanatas las tonadillas de moda. O para llenar de contenido esas tonadillas, si es que lo tienen. Porque demasiadas veces somos únicamente voceros. Hoy es muy importante hacer preguntas, tener preguntas.

---

1   Una recopilación más o menos secuencial de notas dispersas tomadas a lo largo de estos años.

[#5] (2010-05-26 13:36)

Levi-Strauss se opuso a que en la Pléyade le dedicaran cuatro o cinco volúmenes a su obra y señaló a su editor que son los pequeños textos los que pueden provocar un "cambio en la mirada". Quizá desde la cultura debamos provocar esos pequeños cambios, desde intervenciones mínimas. Lo grande sólo lo necesitan los poderosos. Decrecimiento.

[#6] (2010-05-26 13:36)

Hacer ciencia es establecer relaciones de pensamiento. Como pensar en el desarrollo de la cultura, en la cultura para el desarrollo.

[#7] (2010-05-26 13:37)

Necesitamos hacernos preguntas de un modo diferente. Intentar abstraernos lo más posible de la realidad implantada. Buscamos lo obvio y por eso sólo encontramos lo obvio. Es bueno comenzar desde cero, o desde lo simple. Es bueno deconstruir.

[#8] (2010-05-26 13:37)

Comida basura, cultura basura. Contaminación cultural en el más puro sentido ecológico. Si hace tiempo que hemos tomado conciencia de la verdadera necesidad de uno control ecológico para el sostenimiento de nuestras vidas es posible que sea conveniente también que nos concienciemos sobre la importancia del medio cultural para las mismas. La salud física y la salud intelectual. Estamos narcotizados: infotoxinas contra el conocimiento.

[#9] (2010-05-26 13:39)

Sería bueno que nuestros proyectos sirviesen para liberar la curiosidad secuestrada.

[#10] (2010-05-26 13:40)

Hablar de que estamos asistiendo a una auténtica banalización de la cultura no es reducir el discurso a la vieja dicotomía cultura popular-cultura culta. Banalizar la cultura hoy es desdibujar sus límites y creer que todo cabe en ella. Banalizar la cultura es preparar la pasta para que los ciudadanos digieran lo que les ofrecemos. La cultura institucional se ha convertido en una especie de preparado gástrico.

[#11] (2010-05-26 13:40)

Hubo momento en los que la cultura era vanguardia. Desde ella se operaba y se armaban discursos, ideas. Hubo momentos en los que la cultura era incluso "peligrosa". Ahora la cultura, lo que de ella queda, también se ha futbolizado. Hubo momentos en los que tuvo una función social, se esperaba de ella cierta subversión. Ahora esta secuestrada. Hoy su función, según nos repiten hasta la saciedad y nosotros nos encargamos de vocearlo, es económica. Ha surgido la magia y es desde la cultura: ¡vamos a recuperar el bienestar económico de las sociedades!

[#12] (2010-05-26 13:41)
¿Hemos delegado nuestro bienestar cultural? Parece que lo hemos confiado a las empresas, que lo hemos dejado en manos de las industrias sin reparar en que el objetivo fundamental de cualquiera de ellas es el lucro. ¿No habremos convertido también a las instituciones en sucursales, en franquicias, en expendedurías?

[#13] (2010-05-26 13:42)
La cultura no escapa al panorama del hipercapitalismo en el que todo fluye bajo la lógica del valor-uso, del valor-consumo, del valor-signo como mucho. Porque hoy todo es producido (la cultura también), todo circula aunque sea carente de sentido (la cultura también), todo es inducido por una tecno-estructura mundial que tiende a difuminar los contornos para reducir el objeto a una mancha desenfocada (la cultura también), a un objeto de deseo con valor de mercancía en donde todo es deseado y abandonado en un lapso infinitesimal de tiempo (la cultura también).

[#14] (2010-05-26 13:43)
Todo es cultura. Un efecto hipertélico en el que el exceso de desarrollo logra anular la función. Cuando todo es cultura nada es cultura. ¡Conseguido!

[#15] (2010-05-26 13:43)
La cultura, siguiendo el parangón metafórico de Gastón Bachelard en su "poética del espacio", suena diferente según dónde se pronuncie. Si lo hacemos en la planta baja, suena a cotidiano, a corriente, a rutinario. Si la pronunciamos en el desván suena a poesía, a pasión, puede que incluso a locura. Si lo hacemos en el sótano es reflexión, filosofía, subversión, desorden.

[#16] (2010-05-26 13:45)
Es muy probable que en este caldo de cultivo en el que nos encontramos, la tendencia es a que la cultura sea producida exclusivamente para las instituciones. Que se cree con vocación de "cultura oficial" y que sea elaborada con inclinación a ser pagada con dinero público y por instituciones públicas. Obsérvese la atrofia.

[#17] (2010-05-26 13:46)
La denominación "industrias culturales" forma parte de la jerga perversa de los profesionales del marketing. Industria y cultura bien puede ser un oxímoron. Industria es sinónimo de

negocio y deseo de beneficio infinito. Se olvida la activación del potencial latente de la cultura. Se la domestica.

[#18] (2010-05-26 13:47)
Debemos ser conscientes de la creación de conocimiento para la conformación de identidades culturales.

[#19] (2010-05-26 13:48)
Redes de cultura: flujos culturales y multitudes distribuidas.

[#20] (2010-05-26 13:49)
El hipercapitalismo que nos coloniza ha decidido comercializar con las experiencias culturales, con la cultura. Se pasa de una producción industrial a una producción cultural en la que la cadena del valor económico está garantizada. Hablar del nuevo potencial de crecimiento vacía la necesaria función social de la cultura.

[#21] (2010-05-27 11:22)
La innovación en cultura debe plasmarse en todos los ámbitos de la actividad humana. No solo en el arte y sus múltiples manifestaciones sino también en las actividades sociales, solidarias, y políticas. Cambiar nuestro estado mental y las estrategias políticas para convertir a la cultura en un valor de innovación.

[#22] (2010-05-27 11:22)
Nociones arcaicas de gestión cultural (arcaicas no por antiguas en el tiempo sino por su carácter taylorista) potencian una política cultural basada en la espectacularización, en el escaparatismo, en la representación y en la exhibición, en la acumulación. Es más, no estamos en la sociedad del futuro sino en las instituciones del pasado.

[#23] (2010-05-27 11:23)
Mientras nos dediquemos prioritariamente a la programación de espectáculos y conciertos, a la exhibición y exposición, a la musealización, a la producción temporal y olvidemos los procesos de creación, de investigación, de educación, de inmersión social... no estamos promoviendo una sociedad culta. Promovemos una sociedad con bulimia cultural, o también con anorexia cultural, en todo caso con disfuncionalidades.

[#24] (2010-05-27 11:24)

Provoquemos el pensamiento divergente: oposición a la "lógica obvia"

[#25] (2010-05-27 11:24)

Hemos olvidado uno de nuestros grandes objetivos: infiltrarnos en el espíritu ciudadano. Nadie cuestiona un congreso de cardiólogos. Pocos cuestionarían uno de futbolistas (ya han conseguido instalarnos en la sociedad futbolizada). ¿Cuántos entienden los nuestros?

[#26] (2010-05-27 11:25)

La esfera cultural no es otra que la producción de conocimiento de sensibilidades y de imaginarios destinados a promover la evolución social completa, reflexiva y crítica.

[#27] (2010-05-27 11:26)

Si estamos asistiendo a una especie de inflación de la cultura es precisamente debido a que el arte, los espectáculos, los museos, el patrimonio... están sometidos a una especulación similar a la que podría darse en la Bolsa. El dinero turístico juega el papel más importante en esa batalla por alcanzar el dinero.

[#28] (2010-05-27 11:26)

La cultura como consumo, la cultura utilitaria: la cultura al alcance de un contenedor.

[#29] (2010-05-27 11:27)

Si al final optamos (o nos dejamos vencer) por el predominio de lo mercantil sobre lo simbólico deberíamos ser honestos y redefinir qué significa cultura y cuál es su papel en la sociedad. Y deberemos ser muy conscientes de que cuando prevalece el mercado el poder de la censura lo administra el dinero, la rentabilidad

[#30] (2010-05-27 11:28)

Consolidad desde las instituciones la actual "industria cultural" supone facilitar la labor de disciplinar el consumo. La generación de públicos cautivos. La coartada de la cultura no sirve sino para organizar al consumidor en nichos. Cualquier "producto" que no entre dentro de las lógicas de rentabilidad será suprimido. ¿Quién quiere invertir en las minorías? El creador es tolerado únicamente en cuanto a su utilidad. En cuanto a la satisfacción de expansión comercial. Competencia asimétrica.

[#31] (2010-05-27 11:28)

Recuperar la esencia de la cultura como centro normativo-simbólico de cada sociedad. Recuperar los procesos intelectuales de los ciudadanos. Recuperar la capacidad de análisis crítico.

[#32] (2010-05-27 11:29)

Las redes de cultura son los más importantes eslabones para abandonar la mercantilización de la cultura. Para interferir en los procesos de implantación normativa y concentración ideológica de las grandes estructuras mediáticas.

[#33] (2010-05-27 11:29)

El paradigma de las redes de cultura no puede descansar sobre la lógica de la jerarquía. La individualidad comprometida obedece a una transformación cuántica en la que desaparecen las fronteras de lo definido.

[#34] (2010-05-27 11:30)

Las redes deben constituirse como un espacio expansivo para la cultura. Complementarlas con las aplicaciones tecnológicas es una operación sustancial para multiplicar los efectos.

[#34] (2010-05-27 11:31)

Las redes de cultura tienen como una de sus grandes obligaciones promover iniciativas en las que los públicos y los ciudadanos pasen a ampliar los sistemas de representación unidireccionales y se conviertan en agentes activos de la cultura. Hoy asistimos más bien a una generalizada consideración del ciudadano como consumidor pasivo.

[#36] (2010-05-27 11:32)

Nos enfrentamos desde la gestión de la cultura a una contradicción: la lentitud específica de las instituciones a la hora de canalizar procesos y la rápida evolución tecnológica asumida de forma casi inmediata por la sociedad.

[#37] (2010-05-27 11:33)

Las redes deben convertirse en espacios para la generación de conocimiento. No debemos conformarnos con almacenar sino que tenemos la obligación de producir. Debemos convertirnos en espacios abiertos a la experimentación. No somos observatorios sino "provocatorios"

[#38] (2010-05-27 11:34)

Debemos comprender que el panorama actual que nos presenta la globalización y las tecnologías, sostenidas y dirigidas, no lo olvidemos, por quienes tienen el poder económico, de acceso y de influencia, se caracteriza por una verdadera dificultad para mantener las culturas minoritarias, las identidades mínimas.

[#39] (2010-05-27 11:34)

Hoy día hay un proceso de interdependencia entre la llamada cultura digital y la analógica que no podemos obviar de ningún modo. Existe un cruce de contenidos y de actitudes, de valores y de economías que realimentan la realidad matérica y la virtual. Por ello soy reacio a hablar de políticas digitales de cultura como, hoy por hoy, soy reacio a referirme, de forma particular, a políticas analógicas de cultura. La hibridación es el fundamento de la intervención.

[#40] (2010-05-27 11:35)

En este nuevo contexto híbrido las redes tienen la facultad, y así lo debemos contemplar, de canalizar nuevos procesos de relación y de producción sustentados sobre el flujo de comunicación abierta y el intercambio de conocimiento y experiencia. Cualquier cambio en los procesos lleva por consecuencia un cambio social.

[#41] (2010-05-27 11:36)

Lo extraordinario de la cultura digital en red es la posibilidad de experimentar nuevas influencias, de estar expuesto a nuevos estímulos que, evidentemente, a su vez generan nuevos comportamiento. La innovación desde la cultura digital es, puede ser, rápida. La cultura digital y la analógica se transforman por su coexistencia, por su interacción en redes presenciales y distanciales. Esta coexistencia es la que estimula la creación de nuevos entornos simbólicos

[#42] (2010-05-27 11:37)

La programación, exhibición, los espectáculos, las exposiciones... son a la cultura lo que la albañilería al urbanismo.

[#43] (2010-05-27 11:39)

Ninguna cultura se ha desarrollado al margen de sus sistemas tecnológicos. Nosotros no podíamos ser menos. Ni más. Hoy más bien parece que asistimos a un "digitalismo especulativo" en el que a fuerza de amplificar el discurso (muchas veces con verdaderas banalidades) convertimos la realidad en un espejismo para cibercretinos

[#44] (2010-05-27 11:45)

No es del todo cierto que el llamado "capitalismo cognitivo" (o tardío) sea una novedad y que centre su estrategia en la producción de conocimiento, eso la ha hecho desde siempre. El conocimiento, en su multiplicidad de facetas, se ha puesto siempre al servicio de la producción y a la organización del trabajo. Lo que se hace ahora es la generación de campos simbólicos que aumentan la necesidad de consumo inmaterial (o no tanto si pensamos en la maquinaria que requiere el sustento de la tecnología). La diferencia es que hoy los canales son otros y el medio también es el producto.

[#45] (2010-05-27 11:46)

La cultura "institucional" está superada por la organización de movimientos socioculturales vinculados simultáneamente a temas de compromiso y acción global con la posibilidad inmediata de acción local en intereses comunes. La lógica descentralizada de su estructura se plantea evidentemente alejada de las lógicas oficiales.

[#46] (2010-05-27 11:47)

El fundamento de una red no es únicamente el de globalizar las experiencias sino el de recrear nuevas formas de participación y de cooperación donde las identidades locales puedan conservar su propio lenguaje.

[#47] (2010-05-27 11:47)

Una extraordinaria evolución en las redes de cultura sería superar el discurso que diferencia las redes físicas y las virtuales. Las redes hiperlocales son realidades pero paradójicamente se habla de ellas todavía como si estuviésemos deslumbrados por un futuro de ciencia ficción. La verdadera brecha digital es la brecha de nuestras mentes.

[#48] (2010-05-27 11:48)

El problema que estamos teniendo desde la cultura "oficial" es de incomunicación. Gran parte de les gestores, de los técnicos, de los políticos actuales somos del mundo analógico (como mucho actuamos de bisagra) y una buena parte de la sociedad ya vive en el mundo digital. Nosotros no conocemos muy bien el mundo hacia el que vamos y ellos no conocen muy bien el mundo de donde vienen.

[#49] (2010-05-27 11:49)

Hablar de políticas digitales de cultura es, todavía, hablar mucho de tecnología y aparatos y muy poco de procesos.

[#50] (2010-05-27 11:49)

¿Podemos hablar de ciudadanía sin matizar la nueva centralidad del espacio urbano? ¿Sin comprender que la interacción cara a cara en la esfera pública se ha transmutado a una realidad provista de inmaterialidad? ¿Podemos hablar de nueva ciudadanía sin acostumbrarnos a hablar desde la esquizofrenia que provoca la presencialidad/distancialidad?

[#51] (2010-05-27 11:51)

Liberación del conocimiento, distribución de la inteligencia. Emponderamiento del procomún. Hay que superar la hipocresía de las notas a pie de página.

[#52] (2010-05-27 11:52)

Digamos que estamos en un momento de generación de espectáculos culturales, de producción cultural de consumo, de incubación de públicos pasivos. Asistimos a un paradigma funcionalista olvidándonos de una cultura, en términos de García Canclini, como elemento de producción, circulación y consumo de significados. La cultura no se debe limitar a montar exposiciones y conciertos como la sanidad no se limita a la administración de fármacos

[#53] (2010-05-27 11:53)

La cultura tiene la misión de encauzar el espíritu crítico de la ciudadanía, la misión de hacerle pensar, de apoyarle en el ejercicio de la reflexión, de hacerse consciente de su papel catalizador y minimizar, en lo posible, su tendencia a servir de amplificador de las tendencias uniformizadoras y domesticadoras. Es necesario retomar los "antiguos" principios de la sociocultura y fomentar ciudadanos que se enfrenten a cuestiones políticas, éticas y sociales desde la responsabilidad común.

[#54] (2010-05-27 11:54)

La antigua percepción mecanicista de un modelo cultural regulado por el Estado y las instituciones pierde todo su sentido en un espacio híbrido como el nuestro. El mecanicismo acentúa lo absoluto y lo verdadero. La percepción cuántica de la cultura abraza la paradoja, los matices, la multiplicidad, la diferencia, lo complejo...

[#55] (2010-05-27 11:55)

Es verdaderamente necesario recuperar la figura de "agitador cultural" aquel concepto
perdido que derivó en los profesionales de la cultura. Alejarnos de la cultura "higienista", del
culturalismo optimista.

[#56] (2010-05-27 11:55)

Las redes deben ser organizaciones de ruptura y transformación, espacios de libertad, de
creatividad social que superen las iniciativas individuales, que reorienten la sociedad como
espacios de crecimiento común.

[#57] (2010-05-27 11:56)

Los poderes públicos de cultura deben preocuparse por actuar como facilitadores, como
mediadores. La administración debe ser los tubos por los que se canaliza la creatividad, la
innovación y la cultura ciudadana.

[#58] (2010-05-27 11:56)

El valor y la esencia de la colaboración en red está fundamentada sobre el conocimiento más
que sobre el proyecto.

[#59] (2010-05-27 11:58)

Trabajo en redes de cultura: Contra la propiedad congelada del conocimiento: comunidades
comunitaristas de inteligencia distribuida. Porque la "propiedad no desaparece, porque
el dador no acaba mermado en la cantidad de bien que posee. Al contrario, las ideas, los
conocimientos se multiplican por su distribución, se regeneran, se pulen, se mejoran. La
propiedad compartida del conocimiento.

[#60] (2010-05-27 11:58)

La herencia cartesiana nos hace interpretar la realidad, y con ella la cultura, en multitud de
áreas especializadas y separadas. Sin embargo las sociedades actuales exigen una cultura de
la complejidad, una cultura sistémica que integra como valor la simbiosis, que integra las
diferencias y respeta las diversidades.

[#61] (2010-05-27 12:00)

La estrategia para la sostenibilidad de cultura local debe descansar sobre la idea de creación de una sólida estructura de conocimiento que trabaje a favor de la generación de saber.

[#62] (2010-05-27 12:00)

Debemos propiciar con nuestros trabajos en red un espacio de intermediación en el que se pueda acceder al intercambio de saberes, al análisis, al debate, a la complementación de conocimientos. A un verdadero entorno colaborativo que proponga y recomiende nuevos modelos y estrategias y, sobre todo, que permita el fomento de valores y de identidades frente a las agresivas tendencias de mercantilización y privatización de la cultura.

[#63] (2010-05-27 12:01)

Aprender de los hacker y de las organizaciones altermundistas. Una red no es un conjunto de personas que espera que alguien haga algo.

[#64] (2010-05-27 12:02)

¿Por qué no recuperamos también la poética de la cultura?

[#65] (2010-05-27 12:02)

Comunicación-mercado: tandem de uniformización de las culturas

[#66] (2010-05-27 12:02)

Ciudad, cultura: ¿parque temático? Qué ocurre cuando, de repente, interesa de modo portentoso el arte, la arquitectura y el patrimonio.

[#67] (2010-05-27 12:03)

Poca relación, poco que ver tiene la cultura estrella con la vida, con lo real, con la calle, con el mundo simbólico.

[#68] (2010-05-27 12:05)

¿A quién le interesa realmente la cultura? ¿"Sueñan los jerarcas con culturas eclécticas"?

[#69] (2010-05-27 12:06)

Puede que en este momento la cultura sea más bien el soporte para un calculado movimiento de masas que tiene como referencia máxima el turismo. Si hubiese una "excusa", un recurso más eficaz que la cultura seguro que se utilizaría. Lo que ocurre es que ésta es un cajón de sastre en el que cabe de todo, desde lo vivo (gastronomía, folclore...) hasta lo muerto (museos, centros de interpretación...) Eso le viene muy bien a la industria del turismo.

[#70] (2010-05-27 12:07)
¿Podemos comparar la gestión actual de la cultura con una disciplina de hipermercado?

[#71] (2010-05-28 09:02)
El consumo cultural ya no está ligado a unas necesidades determinadas sino que se fundamenta sobre una especie de interés por mantenerse en un espacio de paranoia consumista. El individuo consume cultura como puede consumir una marca: para identificarse con un grupo.

[#72] (2010-05-28 09:02)
Un museo en si mismo no es más que un espacio de almacenamiento de memoria. Se ofrecen objetos que devorar, cultura que consumir. ¿Qué ocurrirá cuando almacenemos demasiado stock de memoria?

[#73] (2010-05-28 09:03)
Fundamentamos nuestros procesos de producción cultural en torno a la lógica de la expansión indefinida. Como nuestro aparataje financiero se fundamenta sobre la acumulación. Esta tendencia acumulativa supone la depreciación de la cultura como un sistema semiótico.

[#74] (2010-05-28 09:03)
¿Deberíamos apuntarnos al movimiento decrecionista y afinar más nuestros procesos? Cuando el ladrillo entra por la puerta, la cultura se va por la ventana.

[#75] (2010-05-28 09:04)
Decrecimiento escaparatista en lo local, crecimiento rizomático en lo interlocal.

[#76] (2010-05-28 09:05)
Reactivar el sustrato creativo, fortalecer el tejido asociativo. Retomar viejas formulas para alcanzar la sostenibilidad de la cultura. Sentido común. Una ciudad sin creadores es una ciudad muerta. Una sociedad desestructurada es una sociedad presa del totalitarismo.

[#77] (2010-05-28 09:05)

¿Se puede decir que los modelos actuales de sociedad y cultura nos han convertido en ciudadanos simulacro?

[#78] (2010-05-28 09:06)

Más mecánica cuántica: el fundamento de lo mínimo. Potenciar los microproyectos como principio para el desarrollo.

[#79] (2010-05-28 09:06)

¿No será la cultura más comportamiento que conocimiento?

[#80] (2010-05-28 09:07)

El arte y la cultura como elemento de gratificación del ser humano. Cuanto más nos subyuguemos a la economía más nos alejamos de este sentido. De la economía neoliberal se entiende. Porque la economía, en el fondo, también es una ciencia de lo social.

[#81] (2010-05-28 09:08)

Estamos construyendo desde la cultura pero ¿qué edificio levantamos? ¿Lo sabemos? Todos creemos que lo que hacemos nosotros es lo más importante. ¿Trabajamos de forma aislada? ¿Realmente sabemos qué política cultural estamos construyendo?

[#82] (2010-05-28 09:09)

No creo que necesitemos de verdad tanto "gran espacio". Los pequeños espacios para la creación, los pequeños espacios para la exposición, los pequeños espacios para el dialogo... vayamos a un decrecionismo que nos conecte con la calle, con el ciudadano.

[#83] (2010-05-28 09:10)

Es posible que algunos mantengamos una visión romántica de la cultura y busquemos en ella una especie de amparo para la humanidad. Lo cierto es que, a lo que parece, cualquier asomo de romanticismo ha desaparecido de los canales oficiales.

[#84] (2010-05-28 09:11)

Es necesario desandar la cultura. Si comprendemos la cultura como el comportamiento de los pueblos estamos en un momento en el que el vacío ético está siendo llenado por un comportamiento estético que nada favorece la evolución profunda de las sociedades. Hemos sucumbido a una estética despótica en la que cualquier cuestionamiento es tomado como una agresión. De ahí que estemos ante una cultura de "baja intensidad": la cultura oficial.

[#85] (2010-05-28 09:13)

La cultura se vuelve totalitaria cuando provoca la ausencia de pensamiento. Hoy esta cultura se centra en el entretenimiento gobernado por los mercaderes del espectáculo. ¿han muerto los valores utópicos de la cultura?

[#86] (2010-05-28 09:14)

¿Es la cultura hoy el ocio del pueblo?

[#87] (2010-05-28 09:17)

Entre todos hemos llevado la cultura a un territorio en el que su sentido deviene de su utilidad. Hemos olvidado los fondos y estamos desarrollándola sobre los paradigmas que fundamentalmente son mecanicistas y funcionalistas.

[#88] (2010-05-28 09:18)

Nuestra misión no es entretener al ciudadano sino ofrecerle un campo amplio de reflexión que enriquezca el entorno social. No es cuestión de demonizar el ocio pero sí de abandonar la "futbolización" absoluta de las sociedades.

[#89] (2010-05-28 09:19)

Si el pensamiento es algo inacabado, la cultura también lo es. No podemos reducirla a una serie de productos, de mercancías. La cultura es la generación de imaginarios y limitarse a la producción de espectáculos (también el turismo cultural hoy en día está concebido como un espectáculo) es limitar la evolución de la cultura.

[#90] (2010-05-28 09:20)

La sociedad futbolizada como paradigma. No me digan, por favor, que esto es cultura. Simplificación del comportamiento. Es un peligro abandonar los narcóticos porque puede producir graves efectos de reflexión.

Cultura interactiva: aquella que es susceptible de ser modificada para generar nuevos discursos.

Reactivación de la cultura: impulso del racionalismo crítico.

Me niego a vaciar de contenido ideológico de la cultura en beneficio de su aparente universalización. Eso solo conlleva a una colonización del imaginario cultural a través de un discurso político "unicelular"

Posiblemente desde las instituciones públicas hemos renunciado a la responsabilidad social y estamos convirtiendo a los servicios culturales en productores comerciales, en franquicias de las "industrias culturales". Convertimos la cultura en un bien de consumo generador de intercambios y plusvalías. La desposeemos de su carácter intrínseco.

Desideologización de las sociedades. En este marco la cultura es un bien inútil. Si la cultura no provoca pensamiento, si la cultura no evoluciona en un caldo crítico, ¿para qué sirve?

¿No se permitirá la de cultura en las instituciones porque ya no representa un peligro?

Hablar de cultura es hablar de política, es hablar de ideología.

Es absolutamente inoportuno hablar de industrias culturales y meter en el mismo saco a las grandes editoriales, discográficas, productoras, por ejemplo, y al taller de artesanía de la esquina.

[#99] (2010-05-28 09:26)

O comprendemos la cultura como un todo complejo y sistémico o estamos actuando ante parcelas estancas y aisladas. Cualquier acción sobre la cultura debe contar con procesos reflexivos que la encuadren en el contexto, que la relacionen con el amplio entorno, que la sitúen en una complejidad y la reaccionen con el medio, que la posicionen entre lo local y lo global.

[#100] (2010-05-28 09:27)

Otro fin de la cultura: la generación de estructura relacional.

[#101] (2010-05-28 09:28)

Una red es una estructura de conocimiento fundamentalmente elástica en la que la multidimensionalidad la convierte en un organismo evolutivo que impulsa la creación de macroestructuras multiformes y abiertas que enriquecen la organización social que las soporta. Deja de ser una noción lineal, segura e irreversible para volverse creadora y generativa.

[#102] (2010-05-28 09:29)

En primera instancia una red es un sistema que soporta diversidad, multiplicidad y confrontación. Sabiduría expansiva. Contra la ignorancia prepotente, pensamiento complejo.

[#103] (2010-05-28 09:29)

En el contexto actual existe lo que podríamos denominar "paradigma de utilidad simbólica de las redes". Se traspasa la categorización funcional (transfuncionalidad) y se alcanza un modelo en el que el objeto (la red) alcanza un sentido transcendente de pertenencia.

[#104] (2010-05-28 09:30)

Las redes de cultura tiene en este momento una labor fundamental: el oficio de pensar. Traspasamos la funcionalidad de los programas y accedemos a la obligación de intelectualizar modelos. Inteligencia creadora de carácter simbólico.

[#105] (2010-05-28 09:31)

¿Estamos trabajando únicamente para el homo-ludens postestructuralista?

[#106] (2010-05-28 09:31)
Grado Xerox de la cultura: reproducción de patrones hasta el infinito. Todas las ciudades reproducen los mismos esquemas. Lo único que las diferenciará será, sin duda, su pensamiento.

[#107] (2010-05-28 09:32)
La cultura, hay que reconocerlo, es hoy por hoy un espacio de lucha por el poder que se concreta en la transmisión de una determinada "cultura" por parte de las grandes industrias, de los grandes potencias.

[#108] (2010-05-28 09:33)
Inteligencia compartida: ningún conocimiento puede desprenderse de su preexistente pues todos devienen entre ellos.

[#109] (2010-05-28 09:34)
Redes de cultura: experimentación de conceptos.

[#110] (2010-05-28 09:34)
Estaría bien que la cultura estuviese rodeada de reflexión filosófica. Estaría bien que ampliase los puros datos empíricos. Su complejidad así lo requiere. Otra disposición para la mirada

[#111] (2010-05-28 10:07)
¿Consiste el papel de la cultura en la creación de conceptos? Reflexión y creación

[#112] (2010-05-28 10:07)
La inmersión en el "capitalismo cultural" supone un secuestro de la cultura hacia procesos analizados y sintetizados desde referencias macroeconómicas y de resultados financieros. La simplificación de la cultura hacia sus productos la convierten en una mercancía ausente de valor simbólico. Hoy se venden experiencias y la cultura es quien las aporta (turismo, exposiciones, espectáculos...)

[#113] (2010-05-28 10:09)
Resultado: la esquizofrenia de la cultura.

[#114] (2010-05-28 10:09)
El riesgo pasa por homogeneizar los contenidos e imponer una totalidad. Una totalidad de acción y también de pensamiento. Continuamente estamos escuchando los mismos sonsonetes, las mismas arengas que pregonan a la cultura como la salvadora económica de las sociedades.

[#115] (2010-05-28 10:11)
La mercancía cultural prolifera desquiciada, sin ningún pudor, con un extraordinario afán acumulativo, sin hueco para la reflexión. Diogenismo cultural. Mercadería muerta acumulada, acumulación de la baratija. La mercancía como cultura, la cultura como mercancia

[#116] (2010-05-28 10:11)
En el ámbito del mercado el consumo de cultura es una relación social de pertenencia, de identificación, de status. La cultura consumida transmite un sentido simbólico más allá de su utilidad. Revela un conjunto de sentidos de pertenencia.

[#117] (2010-05-28 10:12)
Redirigir la cultura hacia una estética del pensamiento

[#118] (2010-05-28 10:13)
Paradoja: cualquier gobierno de cualquier signo se apropia de la retórica de la cultura.

[#119] (2010-05-28 10:13)
No deberíamos olvidar que el triunfo del nazismo se debió a un cambio de paradigma cultural. La cultura es un arma política.

[#120] (2010-05-28 10:14)
Una cultura centrada en la exclusiva visión de lo económico es una cultura reduccionista y mecanicista donde la inteligencia se esclerotiza por abandono de la complejidad. Proliferación de arquetipos huecos e ideas mutiladas.

[#120] (2010-05-28 10:15)
Quizá deberíamos comenzar a pasar de la diversidad cultural a la complejidad cultural. Lo complejo no admite el totalitarismo: subvierte.

[#122] (2010-05-28 10:17)
Mass-media: ¿la cultura como imposición?

[#123] (2010-05-28 10:18)
Una cultura dócil, acomodaticia y acrítica se limita únicamente a informar de su inmovilismo a través de "cuentas de resultado". Una cultura en la que muchos se encuentran muy a gusto porque no exige analizar y comprender. La cultura instrumental.

[#124] (2010-05-28 10:19)
La economía capitalista recoge absolutamente toda la intención de fagocitar cuanto pueda producirle un beneficio. En este proceso no está la cultura fuera de alcance. Y no lo está porque además tenemos voces que promulgan la economización de la cultura como un elemento de auténtica salvación social. Bien es cierto que la cultura puede producir beneficios económicos en determinadas situaciones pero no podemos obviar que en el sentido estricto del término todo cuanto cae en manos de los procesos financieros debe cumplir la normativa del beneficio.

[#125] (2010-05-28 10:19)
Estoy convencido de que hay que determinar claramente hasta donde llega el concepto de industria cultural. No pueden ponerse en el mismo saco las discográficas que las pequeñas talleres de artesanía. Sus objetivos, alcance, funcionamiento... son radicalmente distintos, incluso opuestos.

[#126] (2010-05-28 10:20)
Las voces que reclaman la bondad de las industrias culturales, así en general, no provocan sino una extensión vocera del capitalismo especulativo que ahora pretende acotar lo que compone los ámbitos simbólicos de las sociedades. De verdad que no entiendo, en algunas personas, en algunos pensadores, esta alineación tan descarada con este mundo financiero. ¿No hay manera de desafiar la autoridad del capital?

[#127] (2010-05-28 10:21)
En el triangulo economía, política, cultura todo parece estar sometido a la primera. No podemos dejar de observar los comportamientos de los estados que se han convertido en auténticos estados empresariales. La cultura va a sufrir los mayores ataque para que se una de forma total y sumisa a las ordenes de los criterios neoliberales.

[#128] (2010-05-28 10:21)
La trampa de la cultura como elemento de control. La táctica no es nueva, lo que sorprende es que todavía funcione, que exista quien caiga en ella. Desposeída la cultura de contenido ideológico ha sido sumada al elenco de bondades neoliberales. No puedo creer que se crea en ello. Y menos que haya quien lo pregone.

[#129] (2010-05-28 10:22)
No obstante la cultura siempre ha sido una extraordinaria arma de dominación. Es norma que ahora adapten los argumentos y las estrategias.

[#130] (2010-05-28 10:23)
El fundamento de las corporaciones empresariales (no es mi intención entrar a valorar el asunto) es la obtención de ganancias y, más que demostrado está, los mecanismos que van a utilizar son los que sea necesario sin una preocupación real sobre reglas o éticas sino únicamente por el interés propio. ¿Dónde queda la preocupación por la cultura en manos de las industrias?

[#131] (2010-05-28 10:24)
En el ámbito sociopolítico actual la gran jugada ha sido la progresiva desideologización de la cultura hasta convertirla, primero, en un ornamento de las instituciones y, luego, ahora mismo, en un paradigma para el desarrollo económico. Desde esta nueva característica de la cultura no cabe duda de que va a ser aceptada sin discusiones. La ciudadanía activa desaparece en este universo y se convierte en consumidora. ¿Dónde se van a tomar las decisiones sobre la cultura? Evidentemente en los consejos de administración de las empresas. Evidentemente en el seno de los nuevos "estados empresariales"

[#132] (2010-05-28 10:25)
Sociedad del conocimiento: "capitalismo cognitivo". Otra de las referencias en las que se apoya el neoliberalismo para engrandecer la "cultura" como fuente de economía. Es absolutamente falso que el conocimiento sea una novedad para el desarrollo de las sociedades. El conocimiento ha sido siempre puesto al servicio del capital. En su multiplicidad de facetas ha estado siempre al

servicio de la producción y a la organización del trabajo. Lo que se hace ahora es la generación de campos simbólicos que aumentan la necesidad de consumo inmaterial (o no tanto si pensamos en la maquinaria que requiere el sustento de la tecnología). La diferencia es que hoy los canales son otros y el medio también es el producto.

[#133] (2010-05-28 10:25)
El paradigma digital tanto como el analógico desde la cultura están sujetos a procesos que dependen siempre del entorno social (presencialidad) en el que se inscriben (cultura, valores, creencias y sobre todo economía) y es este el caldo de cultivo y detonante del entorno virtual (distancialidad) donde se cruzan los nuevos comportamientos culturales que, a su vez, realimentan la realidad matérica. Es decir: hay un proceso evidente de dependencia biunívoca que no podemos de ningún modo obviar. Por ello yo no soy demasiado partidario de referirme de forma tajante a políticas digitales de cultura como no diría nunca políticas analógicas de cultura. Podríamos denominarla como políticas híbridas para la cultura

[#134] (2010-05-28 10:30)
La cultura como código fuente: El código fuente es La cultura es un conjunto una trama de líneas de texto de símbolos que son las instrucciones que son las instrucciones que sigue la que sigue la computadora sociedad para ejecutar interpretar y dirigir un programa su comportamiento. Por tanto, Por tanto, en el código fuente en la cultura de de un programa una sociedad está descrito esta sintetizada su funcionamiento su articulación.

[#135] (2010-05-28 10:31)
No nos engañemos, la cultura digital está siendo construida por quienes tiene el poder tecnológico y económico, por quienes tienen facilidad para acceder a la tecnología, quienes tienen formación para ello...

[#136] (2010-05-28 10:32)
"Tecnología de participación expandida" (TPE): El paradigma digital debe contemplarse como un elemento primordial para la promoción de las relaciones humanas, para la construcción de un universo colaborativo sustentado sobre las filosofías que trascienden la paranoia de la competitividad y el individualismo, que trabajan desde criterios de globalización más igualitarios, sin imposiciones.

[#138] (2010-05-28 10:34)
Liberación del conocimiento: de la domesticación a la que las instituciones y las industrias culturales le han sometido siguiendo el paradigma de la época industrias a través de su comercialización.

[#139] (2010-05-28 10:34)
Tecnología de la cooperación. Simbiosis, filosofía del procomún, conocimiento compartido, "hackerismo cultural" (no confundir, por favor, hacker con cracker).

[#140] (2010-05-28 10:35)
Sin una intelectualización razonada de la cultura centrada en sus procesos semióticos lo único que hacemos es distribuir cautelarmente productos y servicios que no tiene otro fin que el de servir de cadena de transmisión de los intereses de las "industrias culturales" (solo estos dos términos ya constituyen en sí mismos un perfecto oxímoron) lamentablemente esta inclinación hacia la edificación de las industrias culturales es lo que predomina. Incluso en los pensadores supuestamente desjerarquizados.

[#141] (2010-05-28 10:37)
La cultura tiene la misión de encauzar el espíritu crítico de la ciudadanía, la misión de hacerle pensar, de apoyarle en el ejercicio de la reflexión, de hacerse consciente de su papel catalizador y de anular la tendencia a la uniformización. Es necesario retomar los "antiguos" principios de la sociocultura y fomentar ciudadanos que se enfrenten a cuestiones políticas, éticas y sociales desde la responsabilidad común.

[#142] (2010-05-28 10:38)
La nueva cultura es una cultura fractal. Cada individuo, cada colectivo, cada sociedad, en función de la consistencia de su cultura representa un germen de la totalidad y está conectado hasta el infinito a otros estados de la cultura fractal. Irregularidad, caos o desorden. El pensamiento fractal rompe con el sistema de pensamiento euclidiano y con la idea del hombre universal (Marcuse). El pensamiento fractal nos lleva a comprender la complejidad de los fenómenos socioculturales y aplicar leyes elásticas que se puedan aplicar a las estructuras complejas del pensamiento contemporáneo.

[#143] (2010-05-28 10:38)

Asociacionismo difuso. Los espacios públicos se han convirtiendo en espacios híbridos. De la idiosincrasia concurrente como única referencia de relación hemos pasado los "espacios expandidos" Una responsabilidad que requiere de mecanismos de autoorganización no jerarquizada fundamentados sobre las redes de cooperación no presencial.

[#144] (2010-05-28 10:39)

Conectividad ubicua. Esta inevitable relación entre la presencialidad y la distancialidad convoca las relaciones entre el espacio público analógico y el virtual. Se crea un territorio abstracto que se añade a la realidad experimentable en el que evoluciona una conectividad ubicua que no requiere de las ataduras físicas. Un nuevo escenario en el que no interesa reproducir los modelos conocidos sino experimentar nuevas posibilidades, un modelo que añade sin sustituir.

[#145] (2010-05-28 10:40)

¿Es la sobreabundancia de oferta una democratización del consumo? ¿Es eso la democratización de la cultura? Falso. La función crítica es mucho más importante que la posibilidad de acceso. Confundimos algo. Seguramente porque nos falta reflexión y porque aceptamos a ciegas los axiomas que os plantean la misma "sociedad de la información". Menuda paradoja.

[#146] (2010-05-28 10:41)

La megalomanía tecnológica ofertada y vendida como nuevo paradigma cultural. El capitalismo cognitivo. ¿De qué cultura hablamos? ¿De la de los tres billones de personas que no tienen posibilidad de recibir una llamada telefónica? La cultura ya no es solidaria porque sus paradigmas de desarrollo se han orientado hacia la rentabilidad.

[#147] (2010-05-28 10:41)

El apropiamiento privado de lo público. He ahí la intención de incluir la cultura en el "paradigma de desarrollo". Recuerden que hasta hace bien poco las semillas no tenían propiedad. Hoy muchos productos no se pueden sembrar sin pagar a los laboratorios. Me parece que les estamos haciendo el juego.

[#148] (2010-05-28 10:43)

Pretender una cultura desideologizada es un peligro que da paso libre a la manipulación. ¿Cultura para todos? La producción, en el ámbito capitalista, está orientada hacia el beneficio. La cultura no se escapa.

[#149] (2010-05-28 10:44)
Ecología de la cultura. Por fortuna, aunque con diferentes resultados, tenemos investigadores, activistas y organizaciones que nos alertan sobre los peligros que empresas como Novartis o Monsanto suponen para los cultivos y, en definitiva, para el desarrollo económico de muchas sociedades. ¿Dónde está quien nos alerte sobre los novartis y monsantos de la cultura? Al contrario, los estamos promocionando.

[#150] (2010-05-28 10:45)
Pueden creer lo que quieran pero por este camino, la cultura, cualquiera de sus manifestaciones, dejará de ser un bien público. Y nosotros lo habremos favorecido. Ninguna industria cultural va a emprender ningún proyecto que no le lleve a un beneficio cuanto más grande mejor. Están en su derecho, no lo discuto, lo que discuto es que deba ser con la cultura. Como discuto la privatización de las semillas o las patentes de los genes. El conocimiento científico y tecnológico ya se ha privatizado, ahora se pretende privatizar la cultura.

Producción y propiedad ¿por qué no ponemos el mismo empeño en liberar a la cultura que en defender a las industrias?

[#152] (2010-05-31 08:54)
Ósmosis, mezcla, contagio, plagio, metástasis... puede que sean una auténtica pesadilla para los sistemas que pretenden la propiedad absoluta del conocimiento y de la cultura. Cooperación cultural, cooperación social contra el control.

[#153] (2010-05-31 08:54)
Mientras toda la tendencia de las sociedades nos lleva a comprender un tipo de cultura no "universalizado" las propuestas de las industrias y de quienes las promocionan nos lleva al mantenimiento de la cultura de masas como paradigma. La era industrial ya ha sido superada y todavía tenemos quien reivindica y fomenta sus modelos culturales.

[#154] (2010-05-31 08:55)
Retomemos el fundamento de la cultura popular: excentricismo, horizontalidad, deformidad, libertad, alegalidad...

[#155] (2010-05-31 08:56)

Cuando queramos recuperar la cultura de la mano de las industrias será demasiado tarde. O no. Porque ya nos habrán aleccionado, ya nos habrán amaestrado. Seguro que hasta estaremos de acuerdo en que hay que pagar por silbar por la calle. ¿Les parece catastrofista? Pregunten a los agricultores peruanos, mexicanos... que no pueden guardar sus semillas de papas o maíz para nuevas plantaciones. ¿Hubiesen pensado en la posibilidad de patentar y registrar las semillas?

[#156] (2010-05-31 08:57)

Estamos atravesando por un momento en el que combinamos las estructuras analógicas con la lógica digital, el utilitarismo con lo simbólico, la identidad con el colonialismo disimulado. Este escenario supone un gran reto de evolución. Esta es hoy la naturaleza de las redes de cultura: una especie de controversia en la que los conceptos de claridad vertical se destruyen para formar un enjambre difuso a modo de concurrencia en conectividad porosa.

[#157] (2010-05-31 08:57)

El futuro nos necesita como rizoma.

[#158] (2010-05-31 08:58)

Es evidente que la triste crisis por la que atravesamos tiene su fundamento en una grave falta de valores, de principios, de ética. Las derivas económicas son una elemental y grave fiebre de la verdadera enfermedad. Cacarear que la cultura es el recurso económico más importante en la actualidad es, como poco, una burla. Ponernos en manos de quienes nos hunden. Si la cultura puede servir para algo es para despertar conciencias, no para engordar capitales.

[#159] (2010-05-31 08:59)

Hoy día nos vemos obligados a trabajar la cultura en medio de una multiplicación exacerbada de las exigencias e influencias del mercado y una disminución ostensible de las ideologías. Se nos priva del carácter político, social, poético de la cultura. Nos quedamos en mera cadena de transmisión mercantil. En auténtica franquicia de las industrias culturales. Optemos por la desobediencia estratégica como método.

[#160] (2010-05-31 08:59)

Los tres pilares de una red de cultura: discurso, acción, visibilidad.

[#161] (2010-05-31 09:00)

Gestionar la cultura con calculadora. Ese es el paradigma actual de progreso.

[#162] (2010-05-31 09:02)

La cultura estatal (institucional) y la industrial se han fusionado en un tandem extraordinario que confina al ciudadano a un número.

[#163] (2010-05-31 09:02)

Comida basura, cultura basura. Contaminación cultural en el más puro sentido ecológico Nuestro papel como ciudadanos se reduce, en demasiadas ocasiones a consumir, más o menos pacientemente, lo que se nos ofrece desde los medios de manipulación de masas como si de una especie de comida preparada se tratase, ingerimos toxinas culturales tal y como ingerimos toxinas alimenticias. Infotoxinas para el conocimiento.

[#164] (2010-05-31 09:03)

No me interesa tato saber cuántos ciudadanos entran en las bibliotecas sino cómo salen de ellas; no me interesa tanto saber cuántos asisten a exposiciones sino cuántos pintan; ni cuántos asisten a conciertos sino cuántos de ellos tocan la flauta.

[#165] (2010-05-31 09:04)

Hoy queremos dignificar la cultura subiéndola al Olimpo de la economía. Cuando esto ocurre algo va mal. Algo va mal porque tiene todo el aspecto de una encerrona. La industria cultural. Pero cuestionar este principio es hoy anatema. Veamos qué ocurre cuando la cultura esté abandonada a la suerte de la mercancía absoluta.

[#166] (2010-05-31 09:04)

Pensemos en la sanidad. ¿Llamamos industria sanitaria? No, existen las industrias farmacéuticas, las industrias que fabrican los aparatos, incluso el turismo de la salud... y a nadie se le ocurre englobar todo este maremagno en un solo paquete. En cultura también son industrias culturales las fábricas de CD y sus comercializadoras. Porque cultura es todo se dice. Y salud también. ¿O no son salud los hábitos alimenticios? ¿Ponemos por ello dentro de las industrias sanitarias a las agroalimentarias? Parecería un disparate. Aquí hay algo sospechoso. Algo que no va bien. Y la sabiduría popular bien entiende que cuando te tratan de "Don" hay que procurar ponerse en guardia.

[#167] (2010-05-31 09:05)

Industria cinematográfica, editorial, discográfica... No niego que en cada una de ellas haya un componente cultural y una difusión de determinados parámetros culturales. Pero también quien fabrica jeringuillas colabora en la salud. Trabajar desde esta perspectiva "integradora" no hace bien a la cultura. Porque de la cultura deriva un componente ideológico, social, filosófico, simbólico que se pierde completamente en el objetivo del capitalismo: el rendimiento financiero. Claro que solo por decir capitalismo ya le tachan a uno de antiguo, de retrógrado, de progre trasnochado. Lo malo es que están convenciendo a muchos de esta necedad. Parece ser que hoy solo exista esa vía.

[#168] (2010-05-31 09:05)

Cultura sin calculadora. Vaya, me dicen que esto es otra utopía... Siento moverme en un mundo sin sueños.

[#169] (2010-05-31 09:06)

La apreciación del remix, lo colaborativo, la metástasis conceptual, el sistema compartido, la inteligencia distribuida, la reelaboración abierta del conocimiento, el comunitarismo cognitivo... tales son las claves de una auténtica evolución de la cultura.

[#170] (2010-05-31 09:07)

En este momento las redes cuentan con soportes tecnológicos capaces de multiplicar exponencialmente los efectos de sus emprendimientos. Es necesario utilizar la tecnología en su amplia posibilidad y reinventar los procesos de relación.

[#171] (2010-05-31 09:08)

La gestión de la cultura tiene el reto permanente de enfrentarse al paradigma de las estructuras sociales en continuo cambio. Así ha sido siempre. Sin embargo hoy el cambio es más rápido y contundente de modo que las estructuras tradicionales quedan obsoletas de forma más evidente. Cada vez son más inútiles los modelos jerárquicos que concentran el saber y el poder en estructuras piramidales, burocratizadas, inmovilistas y controladoras.

[#172] (2010-05-31 09:08)

Del hipercontrol a la canalización. Los modelos de gestión fundamentados sobre las lógicas de la cultura expandida.

[#173] (2010-05-31 09:09)

Gestionar la cultura como si se tratase de cualquier otro recurso administrable. Esa es la mayor aspiración de no pocos gestores públicos. Repartir prebendas, distribuir exposiciones, llenar museos, ofrecer conciertos... Muchas veces ni siquiera con el interés de ofrecer espectáculo cultural. Los gobiernos locales como expendedurías. Técnicos de manguito.

[#174] (2010-05-31 09:10)

Estaría bien que en cultura, los que gestionamos la cultura pública, comprendiéramos y asumiéramos que no somos siempre nosotros los expertos. Evitaríamos muchas impertinencias.

[#175] (2010-05-31 09:11)

¿Sabemos cuál es la incidencia real de nuestras acciones en la ciudadanía? No tenemos información sin participación. Y no me importa saber cuánto sin más bien cómo.

[#176] (2010-05-31 09:12)

Ningún elemento del mundo que haya caído en manos del capitalismo ha podido circular libremente. La cultura no puede ser menos, la cultura no va a ser menos. Cuando se haya conseguido un mecanismo de explotación suficiente de cultura sólo se hablará en cuanto a sus aspectos de rentabilidad, de intercambio. El resto se olvidará y volverán a dejarlo en el lugar que estaba. Solo que esta vez absolutamente mutilado, en peores condiciones que lo encontraron, por supuesto. La cultura tendrá el aspecto de una mina a cielo abierto.

[#177] (2010-05-31 09:12)

Hablar de industria cultural es sostenerse sobre principios trasnochados. Busquemos una nueva forma de economía si es que queremos de verdad que la cultura sea un referente de crecimiento para las sociedades. Pero no hablemos de lo mismo, no hablemos por favor de aquellos paradigmas económicos que nos han llevado al desastre, a la ruina social, a las crisis financieras, no integremos a la cultura en los mimos modelos que la han machacado. ¿Cómo podemos confiar en quien nos explota, en quien nos ha hundido? ¿Cómo podemos seguir creyendo en el mercado, en su autorregulación, en su generosidad, en su simpatía?

[#178] (2010-05-31 09:13)

Sólo podremos valorar realmente una red de cultura si nos sirve para generar procesos y crecer. Las redes deben ser un amplificador de conocimiento, de ideas, de contenidos, de experiencias. Las redes deben servir para aumentar las posibilidades de colaboración de interacción.

[#179] (2010-05-31 09:15)

Limitar el pensamiento al paradigma analógico hoy es, hoy por hoy, absolutamente bloqueante. Impide el crecimiento en sociedades que evolucionan desde paradigmas de referencia distancial. Impide el crecimiento en sociedades en las que la práctica de la colaboración encierra en santuarios a los viejos modelos de gestión.

[#180] (2010-05-31 09:16)

La cultura como concepto es una invención reciente, algo que tiene escasamente más de dos siglos. Es importante abandonar la nostalgia por un pasado que no hace sino impedir el avance. Abandonar la nostalgia de la representación. La nostalgia del poder que otorgaba el halo deifico de la cultura y de quienes se acercaban a ella. Abandonemos con ello las instituciones zombis.

[#181] (2010-05-31 09:17)

La ideología de dominación que coloniza nuestras sociedades occidentales coloniza también la cultura y la quiere colocar dentro de un "pensamiento neopragmatista" que la dignifica a través de la "religión del mercado" como tabla de salvación

[#182] (2010-05-31 09:18)

. Todas las culturas han tenido como piedra angular para su evolución a las tecnologías. Hoy no puede ser de otra manera pero lo contamos como si hubiésemos descubierto la rueda.

[#183] (2010-05-31 09:19)

De la interculturalidad al nomadismo cultural. Este nomadismo es el que nos va a permitir atravesar diferentes categorías para añadir experiencias a nuestra existencia. A liberarnos de la pesadez de los principios inamovibles que propone la cultura sedentaria. La diversidad eterna es el concepto de una recontextualización de la cultura en los nuevos modelos relacionales. Es desde este nomadismo desde donde fortalecemos nuestra existencia por la hibridación.

[#184] (2010-05-31 09:19)

La cultura es un imaginario genérico sobre el que se configuran las realidades cotidianas. Los valores, los comportamientos, las actitudes que nos impulsan a la acción.

[#185] (2010-05-31 09:20)

La clave para analizar la cultura en nuestro momento es la multiplicidad de las representaciones identitarias en las que se produce la paradoja de habilitar y recuperar el valor individual a partir de introducirlo en un campo de heterogeneidad cultural extrema.

[#186] (2010-05-31 09:21)

La cultura más profunda es la que desaparece integrada en el tejido cotidiano de las sociedades.

[#187] (2010-05-31 09:21)

Los modelos de estructuración y de relación en las redes de cultura los tenemos todavía demasiado "analogizados". No comprendemos muy bien hasta dónde pueden evolucionar y desarrollarse nuestros espacios relacionales.

[#188] (2010-05-31 09:22)

La cultura, en estos momentos, va más allá de la idiosincrasia de los colectivos sociales físicos. Se trata de alcanzar la construcción de identidades que superen las manifestaciones presenciales y busquen la conformación del valor conocimiento como uno de los principales instrumentos de interacción comunitaria.

[#189] (2010-05-31 09:23)

Tenemos la obligación de atender las dimensiones y necesidades culturales de la globalización y procurar que lo realizado en esta esfera virtual tenga su repercusión en los escenarios socioculturales presenciales

[#190] (2010-05-31 09:23)

La nueva alineación busca concentrar la cultura en unos cuantos poderes empresariales a costa de la sumisión de otros y la comercialización del conocimiento para mantener el control simbólico a escala mundial

[#191] (2010-05-31 09:25)

Cuando hablemos de brecha digital debemos ser conscientes de que esta brecha no es sino el reflejo de otras. La brecha digital no es sino la referencia de otras desigualdades.

[#192] (2010-05-31 10:01)
¿Dónde termina la frontera gregaria de la cultura comercializada?

[#193] (2010-05-31 10:03)
Excepto honrosísimas excepciones el nivel político es absolutamente impermeable a los conceptos de cultura siempre que no vayan más allá de intereses de partido, exhibiciones florales y pretextos especulativos. ¿Quién conoce, por poner un ejemplo, la agenda 21 de la cultura? Segunda pregunta ¿En cuántos lugares se ha puesto en marcha alguna de sus consideraciones? El liderazgo político en cultura es imprescindible y, hoy por hoy, tan solo nos quedamos en alegatos vacíos que no traspasan los niveles técnicos, que se hunden y ahogan en pregones. La política no cree en la cultura, por eso es abandonada a la economía. (Es evidente que ante esta declaración se proyectará una soflama encendida desacreditando semejante afirmación; no debemos olvidar que son profesionales del discurso)

[#194] (2010-05-31 10:04)
¿Nuevos estándares de centralidad? Si no aplicamos de verdad modelos novedosos en la gestión y estructura de nuestras redes, lo único que conseguimos es reforzar los viejos paradigmas organizativos de jerarquía elitista.

[#195] (2010-05-31 10:04)
Las tan renombradas tic's participativas no son, demasiado a menudo, sino mero hiperescaparatismo digital.

[#196] (2010-05-31 10:05)
Las redes deben constituir un espacio híbrido lugar/no-lugar capaces de crear encuentros activos, de discernir y decidir. Capaces de visisbilizar de modo perrmanente nuevas propuestas para la transformación.

[#197] (2010-05-31 10:05)
El conocimiento se multiplica compartiéndolo. Es bueno huir de las leyes del supermercado que limitan el comunitarismo cognitivo.

[#198] (2010-05-31 10:06)

Sobre encuentros, foros y demás conclaves. En ocasiones, me de la sensación de estar dando mil vueltas a un mismo discurso, de contamos lo mismo a los mismos. Estamos en un círculo vicioso de retórica. Deberíamos esforzarnos por salir y ver las cosas desde alguna otra perspectiva. Si ya sabemos lo importante que es la cultura vamos a dejar de perfumarlo. Analicemos de verdad, por empezar desde abajo, la cosmética municipal en torno a la cultura. Ojo con el principio de entropía.

[#199] (2010-05-31 10:08)

Considerar una capitalidad cultural (por poner un ejemplo) por sus grandes fastos, sus extraordinarios edificios, su pasado glorioso... no es sino distorsionar definitivamente el concepto cultura. Mercantilizarlo. La habremos posicionado dentro de los importantísimos calendarios internacionales. Pero ¿cómo son sus creadores, dónde están sus ciudadanos, su tejido asociativo, dónde la construcción de ciudad...? Una ciudad capital de la cultura es una ciudad donde el espíritu creativo, participativo, cohesivo, comprometido, innovador... se respira y se propicia desde la calle. Lo demás es parafernalia.

[#200] (2010-05-31 10:25)

La cultura es indisociable de la comunidad, de la creación de un imaginario social que propugne la perspectiva del beneficio común.

[#201] (2010-05-31 10:33)

Las redes de cultura deben concebirse como espacios públicos colaborativos. Representan el esfuerzo por recrear los vínculos entre diferentes realidades y establecer significaciones que engloben el reconocimiento por la necesidad del refuerzo de las comunidades a partir de la participación vinculada y el sentimiento colectivo.

[#202] (2010-05-31 10:34)

La cultura pública debe concebirse como algo plural e inconcluso.

[#203] (2010-05-31 10:35)

Cuando tratamos con realidades complejas es fácil pendular entre el victimismo y a prepotencia. Es necesario plantear horizontes de operatividad que incluyan una prospectiva fundamentada sobre el disenso y la diferencia.

[#204] (2010-05-31 10:36)

La gestión pública de la cultura debe desterrar definitivamente modelos trasnochados de autoritarismo y jerarquía burocrática (funcionarismo novecentista). O anclados en la tiranía de lo inmediato (paradigma por excelencia de las políticas locales)

[#205] (2010-05-31 10:36)

El espacio de la cultura pública local se ha multiplicado de forma exponencial, no hay nada que no esté conectado. Lo que afecta hoy a la unidad afecta inmediatamente al conjunto. En este sentido también puede hablarse de la cultura como modificador del espacio público.

[#206] (2010-05-31 10:37)

No debemos olvidarnos que la cultura nos mueve en un espacio de significación también emotivo, un espacio que la globalización todavía no ha sido capaz de articular y sobre el que se suceden acontecimientos a las cargas sentimentales.

[#207] (2010-05-31 10:38)

Una sociedad sin espacio para la cultura o con un espacio inutilizado/mediatizado/espectacularizado se descompone en un mosaico asocial abonado extraordinariamente para el totalitarismo (no olvidemos que el fascismo hitleriano pudo producirse gracias a un auténtico cambio cultural)

[#208] (2010-05-31 10:39)

¿Estamos ante "la cultura secuestrada"?

[#209] (2010-05-31 10:39)

Cuando hablamos de la cultura como espacio de consenso, integración, coherencia, simetría... y observamos la estructura interna de muchas instituciones no podemos por menos que sorprendernos. Dónde está la relación entre el discurso y la realidad. Dónde está la congruencia. Quién se preocupa por la maquinaria.

[#210] (2010-05-31 10:40)

Transformemos lo local en espacio de pensamiento

[#211] (2010-05-31 10:40)
La cultura de los promotores. Las lógicas del mercado son las que sustituyen el vacío de las iniciativas políticas en cultura. Un velo que oculta la ausencia total de interés por los procesos colectivos y ciudadanos.

[#212] (2010-05-31 10:41)
Las redes como entrono de flujos.

[#213] (2010-05-31 10:41)
Sin oponerme de ningún modo a la profesionalización de la gestión cultural me permito señalar que deberemos cuidar muy mucho para no perder la perspectiva y que lleguemos a acusar de "curanderos" a quienes la ejerzan sin el beneplácito académico. La masterización de la cultura también puede ser un campo abonado para domesticar a la colectividad. No matemos al animador comunitario, por favor.

[#214] (2010-05-31 10:42)
Cultura mediática: homogenización de comportamientos y costumbres. Artificialidad y superficialidad. Paranoia del espectáculo. Encumbramiento de la trivialidad.

[#215] (2010-05-31 10:42)
El museo como complejo cultural de consumo ¿no puede convertirse en un fast-food de la cultura? Casi siempre medimos su rentabilidad por los efectos del turismo como si los hubiésemos convertido en un hipermercado de la memoria.

[#216] (2010-05-31 10:43)
Por fortuna, más allá de las Instituciones todavía hay vida.

[#217] (2010-05-31 10:44)
La obsesión por la linenalidad buscada, y de algún modo forzada, por la ortodoxia cultural, se impone en la mayoría de los ámbitos institucionales que se oponen al paradigma de la complejidad de la cultura.

[#218] (2010-05-31 10:44)

Exotismo contemporáneo: la multiculturalidad urbana. ¿No nos encontramos ante un nuevo modelo de colonialismo? Blando, eso sí, no nos asustemos.

[#219] (2010-05-31 10:45)

¿Es posible que las instituciones estén confiscando el proceso de creación? Que estén apropiándose de la cultura como un programa político para la conquista del poder. Es necesario recuperar la esencia de la cultura fuera de las instituciones, la creación, la experimentación sin dependencia... los movimientos culturales que desde la sociedad han conformado actitudes de compromiso.

[#220] (2010-05-31 10:53)

En realidad el destino final y natural de las instituciones públicas de cultura debería ser la desaparición. Simplemente: habríamos conseguido nuestro verdadero objetivo: la creación de una ciudadanía libre y comprometida.

[#221] (2010-05-31 10:53)

Toda cultura constructiva tiene que provocar modelos de resistencia.

[#222] (2010-05-31 10:54)

Cultura cuántica: Cada partícula de materia viva surge de microestructuras originales fundamentales para dar origen a las tecnologías moleculares. Gen, byte, átomo no son simples partes mínimas de sistemas complejos sino que forman la sustancia de las macroentidades que conforman. Sus interacciones componen la vida de las estructuras "superiores" y según sea su interacción y funcionamiento componen una forma u otra. Imaginemos las culturas como concentraciones cuánticas, imaginemos las infinitas interpretaciones y manifestaciones de la cultura como partículas vivas que engendran nuevos signos. Concatenación, improvisación, aleatoriedad... cada cultura es una potencia. Esta interpretación no comulga con la lógica cartesiana, analítica y lineal. Esta interpretación modifica las leyes de observación.

[#223] (2010-05-31 10:55)

Si hemos perdido la calle ¿perderemos también las redes?

[#224] (2010-05-31 10:56)

Nanocultura: construcción de moléculas comunitarias a través de la conexión de capacidades, de fuentes de iniciativa, de imaginación, de comunicación transversal, de reciprocidad, de heterarquía, de singularidades, de reactivación sistémica, de diversidades. Política molecular de la cultura. Cultura fractal.

[#225] (2010-05-31 10:56)

La cultura digital supone un cambio radical de actitudes, de pensamiento más que de habilidades, de potencias, de capacitacióntécnica.

[#226] (2010-05-31 10:57)

Cultura en red: rizomas de conocimiento. Una cultura conectable, reversible, variable, expansiva... si cada uno de nosotros nos movemos en diferentes campos de conocimiento, en diferentes microestructuras, la comunicación rizomática supone una reelaboración de los conceptos a través de la multiplicación de vástagos difusores.

[#227] (2010-05-31 10:58)

La cultura ya es una marca. Lamentable.

[#228] (2010-05-31 10:59)

La cultura como entorno de pensamiento y creación simbólica. Sería bueno defender la necesidad de fortalecer los espacios sociales y de conocimiento por encima de aquellos objetivos que pretenden su instrumentalización como recurso económico de primer grado. Sin embargo, hoy por hoy, quien decide sobre la cultura lo hace desde estos criterios y desde organismos afines a las macroestructuras económicas.

[#229] (2010-05-31 10:59)

¿Cómo podemos creer todavía que nos va a salvar el mismo paradigma económico que nos utiliza? Las culturas minoritarias nunca tendrán la más mínima consideración para el mercado. Si toda la cultura se fundamenta sobre el capital cada vez existirán más diferencias, más brechas, más discriminación.

[#230] (2010-05-31 11:00)

La antigua percepción de un modelo de cultura regulado por el estado y las instituciones pierde todo su sentido en un espacio híbrido, multidimensional. El mecanicismo acentúa lo absoluto y lo verdadero. La cultura cuántica, la paradoja, los matices, la multiplicidad, la diferencia, lo complejo. La cultura no habla de certezas sino que se desenvuelve en el campo de las posibilidades.

[#231] (2010-05-31 11:01)

La cultura de la espectacularización. La orientación escaparatista y de rendimiento, la inclinación hacia el producto no permite a las organizaciones la reflexión, la crítica. Deberían existir departamentos de I+D en cultura. Diferenciar lo que serian departamentos de producción y de reflexión.

[#232] (2010-05-31 11:01)

¿Cómo es posible que no se fortalezcan (hayan desaparecido en algunos casos) nuestros discursos de proximidad?

[#233] (2010-05-31 11:07)

La cultura digital tiene más que ver con las actitudes y el pensamiento que con la tecnología.

La cultura digital supone un cambio radical de actitudes, de pensamiento más que de habilidades, de potencias, de capacitación técnica.

[#234] (2010-05-31 11:07)

La cultura es una potente arma política y eso lo saben bien quienes ejercen el poder. Esa "peligrosidad" de la política es la que han sabido controlar perfectamente reduciéndola a un simple bien de consumo, a un ornamento, a un espectáculo. Esa es también la noción de cultura que han logrado introducir en el ciudadano y eso lo que la sociedad interpreta como cultura. Por eso hay que explicar continuamente cuál es nuestro trabajo. Por eso hay que justificarlo continuamente. Por eso es difícil que se entienda.

[#235] (2010-05-31 11:09)

Todavía vivimos sobre organizaciones culturales, sobre paradigmas construidos y moldeados en el siglo XIX.

[#236] (2010-05-31 11:10)
Deberíamos construir el devenir de la cultura sobre conceptos y filosofías simbióticas, sobre la anulación del "yomimeismo"

[#237] (2010-05-31 11:10)
Alcanzar la difusión memética de la cultura.

[#238] (2010-05-31 11:13)
Es necesario comprender que el ser humano no es algo ajeno a la cultura. Que ésta no es un aditamento postizo. Que la cultura produce al ser humano y esta, a su vez, engendra sociedad. Somos un producto de la actividad cultural.

[#239] (2010-05-31 11:15)
No es bueno entregar la cultura a la economía neoliberal. Si deseamos relacionar la cultura con subestructuras mercantiles deberemos buscar nuevos modelos que sostengan esta relación. De lo contrario veremos mermar la cultura como hemos visto mermar la biosfera. Cuando esta última fue definitivamente integrada como un simple recurso se convirtió en un elemento de explotación en el que no cabía sino el afán de lucro. Bajo los paradigmas neoliberales la cultura va a ser explotada del mismo modo. Y lo peor de todo es que nosotros mismos estamos siendo cómplices amplificando los discursos economicistas que nos están sirviendo.

[#240] (2010-05-31 11:16)
El espectáculo no es cultura como la rueda no es el automóvil. Evidentemente forma parte, pero la parte no es el todo. Es muy simple, para que la parte –la rueda– pueda considerarse integrante del todo –el automóvil– debe reunir unas determinadas características que posibiliten y garanticen su funcionalidad. Deben ir ligadas a la carrocería mediante un determinado eje, deben guardar unas condiciones de elasticidad, de agarre, deben estar unidas a un motor que les haga rodar... La rueda, por si misma, no es sino un invento extraordinario sin un valor en su aislamiento. El espectáculo es si mismo es estupendo, necesario, saludable... pero, como la rueda, es menester que esté integrado en una estrategia superior.

[#241] (2010-05-31 11:17)
Tampoco debemos olvidar que la cultura no refleja la realidad sino que la interpreta. El conocimiento que tenemos de nuestro mundo y la actitud que hacia él mantenemos (nuestro comportamiento) es en realidad una traducción de lo que percibimos a través de nuestra cultura.

[#242] (2010-05-31 11:18)

Podemos sostener que la cultura crea espacios virtuales donde nos movemos como seres sociales. Por eso es importante construir impulsos que actúen sobre la cultura de forma que el individuo tenga una forma determinada de interpretar la realidad y de aportar comportamientos. La traducción de señales, símbolos y signos.

[#243] (2010-05-31 11:18)

Cultura Matrix ¿vivimos en un universo cultural simulado?

[#244] (2010-05-31 11:19)

Cultura Halloween ¿vivimos en un universo cultural mimetizado?

[#245] (2010-05-31 11:20)

Más sobre Hallowen ¿de verdad alguien puede pensar que esto es interculturalicad? A mi modo de ver no es sino un ejemplo más de los intereses mercantilistas: la "cultura halloween". Si no hubiera grandes rendimientos económicos detrás no hubiesen puesto tanto interés y esfuerzo en globalizar semejante manifestación. Sobre todo teniendo en cuenta que cada cultura ha tenido alrededor de la muerte sus propios ritos.

[#246] (2010-05-31 11:20)

Estructurar las políticas digitales de cultura de forma que no caigamos en la "informática de la dominación"

[#247] (2010-05-31 11:21)

El capitalismo es una abstracción inventada para ocultar nombres. Para encubrir a individuos concretos que explotan, usurpan y someten a millones de seres humanos sin ninguna consecuencia. El capitalismo cultural no deja de ser una desviación blanda del mismo concepto, otra construcción abstracta para eliminar la esencia simbólica de la cultura en beneficio de nuevos colonialismos y de alta rentabilidad.

[#248] (2010-05-31 11:22)

Curiosamente quien se lamenta por antiguos colonialismos y exige compensaciones y desagravios no alza la voz contra los actuales sino que se suma gustoso a la macdonalización. Pero eso es otra historia...

[#249] (2010-05-31 11:23)

Cultura cristalizada/cultura fluida.

[#250] (2010-05-31 11:24)

Las instituciones culturales todavía funcionan como máquinas molares en las que se pretende un control detallado de lo que sucede en la calle. Una demanda inútil ante el funcionamiento molecular de las sociedades. La cultura como cuerpo cyborg está muy lejos de las estructuras analógicas institucionales.

[#251] (2010-05-31 16:40)

Las redes de cultura son un campo de experimentación extraordinariamente apropiado para analizar e implementar nuevos modelos de relación y de intervención en las sociedades. Derivarlas hacia modelos de "cuerpo cyborg ", modelos engranaje, cartografías de código.

[#252] (2010-05-31 16:41)

Creo que es necesario considerar ya la cultura como un ente computacional de carácter humanista: Escribe códigos, no textos.

[#253] (2010-05-31 16:42)

Cultura posgenérica. No estamos ante la desaparición de la cultura sino ante la reconstrucción de un modelo no vegetativo. En una búsqueda que no persigue la "cultura verdadera" sino más cultura. El espacio virtual se configura como una prolongación de la cultura no como un aditamento.

[#254] (2010-05-31 16:43)

La reducción a producto de las prácticas culturales supone una estrategia de dominación estupenda por parte de las instituciones de poder. Ellas han establecido la regla de consumo a partir de dos intervenciones básicas: la futbolización de las sociedades (seguimiento ciego del líder, identificación exrtrema con "los nuestros" –los colores– "aunque pierdan", priorización de lo propio, externalización de las responsabilidades –el árbitro nos ha robado el partido–, identificación de un enemigo común, glorificación del simplismo...) y la banalización de los contenidos.

[#255] (2010-05-31 16:43)
La cultura es un arma política. Dicho está e insisto. En este momento la sociedad de control se caracteriza por acciones difusas de poder y no pasa por instrucciones normativas sino comportamentales. La cultura, a lo que han reducido la cultura, consiste en un entramado de tácticas sociales que implica a los ciudadanos en las estrategias globales no ce manera impositiva sino como colaborador activo. El paradigma disciplinario de la cultura.

[#256] (2010-05-31 16:44)
Las industrias culturales están tomando la fuerza que les corresponde en cuanto a industria: han creado un producto y lo van a explotar. Pero lo van a explotar según sus propios intereses, es decir, nos van a vender lo más conveniente para sus intereses empresariales. Explotación de la cultura. Fast-food de la cultura.

[#257] (2010-05-31 16:45)
La cultura es un régimen de campos de significación que determinan el modo de ser de una sociedad. Es algo que no deberíamos olvidar las instituciones.

[#258] (2010-05-31 16:45)
Las redes de cultura pueden alcanzar todo su sentido cuando se convierten en laboratorios para experimentar nuevos prototipos de pensamiento.

[#259] (2010-05-31 16:46)
La desobediencia como método. Es necesario liberar a la cultura del espacio en el que entre todos la hemos metido. Hoy día nos movemos entre dos frentes dañinos: una multiplicación exacerbada de las influencias y exigencias del mercado (disfrazadas de interés social) y la desgraciada desaparición de las ideologías (en un intento de desgajar el pensamiento de la realidad y en pos del "pragmatismo político"). Por poner solo un ejemplo, ya Napoleón cuando hablaba de ideólogos se refería a ellos como "parásitos"

[#260] (2010-05-31 16:47)
Si se nos priva del carácter social, político, ideológico, poético... nos quedamos en una mera cadena de transmisión de mercancías.

[#261] (2010-05-31 16:47)

Redistribución del poder creativo entre la ciudadanía. Abandono de la cultura como técnica especializada.

[#262] (2010-05-31 16:48)

Las instituciones han sufrido una evolución que las ha enrocado en una autentica visión funcionalista de la cultura. Se puede decir que los mercaderes de la cultura están, hoy más que nunca, en las instituciones públicas.

[#263] (2010-05-31 16:49)

La crítica y la disidencia tienen que estar presentes, por esencia, en la cultura. Otra cosa es establecer, con máscara de cultura, un perfecto sistema de control.

[#264] (2010-05-31 16:49)

Pareciera que el único interés de la "cultura oficial", la que nace y se reproduce desde las administraciones públicas, es la de distraer al residente (de ciudadano a residente hay un abismo) hacerlo objeto pasivo y consumista. Número de encuesta.

[#265] (2010-05-31 16:50)

¿Qué ciudadanía estamos promoviendo? ¿Nos estamos convirtiendo en instituciones doctrinales? Ni siquiera. Puede que hayamos abandonado nuestro compromiso social. La ideología neoliberal que desposee al estado de sus responsabilidades cívicas está triunfando. La cultura local ha perdido su sentido cívico.

[#266] (2010-05-31 16:51)

La tecnología propicia engendrar un ciudadano creativo pero esta hay que integrarla dentro de las políticas culturales. El reto es comprender cómo puede introducirse en este proceso cívico. El tambor y las señales de humo también son tecnología de la comunicación.

[#267] (2010-05-31 16:51)

¿Han pensado qué es lo que proclaman las empresas que nos venden tecnología? Grandes facilidades para ver el fútbol, para jugar, para consumir...

[#268] (2010-05-31 16:52)
La cultura local está detenida en un presente continuo de improvisación, de alta de reflexión y prospectiva. Que canaliza sus actos en un aquí y ahora marcados por la necesidad renegrida de la satisfacción inmediata y de un evolucionismo banalizado por criterios economicistas.

[#269] (2010-05-31 16:53)
La gestión expansiva de la cultura es la que sale de los despachos como santuarios de peregrinaje y se lanza hacia modelos que prescinden de sacerdotes, que se multiplican en una recreación continua de conocimiento. Que se distribuye desde modelos víricos y se clona en un continuo flujo exponencial. Que abandona la parálisis del gurú.

[#270] (2010-05-31 16:53)
El peligro actual es instalarnos en un espacio zombie en el que no hacemos sino anhelar sin construir. En el que permanecemos con una fatiga crónica, en un estado hipnótico en el que lloramos permanentemente por lo no conseguido. Abandonar para crecer.

[#271] (2010-05-31 16:54)
Los manguitos han hecho mucho daño a la cultura. Y lo están haciendo todavía. Y las instituciones, muchas instituciones, están secuestradas por manguitos rancios y decimonónicos, por personalidades grises, por jerarcas caducos, por sacerdotes de despacho.

[#272] (2010-05-31 16:55)
La cultura solo es tal si está conformada por movimiento continuo, por un movimiento creativo y performador en el que cada uno de nosotros somos agentes de agitación.

[#273] (2010-05-31 16:55)
La cultura fundamenta la desaparición de la densidad en pos de la fractalidad.

[#274] (2010-05-31 16:56)
Una red es un sistema de gestión simultánea de culturas.

[#275] (2010-05-31 16:56)
La cultura local como distopía, una pena.

[#276] (2010-05-31 16:56)
Una red de cultura debes sustentarse sobre el fin del arbitraje de las jerarquías. La diversificación de un espacio transversal, transitivo, expansivo. No podemos caer en el error de reproducir en las redes la distribución analógica de incompetencias.

[#277] (2010-05-31 17:08)
Cuando trabajamos en red, cuando nos planteamos la participación en redes de cultura seguimos poniendo el acento en los modelos analógicos de organización. No contamos con que son comunidades de participación expansiva y que los modelos físicos no sirven.

[#278] (2010-05-31 17:09)
¿A quién le interesa la cultura? Parece ser que al capital. Sólo al capital. Pero absolutamente desposeída, liberada de sus componentes Kultur. Los valores simbólicos convertidos en mercancía.

[#279] (2010-05-31 17:10)
Ha sido absorbida por la maquinaria capitalista (casi da miedo decir capitalista: te miran como un trasnochado) y la han convertido en un juego hipercontrolado de distribución de afectos agotados y entretenimiento narcótico, de identidades deshabitadas, de imaginarios banales y yermos...

[#280] (2010-05-31 17:10)
Cultura, palabra tótem. El lenguaje, una vez más, es utilizado para disfrazar, es manipulado, transformado en manos de los totalitarismos y vaciado de contenido, reconvertido y banalizado. Cuando libertad y cultura son manoseadas por el mercado acaban por descomponerse. Ese es el juego.

[#281] (2010-05-31 17:11)
Cuando al capitalismo industrial le sigue el cognitivo (invento también perverso para ocultar viejísimas prácticas) es que estamos inmersos en un modelo de redistribución de las prebendas mucho más peligroso que aquel que jugaba con los objetos y las propiedades materiales. Ahora son los símbolos, los afectos los que entran en el mercado.

[#282] (2010-05-31 17:12)
Parece que este modelo de apropiación de las culturas es mucho más eficaz ahora que el viejo modelo de la apropiación de las tierras.

[#283] (2010-05-31 17:13)
Y ésta ha sido la gran victoria del poder: la conquista cultural, la conquista de los símbolos. Ha conseguido la calma social creando una sensación de igualdad entre todos, un clima de felicidad conquistada difícil de contradecir... la paradoja del capitalismo cultural. ¿Qué sucederá cuando todas las culturas se mercantilicen? Teniendo en nuestras manos las herramientas más eficaces para organizarnos contra las tiranías capitalistas, las herramientas más eficaces para una revolución, han conseguido un hipnotismo de posesión tan eficaz que anula toda necesidad de subversión.

[#284] (2010-05-31 17:13)
La cultura ha sido apartada de las prácticas de resistencia

[#285] (2010-05-31 17:14)
No hay ninguna acción verdaderamente cultural que no se fundamente sobre una importante base de utopía. Lo contrario es una simple manifestación de la vulgaridad como residuo antropológico.

[#286] (2010-05-31 17:21)
La transformación de nuestras redes, de nuestras organizaciones, en verdaderas maquinas expansivas es una cuestión de actitud más que de tecnología. Una mutación múltiple.

[#287] (2010-05-31 17:22)
La cultura es la creación de significados mediante la transmisión de símbolos. Dónde hemos dejado esta acepción. Cuándo nos hemos abandonado al producto vacío.

[#288] (2010-05-31 17:23)
La participación aumentada se desarrolla en el ámbito digital y convoca las relaciones entre espacio público y las estructuras de comunicación. Se añade a la realidad experimentable. El objetivo de las redes desde esta perspectiva es crean ámbito de colectividad. Añade una parte virtual a la presencial. Lo que interesa no es reproducir lo que existe sino crear posibilidades nuevas. Añadir no sustituir.

[#289] (2010-05-31 17:23)
¿Se dan cuenta que desde esta perspectiva ya no necesitamos forzosamente a las instituciones para hacer una labor de interacción y creación de cultura?

[#290] (2010-05-31 17:24)

La tecnología está consiguiendo un imperialismo cultural sin territorio. La unificación de las conciencias como antes se conseguía la unificación de los territorios.

[#291] (2010-05-31 17:24)

Otro modelo perturbador: la cultura higienista.

[#292] (2010-05-31 17:25)

Estamos siendo observadores y protagonistas de un nuevo horizonte reticular, poscultural, en el que la identidad bidimensional de las estructuras hace aguas y se esboza una existencia multidimensional. La forma de protagonizar este momento es la que va a posibilitar nuevos modelos de desarrollo cuya transcendencia temporal y espacial no podemos desestimar. El uso de las redes va más allá de las actitudes a las que estamos acostumbrados. El momento de la malla es importante, no para ejecutar programas en si sino para generar comportamientos que se difundan desde la categoría de memes. Esa es la transcendencia, esa es la obligación que tenemos quienes trabajamos "vendiendo utopías". Lo demás, lo cotidiano, lo particular se irá desarrollando a partir de la aplicación de esas ideas. No hay otra salida para esta conjunción de conocimiento: crear inteligencia colectiva

[#293] (2010-05-31 17:26)

Neonomadismo cultural: la cultura como fenómeno excéntrico

[#294] (2010-05-31 17:28)

Los procesos culturales cada vez tienen menos que ver con unos Estados anclados en los modelos decimonónicos. Son el caldo de cultivo de nuevas identidades, de realidades y culturas mixtas que enfocan nuevos horizontes de relación y símbolo.

[#295] (2010-05-31 17:28)

Nuevas realidades sustentadas sobre la comunicación en redes distribuidas van a acabar con la cultura estatalista. La identificación con el grupo ya no se realiza únicamente en los espacios físicos. Los modelos analógicos ya no satisfacen porque la extensión es un hecho, porque la vida "táctil" ya no es la única que determina a las personas.

[#296] (2010-05-31 17:29)

¿Estamos asistiendo a una "normalización" cultural como asistimos en su tiempo a una normalización lingüística tras la imprenta? ¿Estamos despreciando las culturas locales y minoritarias a favor de una cultura con potencia mercantil? La simetría con la aparición de las lenguas nacionales que hicieron desaparecer otras lenguas territoriales menos fuertes puede ser un referente al que hay que estar bien atento. Los espacios de mercado están favoreciendo esta desaparición ante culturas incapaces de establecerse en ese nicho no suficientemente potente como para ser explotado por los grandes intereses financieros.

[#297] (2010-05-31 17:31)

La idea de una cultura unida en un entorno macro solo se sostiene bajo el propósito de una mercantilización eficaz.

[#298] (2010-05-31 17:32)

El poder de los símbolos suele ser más fuerte que el de las armas. Hoy en la sociedad "civilizada" en la que nos movemos los de este "primer mundo", desvalijar la cultura es una de las más potentes estrategias para el control de estos símbolos. Ya no impresionan ni catedrales, ni pirámides, ni palacios versallescos, por eso las formas de provocar ese estremecimiento cambian y, visto ya todo, lo que queda es descerebrar directamente a la población. La banalización de la cultura, de la vida pública, del sentido político del ciudadano, es acostumbrarlo a una esclavitud blanda y agradecida que no cuestiona ni es capaz de crítica intelectual alguna.

[#299] (2010-05-31 17:32)

¿La misma cultura para una sociedad distinta? ¿La misma gestión con tecnologías nuevas?

[#300] (2010-05-31 17:33)

Debemos comprender que la tecnología actual no es una simple acumulación de máquinas sino que compone una forma de relacionarse, un comportamiento, unas actitudes, unos desarrollos absolutamente nuevos. Cualquier tecnología, desde el Neolítico, ha modificado las sociedades. Ahora ocurre lo mismo.

[#301] (2010-05-31 17:34)

Quizá la misión de las instituciones locales sea la de facilitar y dar visibilidad a la creatividad ciudadana, sacar a la luz toda la riqueza simbólica. Porque la institución no es dueña de la cultura en una sociedad. Comprenderlo es otorgar al ciudadano el protagonismo y provocar un ecosistema cultural rico, diverso, sostenible, productivo... a partir de la potencialidad incrementada. Fortalecer la sociedad civil es una de las principales funciones de las administraciones públicas. ¿No estaremos fortaleciendo, de verdad, el sector privado?

[#302] (2010-05-31 17:36)
La cultura cambia la ciudad no solo a partir de los productos culturales sino a través de los comportamientos. Sobre todo porque quien provoca el desarrollo no es otro que el ciudadano. Un entorno social rico en cultura es imbatible.

[#303] (2010-05-31 17:37)
El turismo cultural, tan integrado también en la retórica de la cultura como mecenas del desarrollo, corre el riesgo desde su mercantilización de expropiar los productos y las culturas populares.

[#304] (2010-05-31 17:38)
La interculturalidad restringida. Desde varias vertientes: la ciudadana, se conoce pero no se participa; la política, se asume pero no se integra; la económica se explota pero no se promociona.

[#305] (2010-05-31 17:40)
Sigue dominando el pensamiento dicotómico también en cultura. El blanco y el negro. En identidades puras y simples. Esta es la mayor paradoja de la globalización en cultura. No estamos atendiendo a los sistemas "impuros" sino que seguimos planteándonos una estructura de pertenencia excluyente.

[#306] (2010-05-31 17:41)
La apropiación transnacional de la cultura va más allá de la apropiación de los circuitos de difusión de los productos, la apropiación es de los símbolos, de las costumbres. La apropiación es la de un colonialismo cultural ampliado y blando en el que la falta de violencia le hace parecer inocuo. Seguimos preocupados por denunciar y reivindicar colonialismos antiguos y nos cerramos a combatir el que hoy mismo estamos sufriendo. También es una extraordinaria paradoja.

[#307] (2010-05-31 17:41)
Hibridación coercitiva: la concentración de los editores de mensajes en unos pocos núcleos de poder.

[#308] (2010-05-31 17:42)
No solo hay que democratizar el acceso a los bienes culturales sino que hay que democratizar la creación. Y hay que empezar por lo local, por la generación de un tejido creativo local fuerte y aglutinado.

[#309] (2010-05-31 17:42)
¿Es compatible el nacionalismo con la hibridación?

La cultura es un campo inestable de evolución. Cualquier idea que la intente domesticar esta en contra del principio absoluto de su esencia. Cualquier nacionalismo es domesticador.

[#311] (2010-05-31 17:44)
Necesitamos una cultura social nómada.

[#312] (2010-05-31 17:45)
Nos hemos hecho "modernos": hemos avanzado desde las utopías al mercado.

[#313] (2010-05-31 17:46)
Tengo serias contradicciones: me da miedo profesionalizar la cultura.

[#314] (2010-05-31 17:46)
Estrategia generalizada: el esteticismo de la cultura como regresión neoconservadora.

[#315] (2010-05-31 17:47)
En este esteticismo el pueblo (vaya, seguro que suena antiguo, ahora ya no somos pueblo) no tiene nada que ver con la cultura, en la profesionalización también lo consideramos al margen.

[#316] (2010-05-31 17:48)

En este esteticismo: ¿no estaremos usando, en nuestras sociedades "avanzadas" el consumo de cultura como el sustituto de sangre y titulo para comunicar las diferencias?

[#317] (2010-05-31 17:51)

En la diferenciación del consumo se establecen las diferencias sociales. El consumo de cultura no está exento de ese principio. El mercado crea la necesidad de distinción. La cultura es parte de ese mercado.

[#318] (2010-05-31 17:52)

Foros, encuentros y demás eventos: ¿no estaremos convirtiendo estos espacios en ritos sin contenido? El rito es un acto cultural por excelencia que nace cuando los gestos no pueden convertirse en actos.

[#319] (2010-05-31 17:53)

Bien sabemos que todo rito es una puesta en escena que controla el riesgo de cambio, para mantener lo establecido, para defender el orden. Antropología pura.

[#320] (2010-05-31 17:55)

Si la cultura ha dejado de ser peligrosa ha sido porque el mercado es paciente. El siempre espera a poder incorporar una revolución a su catálogo. Toda revolución acaba siendo siempre rentable para él.

[#321] (2010-05-31 17:56)

Los empresarios son los que hoy tienen el poder de decisión sobre casi cualquier referencia de la cultura. Los empresarios y las instituciones que confluyen con sus objetivos. El peso de los beneficios económicos o las cuentas de resultado se subordinan a los valores estéticos o simbólicos, a los valores de socialización, a los valores de desarrollo humano.

[#322] (2010-05-31 17:58)

La desvertebración en el comercio de una ciudad también provoca cambios de cultura. No es irrelevante que los pequeños comercios desaparezcan y se creen grandes superficies. Existe en ello un proceso de relaciones que se modifican y con ello modifican los comportamientos. ¿No venimos diciendo que la cultura es transversal?

[#323] (2010-05-31 17:59)

La cultura popular se desvanece subordinado a la modernidad en una especie de complejo de inferioridad

[#324] (2010-05-31 18:00)

La utopía revolucionaria de la cultura se desvanece subordinada a la modernidad en una especie de complejo de inutilidad.

[#325] (2010-05-31 18:01)

En las sociedades de consumo los repertorios de cultura de minorías (tomadas estas no como edites, esto es aparte) no tiene cabida. Se desestiman por simples criterios de rentabilidad.

[#326] (2010-05-31 18:01)

El reordenamiento del mercado cultural tenderá a marginar cada vez más a estas minorías y en su globalización la complejidad de los sistemas culturales se irá transformando en mensajes de consumo homogéneo.

[#327] (2010-05-31 18:02)

Divulgación no es sinónimo ni equivale a participación

[#328] (2010-05-31 18:03)

Cuando hablamos de igualdad de oportunidades en el acceso a la cultura no debemos olvidar que cada uno llega con un bagaje distinto, que llega con su formación, con su capital intelectual, con sus hábitos...

[#329] (2010-05-31 18:04)

¿No podemos caer en un cierto dogmatismo institucional cuando pretendemos que los ciudadanos coincidan con los gustos que proponemos? ¿No los estamos colocando en una posición subordinada? El diálogo ciudadano, administración, creador es necesario para una evolución sin graves fisuras.

[#330] (2010-05-31 18:05)
Porque tendemos a caer en un nuevo despotismo ilustrado: todo para el pueblo pero sin el pueblo.

[#331] (2010-05-31 18:06)
Quizá las políticas culturales tengan hoy el compromiso de generar condiciones para la creación, para la reflexión, para la crítica, para el desarrollo colectivo, para la comunicación y el reconocimiento, para la contribución simbólica.

[#332] (2010-05-31 18:08)
El equilibrio entre unos códigos de identificación (a través de la administración del patrimonio y las ceremonias rituales de identidad) y los procesos de habilitación de la cultura contemporánea, es la base para garantizar un estado cultural no autoritario.

[#333] (2010-05-31 18:08)
Quien elige estos códigos de identidad no es el pueblo, el ciudadano, sino el poder como modelo para el reforzamiento de una ideología conservadora y de control. De unos rasgos establecidos para la legitimación política y social

[#334] (2010-05-31 18:09)
Naturalizar la tradición es la mejor manera de impedir la evolución. Se deja fuera a quien no participa de ellos. Articular lo sagrado es articular la sociedad, domesticarla, favorecer la solidez de unos principios conformadores.

[#335] (2010-05-31 18:10)
La futbolización de la sociedad garantiza minimizar el número de "enemigos". Minimizar el número de ciudadanos que quieren participar en una estructura abierta y dispar, ciudadanos que no buscan un enemigo común para el refuerzo identitario. Minimizar el número de ciudadanos que quieren desertar de sus "colores".

[#336] (2010-05-31 18:13)
Ignorar lo emergente y aferrarse a lo tradicional (léase también rancio, arcaico, remoto...): La mejor fórmula para anular la efectividad de las políticas culturales.

[#337] (2010-05-31 18:13)
Todo lo que hoy consideramos patrimonio identitario (fiestas, artesanías, arte popular...) tuvo en su momento carácter de innovación y algunas de ellas fueron sin duda privilegio exclusivo de las edites.

[#338] (2010-05-31 18:17)
La consideración de popular, identitario, patrimonial, tradicional... es un privilegio de clases "dominantes" que determinan lo que merece o no ser conservado y, por ello, dignos de valor económico (directo o derivado), simbólico y estético.

[#339] (2010-05-31 18:19)
Es bueno no olvidar que toda cultura es el resultado de una renovación continua. Los ritos y costumbres que hoy, los fundamentalistas de la tradición cultural, consideran "auténticos" pueden estar muy lejos de ese sentido de transcendencia dentro de su contexto original.

[#340] (2010-05-31 18:28)
El carácter construido de la identidad cultural: melancolía del pasado, teatralidad política

[#341] (2010-05-31 18:29)
¿Dónde se construye la identidad antes de ser folclore?

[#342] (2010-05-31 18:30)
Una cultura reformulada no tiene que ser exclusiva de expertos y profesionales. Debe involucrar a la sociedad preocupada por habitar y habilitar un espacio cohesionado.

[#343] (2010-05-31 18:30)
¿Es el de espectador el único papel que le estamos dando al ciudadano en las actuales políticas de cultura?

[#344] (2010-05-31 18:33)
Si existen las industrias culturales se puede hablar de cultura industrial tal y como se puede hablar de bollería industrial y de fast food. Lo que tenemos que tener claro es qué queremos comer, qué queremos ofrecer para comer.

[#345] (2010-05-31 18:33)

Posiblemente la idea de gestión cultural requiera más reflexión conjunta de lo que parece, más discusión que envasado.

[#346] (2010-05-31 18:34)

Los déficits sociales de la cultura: modelización fabril, utilidad política, chasis intercambiable, innovación puritana (vaya, un oxímoron), docilidad a cambio de mercado, impacto retórico, minimización de las redes criticas, higienismo funcional, comunitarismo de centro comercial, simulacro del vinculo, imperialismo sin territorio.

[#347] (2010-05-31 18:34)

La gestión de los equipos de trabajo en cultura desde el funcionarismo weberiano, otro de los grandes daños sufridos por la cultura local. ¿Cómo se selecciona al personal directivo? El tremendo daño del "conocimiento supuesto". ¿Tiene algo que ver una licenciatura en historia, por poner un ejemplo, con habilidades sociales, estrategias, gestión de personal, técnicas de comunicación...?

[#348] (2010-05-31 18:36)

Puede que la cultura local este detenida en un presente continuo improvisado que adolece de falta de reflexión, de prospectiva. Canaliza sus actos en un aquí y ahora marcados por la necesidad renegrida de la satisfacción inmediata.

[#349] (2010-05-31 18:37)

Parece que la cultura oficial está más preocupada por mirar al pasado. Siempre es más fácil la visión retrospectiva que la prospectiva.

[#350] (2010-05-31 18:38)

Todas las culturas se han modificado con los cambios tecnológicos. La comunicación ha cambiado los modelos siempre a través de las tecnologías y esto ha generado nuevas formas. Hoy está sucediendo lo mismo y, también como siempre, las estructuras de poder son las que se resisten a admitir siquiera este cambio.

[#351] (2010-05-31 18:39)

La cultura está absolutamente subyugada a la lógica del lucro, integrada en el consumismo, convertida en un componente más de la esfera productiva, canalizadora y lubricadora del sistema económico más radical. Para ello al entretenimiento lo han vestido de cultura y la cultura la han convertido en la atracción de feria más rentable.

[#352] (2010-05-31 18:39)
La participación aumentada se desarrolla en una perfecta combinación entre el ámbito digital y el presencial y convoca la relación entre el espacio público y las estructuras de comunicación. Se añade a la realidad experimentable. Su objetivo es crear un espacio de colectividad que evolucione entre la presencialidad y la distancialidad, por ello lo que interesa no es reproducir lo que existe sino crear posibilidades nuevas.

[#353] (2010-05-31 18:40)
Multitudes inteligentes-arquitectura de la participación

[#354] (2010-05-31 18:41)
Buscar la conmoción de la cotidianeidad creando un espacio de intersección generativa a través de las relaciones binarias

[#355] (2010-05-31 18:42)
Todavía vivimos en la lógica del "cuadro renacentista" y en su sistema autoreferencial que nos impide ver fuera. El autismo de las instituciones es proverbial.

[#356] (2010-05-31 18:43)
Las redes de cultura, habitualmente, están compuestas por consumidores pasivos. Sería bueno que reinara la ética hacker para compartir.

[#357] (2010-05-31 18:43)
¿Por qué no trabajamos en cultura desde la metástasis conceptual y dejamos que otras disciplinas, en apariencia ajenas, nos infecten con sus conocimientos?

[#358] (2010-05-31 18:44)
Una red no debe ser un espacio donde se venda "mercancía" debe ser un espacio en el que los clientes establezcan relacione de convergencia.

[#359] (2010-05-31 18:45)

Parece claro, cuando una red ofrece productos empaquetados a sus miembros el valor el lineal. Cuando esta red ofrece procedimientos para que los individuos construyan, el valor es exponencial.

[#360] (2010-05-31 18:45)

Aún más: cuando dos redes se unen el valor es mayor que la suma de sus valores como redes independientes.

[#361] (2010-05-31 18:46)

Si hay que hablar de jerarquías hagámoslo de jerarquías recursivas, no piramidales.

[#362] (2010-05-31 18:47)

Existen nuevos modelos de organizar la acción colectiva basados en las comunicaciones digitales. Hagamos caso a estos modelos emergentes. Tecnología de la cooperación fundamentada sobre espacios no físicos

[#363] (2010-05-31 18:47)

En la cultura digital la tecnología no es lo que más importa. En realidad se trata más de actitud que de habilidad, se trata más de concepto que de mecánica.

[#364] (2010-05-31 18:48)

La gestión expansiva de la cultura está preocupada más por provocar que por recuperar. No es una cultura demostrativa sino una cultura denotativa. Desde la que se va generando un conocimiento dinámico a la manera de perpetum mobile desde el que es imposible dejar de generar nuevas complejidades.

[#365] (2010-05-31 18:50)

La gestión expansiva de la cultura es la que sale de los despachos como santuarios de peregrinaje y se lanza hacia las redes como modelos de no-lugar, de no-tiempo, de no-comunidad. Que se desjerarquiza y prescinde de sacerdotes, que se multiplica en una recreación continua de conocimiento. Que se distribuye desde modelos víricos y se clona en un continuo flujo exponencial. Que abandona la parálisis del gurú.

[#366] (2010-05-31 18:50)

Nada envejece tan rápido como la cultura. En una red cada unidad actúa reenviando en un flujo permanente información actualizada y filtrada por la realidad y la experiencia que conoce. No hay homeostasis. La totalidad del conocimiento fluye y se distribuye.

[#368] (2010-05-31 18:52)

La cultura nada tiene que ver con el almacenaje. Parece obvio ¿no? Pues miren a su alrededor.

[#369] (2010-05-31 18:53)

Toda cultura es producida. Y en muchos casos reproducida con intereses concretos.

[#370] (2010-05-31 18:54)

Estamos en un momento en el que seguramente hay que abandonar la teoría para poder crecer. Existe un desajuste cada vez más evidente entre la retórica y la realidad. Parece que nos estamos asentando en un espacio zombie en el que no hacemos sino pemanecer en un estado hipnótico que extiende una fatiga crónica por lo no conseguido. Debemos colocarnos en una actitud de transición permanente abandonando el absurdo comportamiento chamánico y sunturario que tiene la cultura.

[#371] (2010-05-31 18:54)

La cultura solo es tal cuando está conformada por movimiento continuo, un movimiento creativo y performador en el que cada uno de nosotros es un agente de agitación.

[#372] (2010-05-31 18:55)

De la densidad a la fractalidad

[#373] (2010-05-31 18:56)

La reapropiación del conocimiento: ¿ha habido alguna vez otra forma de progreso?

[#374] (2010-05-31 18:57)

Dos conceptos esenciales en la filosofía del trabajo en red: 1.-Herramienta, que ayuda a compartir recursos. 2.-Comunidad, con objetivos comunes que derivan en acciones colectivas

[#375] (2010-05-31 18:58)

Una red es también es un sistema de gestión simultánea y colectiva de datos. No puede existir un núcleo duro que la convierta en una maquinaria centralizada

[#376] (2010-05-31 18:59)

Una red supone el fin del arbitraje, de las jerarquías en el sentido ontológico. La diversificación y la apropiación de un espacio atópico, desjerarquizado transversal, transitivo provoca la posibilidad de generar comunidades de participación expansiva. No podemos caer en el error de seguir gestionando las redes desde los modelos analógicos de distribución de incompetencias

[#378] (2010-05-31 19:00)

La cultura es flujo, proceso, relación, interacción y comunicación. Sería bueno comprender que existen modelos de gestión no archivísticos, no patrimoniales, no retentivos, no preservadores que impregnan la cultura de construcción de futuro.

[#379] (2010-05-31 19:01)

De la cultura retentiva a la cultura transitiva

[#380] (2010-05-31 19:01)

La comunicación tiene cabida en la sociedad porque solo en la sociedad puede surgir una cultura. Todo lo que es sociedad es cultura.

[#381] (2010-05-31 19:02)

¿Por qué tendemos a olvidar el tan necesario principio de la doble contingencia? En toda gestión cultural se supone que cada uno de los participantes (institución y ciudadano) es al mismo tiempo agente actuante y objeto de actuación.

[#382] (2010-05-31 19:03)

Deconstrucción Derridana

[#383] (2010-05-31 19:03)
La cultura es el medio simbólico que permite las interacciones entre los individuos que habitan un mismo "biotipo" y las relaciones de adversidad o proximidad con individuos de oros "sistemas"

[#384] (2010-05-31 19:04)
Valorizar la cultura desde modelos sociocibernéticos nos pueden ayudar mucho a la hora de reconducir las acciones institucionales. Más allá de reconducir las acciones instucionales. Más allá de que cada uno sepamos muy bien nuestras tareas, seamos precisos en nuestros cometidos (buenos programadores, buenos comisarios, buenos arqueólogos...) debemos comprender que nos estamos moviendo en un entorno sistémico en el que cada una de las partes influye en el resto. Una vez más las partes no son el todo.

[#385] (2010-05-31 19:05)
Y además un extraordinario violinista puede ser un nefasto director de orquesta. Los modelos de gestión en las políticas culturales sufren de un reduccionismo claro marcado por dos razones: la estética del mando, intentando ofrecer una sensación de novedad continuada, de artificialidad expresiva... y la estética del poder que nos orienta y dirige según los intereses.

[#387] (2010-05-31 19:07)
¿Acracia cibernética? El acoplamiento estructural basado sobre las teorías de Luhmann

[#388] (2010-05-31 19:09)
Un referente biológico para las organizaciones culturales: se dice que la condición biológica de los individuos es un factor fundamental que decide sobre las limitaciones y procesos de formación de conocimiento. Tómese como conocimiento aquello que permite la relación e interacción con el entorno. Piénsese ahora en la condición "biológica" de las instituciones.

[#389] (2010-05-31 19:10)
Según parece también es más fácil que salga un premio Nobel de un entorno en el que trabaja algún premio Nobel. Saquen sus conclusiones.

[#390] (2010-05-31 19:10)
Antropología cibernética / cultura cibernética

[#391] (2010-05-31 19:11)

Organización de la cultura bajo el modelo de sistema cerrado: según las leyes de la termondinámica no existe otra tendencia que la entropía. No se puede sacar ni introducir nada ¿les suena?

[#392] (2010-05-31 19:12)

Organizaciones de cultura bajo el modelo de sistemas abiertos: La relación con el entorno se concreta a través del procedimiento de la información y la generación de conocimiento. Transformación.

[#393] (2010-05-31 19:15)

Las partes únicamente son posibles relacionadas con el todo. Toda institución autista pierde su función y se convierte en un ente reducido y aislado lanzando señales que no llegan a ninguna parte. Institución y sociedad. Solo es sostenible una relación de doble sentido. Sistema y entorno. Abandonar la clausura y favorecer un acoplamiento institucional. Salir del sistema autorreferencial de las organizaciones culturales.

[#394] (2010-05-31 19:16)

Gestión cultural: supresión del dualismo cartesiano administrador/administrado

[#395] (2010-05-31 19:17)

Más sobre la cultura de "segundo orden": si hasta ahora los gobiernos locales se han preocupado por el mantenimiento de un sistema cultural basado en el acceso de la población a los productos culturales, la cultura de "segundo orden" considera esta opción inadecuada por limitada. Se trata de involucrar a la población en la creación continua de contenidos de modo que exista una concatenación y una retroalimentación activa en la construcción de sociedad. Se reconoce la importancia de los individuos como claves para el cambio de los sistemas culturales (TGS)

[#396] (2010-05-31 19:18)

Teoría axiológica de sistemas. Una persona que no puede desarrollar su autopoiesis como atributo está sometida a una situación continua de abuso. Un sistema cultural sostenible es aquel en le que cada persona puede satisfacer sus necesidades culturales bien sean estas de consumo, participación o creación. Sólo puede haber una evolución sostenible si todos los individuos son considerados importantes y se crea una estructura sin jerarquías.

[#397] (2010-05-31 19:19)

Puede parecer una perogrullada: generación de la cultura a través de la cultura. El desarrollo no se fundamenta sobre productos sino sobre conocimiento.

[#398] (2010-05-31 19:20)

Acerquemos a disciplinas que aparentemente no tienen nada que ver con la gestión cultural. Mecánica cuántica, sociocibernética, biología, epistemología. Juguemos a la metástasis conceptual.

[#399] (2010-05-31 19:20)

Cibernética de primer orden, cibernética de segundo orden. Cultura de primer orden, cultura de segundo orden. La primera pone su foco de atención en observarse a sí misma como algo sólido en inflexible. La segunda deriva desde la observación integrada en la complejidad, en la incertidumbre, en la autopoiesis...

[#400] (2010-05-31 19:22)

La acción y la consecuencia. Algo que se analiza más bien poco, por ser benévolos, en el mundo de la gestión cultural. A no ser que la consecuencia sea el gasto concreto, los posibles ingresos generados o el mayor o menor éxito de asistencia y de rédito inmediato. Sin embargo, ya se sabe, la realidad comienza cuando termina la noticia.

[#401] (2010-05-31 19:22)

La cultura oficial, la que parte de las instituciones, parece ser las más de las veces una correa de transmisión de los valores neoliberales que promueven un ciudadano consumidor y satisfecho. El análisis y el razonamiento sobre la ciudadanía que generamos desde la cultura se reduce, en un altísimo porcentaje, a planificar entornos urbanos no entornos humanos.

[#402] (2010-06-01 11:49)

Es necesario evolucionar desde la espontaneidad de las sociedades primitivas (improvisación, pragmatismo inmediato...) hacia una sistematización de la complejidad en la que se tengan en cuenta las consecuencias de las acciones.

[#403] (2010-06-01 11:51)

Gestión cultural: Procedimiento simbiótico en el que se crea sociedad a partir de la integración de disciplinas científicas, económicas, sociológicas, cibernéticas, filosóficas, históricas, ecológicas... la gestión cultural no se reduce a programar. En demasiadas ocasiones lo olvidamos.

[#404] (2010-06-01 11:51)

No puede existir aplicación empírica sin investigación.

[#405] (2010-06-01 11:52)

Como tampoco existe el uso sin necesidad.

[#406] (2010-06-01 11:52)

Dejemos ya de confundir consumo con participación

[#407] (2010-06-01 11:53)

Abandonemos la gestión sin hipótesis, la cultura sin expectativa

[#408] (2010-06-01 11:53)

¿Debemos trabajar desde la cultura en la definición de un futuro alcanzable? Y si es así, ¿el futuro pretendido es únicamente el que gira alrededor de la economía como salvación?

[#409] (2010-06-01 11:54)

Cultura/cultivo. ¿no es la cultura desde donde se cultiva las sociedades? Hoy creemos que es al revés. La cultura debe garantizar que el mayor número posible de personas tengan la capacidad de recrear e inventar la sociedad simbólica que desean.

[#410] (2010-06-01 11:54)

Contemplemos las redes como plataformas generadoras de conocimiento u olvidémonos de ellas. Metabolización del conocimiento.

[#411] (2010-06-01 11:55)
Sin momentos de reflexión, de diálogo, la gestión de la cultura queda empobrecida y estereotipada, rancia y pobre, copiadora, uniformizadora, ignorante, invadida por la inercia y la autocomplacencia.

[#412] (2010-06-01 11:56)
Una cultura local fundamentada sobre la comunicación supone desarrollar una actitud horizontal y de diálogo como único modelo para generar inteligencia colectiva. Materia prima de la cultura.

[#413] (2010-06-01 11:56)
Cultura local: organización intersubjetiva. Un buen cambio, esencial. Ahora lo que vivimos –sufrimos¬es un modelo de organización donde la institución es la que tiene el mando (y dentro de la institución las jerarquías tecnopolíticas o los funcionarios inamovibles) un modelo vertical que excluye o incluye de forma aleatoria.

[#414] (2010-06-01 11:56)
Política sanitaria: Reparto de aspirinas. ¿Les parece una barbaridad? Piensen en la política cultural.

[#415] (2010-06-01 11:57)
Pregunta e inmersión. Sin pregunta no hay reflexión, sin inmersión no hay conocimiento. Dos premisas básicas que nos alejan de los prejuicios y a modelos preconcebidos

[#416] (2010-06-01 11:57)
Una interpretación comunicativa de la gestión cultural conduce a modelos en los que el emisor y el receptor modifican bilateralmente el contenido.

[#417] (2010-06-01 11:58)
En el proceso mismo de la gestión está incluido el producto

[#418] (2010-06-01 11:58)
Una gestión cultural adaptada a la complejidad social sólo puede realizarse si el gestor es capaz de verse a si mismo como parte del sistema sobre el que actúa.

[#419] (2010-06-01 11:59)

A la gestión cultural fundamentada sobre los pilares del mercado le interesa muy poco la "cultura". Más bien su interés está centrado en la circulación y flujo de productos.

[#420] (2010-06-01 12:00)

En una cultura exenta de intereses de clase, económicos o de poder, se invierte el orden de preferencia e interesa más el proceso (creación) que el producto (obra). Este último sigue teniendo una gran importancia pero queda sujeto al proceso estructural de interacción.

[#421] (2010-06-01 12:01)

Una cultura institucional inmovilista está lejos de una sociedad abierta y evolutiva. La prepotencia de las instituciones genera respuestas persistentes en donde él diálogo esta cerrado de antemano.

[#422] (2010-06-01 12:03)

Pocas personas creen de verdad la transversalidad de la cultura. Nadie lo cree porque nos hemos quedado con la parte anecdótica de la cultura, con el espectáculo.

[#423] (2010-06-01 12:06)

Cultura de cultura. Cultura de segundo orden en la que el gestor forma parte del sistema que gestiona, que es parte de lo que transforma. Nuestras concepciones, en realidad son más matriciales, más mecanicistas donde no hay en realidad interpretación sino inercia.

[#424] (2010-06-01 12:08)

Todo gestor se convierte en constructor. Concatenaciones, expansiones, relaciones, integraciones, transformaciones... parten de la decisión de un gestor. La sociedad como sistema, la cultura como sistema, la gestión como sistema. ¿Pensamos alguna vez en ello? ¿En la importancia de nuestras acciones en la generación de sociedad? ¿Incluimos estos análisis metaculturales en los pomposos programas de masterización de la cultura?

[#425] (2010-06-01 12:09)

La cultura, aparte de lo que son sus representaciones objetuales es aquello que nos adiestra para pensar y representar, para codificar, para interligar relaciones. Es el metalenguaje social más poderoso que tenemos.

[#426] (2010-06-01 12:10)
Trabajar sobre la cultura es trabajar sobre el pensamiento, sobre la descolonización de las mentes. Capacitarlas para actuar desde el pensamiento consciente.

[#427] (2010-06-01 12:12)
Redes distribuidas de cultura. El ocaso de las topologías.

[#428] (2010-06-01 12:14)
El funcionamiento de las redes a modo estructuralista, estático, no nos llevará nunca a transformaciones sociales relevantes

[#429] (2010-06-01 12:15)
La cultura es análisis, reflexión, crítica. La gestión de la cultura no sólo es la aplicación más o menos eficaz de una serie de procedimientos administrativos o económicos sino que supone la integración conceptual del pensamiento como matriz. No bastan estrategias adaptativas porque gestionar la cultura no es gestionar un entorno de orden natural sino construido. Un entorno modificado por las personas a través del cambio de normas, valores y experiencias.

[#430] (2010-06-01 12:16)
La filosofía sirve para hacer preguntas, para saber hacer preguntas. Pensar la cultura desde la filosofía es una de nuestras grandes necesidades. Necesitamos hacer preguntas de un modo diferente. Porque desde lo obvio sólo encontramos lo obvio.

[#431] (2010-06-01 12:23)
Una cultura segregada es explosiva. Una cultura ciudadana por barrios es un suicidio social en el que la mal entendida identidad es capaz de acabar con la mezcla.

[#432] (2010-06-01 12:23)
La cultura debe recuperar su carga trasformadora y cohabitar con el entretenimiento en una relación co-generadora. El entretenimiento como disfrute y relajación de los sentidos. La creación como engendradora de autoestima. La crítica como neutralizadora de abusos. La triple categoría de la cultura.

[#433] (2010-06-01 12:24)

Cuando la cultura sólo se queda con su carga icónica pierde todo su sentido y se abandona a la especulación.

[#434] (2010-06-01 12:25)

Los efectos de la voracidad del espectáculo y la producción industrial han convencido de que la cultura es un producto de consumo sin referencias sociales. O se refunde o deja de existir.

[#435] (2010-06-01 12:26)

Una de las misiones de las políticas locales de cultura es alcanzar un equilibrio entre la muestra y la creación. Abandonar el tejido creativo local es garantizar la muerte de las culturas próximas.

[#436] (2010-06-01 12:27)

Fijémonos en el ámbito industrial cuando una comunidad depende de inversiones externas y se abandona el tejido productivo local. La dependencia se convierte en una auténtica trampa para el desarrollo. Un tejido industrial fuerte, un tejido cultural fuerte, garantiza la sostenibilidad ¿no queremos fijarnos tanto en la economía?

[#437] (2010-06-01 12:28)

La cultura es una actividad camino de la irrelevancia cuando se sustituye por normativa, por la distribución. Detrás no hay ninguna sociedad que la haga suya y se convierte en terreno para el adoctrinamiento. De consumo vacío.

[#438] (2010-06-01 12:29)

Una ciudad es el máximo contenedor de cultura que existe, el máximo generador de cultura entendida en el sentido de excelencia humana. Cuando las ciudades se segregan en barrios, en espacios dormitorio, cuando los pequeños comercios desaparecen, cuando las calles se convierten en vías para el tránsito rápido, cuando los espacios impiden la relación cotidiana, la cultura sufre una modificación absoluta. Cuando a los ciudadanos se les impide el modo de relacionarse, la cultura sufre un deterioro exponencial insolidario y peligroso.

[#439] (2010-06-01 12:30)

Las periferias y los grandes espacios comerciales son elementos de estudio que deberían hacernos reflexionar acerca de como influyen los modelos en los desarrollos de las culturas, en como modifican las sociedades.

[#440] (2010-06-01 12:31)

El urbanismo es uno de los principales generadores y modificadores de cultura.

[#441] (2010-06-01 12:32)

La cultura no debe residir en el poder político ni en el técnico y ese es un principio que debe comprenderse de lleno para poder implantar nuevas formas de gestión de la cultura local.

[#442] (2010-06-01 12:33)

Reordenar el mapa de la cultura. La cultura está íntimamente ligada al desarrollo humano. Más si cabe, la cultura es un claro distintivo de la humanidad y a través de ella hemos desarrollado gran parte de nuestras características como especie. Creo que en este momento, sin embargo, estamos más pendientes de las cuentas de resultados.

[#443] (2010-06-01 12:33)

La cultura local ha llegado a convertirse en un semillero de ambiciones mediocres que, de verdad, no comprendo. Un semillero que estrangula la riqueza en ilusiones.

[#444] (2010-06-01 12:34)

Cuando la gestión cultural se hace desde criterios propietarios algo va muy mal. La relación y el intercambio abierto de conocimiento es el único modo de conseguir una evolución libre de las restricciones impuestas por una única mente pensante y decididora. El paradigma despótico existe y es más común de lo que nos parece.

[#445] (2010-06-01 12:35)

La cultura se ha convertido en una metáfora del consumo, del nuevo capitalismo. Se transforma en flujos. La cultura se fragmenta en innumerables acciones que otorgan una falsa y recurrente sensación de continuidad, de solidez programática e ideológica. La cultura se torna canal mercantil en el que el objeto es el consumo sin asimilación ni reposo, un continuo deambular desinteresado de fondo.

[#446] (2010-06-01 12:36)
La mayor preocupación de los productores y de las instituciones es que todo siga funcionando aunque los pasos no asienten. Lo que interesa es que todo circule y para ello es necesario ablandar y triturar los alimentos, adecuarlos para una predigestión que acelere el proceso intestinal. Si hay reposo no hay ganancias,

[#447] (2010-06-01 12:37)
El modelo telefonía móvil. Es muy barato regalar los celulares ya que la ganancia está en las comunicaciones. Es muy barato promocionar eventos, la ganancia cultural hoy no reside en la riqueza social.

[#448] (2010-06-01 12:37)
Por muy transnacionalizada que esté la cultura no es sino desde lo local desde donde se generan todos los procesos simbólicos y de socialización, de identificación, de referencias...

[#449] (2010-06-01 12:41)
Ni el estado ni las administraciones deben ser el único agente cultural activo. Abandonarla en sus manos, aunque sea como simples mediadores, es ofrecer una cara interventiva. Es decir, es alejarla del fundamento esencial interactivo. Es caer en una especie de anemia. La cultura no es del estado ni de sus instituciones, es de la sociedad. Por cierto, como la política.

[#450] (2010-06-01 12:43)
La paradoja digital: corremos el peligro de provocar la disolución de redes sociales reales para construir de modelos vacíos.

[#451] (2010-06-01 12:44)
Cuanto más conozco más me interesa todo lo ajeno a la cultura oficial. Cuanto más conozco más me acerco a los intereses del anonimato, a la creación desde el silencio, de la cultura de los comunes. Cuanto más conozco más me cuesta creer.

[#452] (2010-06-01 12:45)
Gran parte de nuestra responsabilidad como "profesionales" es tratar de cuestionar los mecanismos que dan forma a una sociedad marcada por una evidente narcotización de sus individuos. Y, en todo caso, deberíamos ser conscientes de que nosotros mismos estamos

haciendo de cadena de transmisión de unos valores y de unas formas determinadas por autoridades ajenas a la cultura. Se trata de decidirse y asumir cual es nuestra postura y por ello, en muchos casos, apearnos del apellido "cultural".

[#453] (2010-06-01 12:46)
La cultura tiende a limitarse siempre a un mismo lenguaje, a un solo lenguaje: el dominante. Y lo hace a través de la canalización de las industrias culturales. La cultura oficialista tiende a limitarse siempre a un mismo lenguaje, a un solo lenguaje: el dominante. Y lo hace a través de la canalización de las industrias culturales.

[#454] (2010-06-01 12:47)
Las redes de cultura cobran su sentido si son y posibilitan nuevas formas de creación, nuevas formas de pensamiento. La fuerza de la identidad contra las consignas de uniformización. Desarrollar una crítica de las identidades impuestas y de los códigos que dan visibilidad sólo a ciertas tendencias, que estructuran el espacio a voluntad de los poderes económicos. En definitiva ofrecer nuevos caminos de resistencia e intervención a través de la creación, muchas veces anónima de la esencia invisible de las sociedades.

[#455] (2010-06-01 12:48)
Una de las esencias actuales de las grandes ciudades es su capacidad para importar y exportar culturas. Pero su importancia no se mide por la cantidad de conocimiento acumulado sino por la capacidad de ser atractores de inversión. La cultura y el turismo cultural se han convertido en uno de los disfraces más eficaces y más blandos de estas dictaduras posmodernas.

[#456] (2010-06-01 12:49)
Asistimos en nuestro entorno a un momento que bien pudiésemos considerar poscultural en el que la acción transformadora de la cultura queda completamente neutralizada. La "cultura posible" no cambia nada esencial. O más bien lo cambia adoctrinando y sujetando a un canon sometido. Lo factible se impone y se somete a un control de micro-impotencias inherentes a la acción política de los ciudadanos.

[#457] (2010-06-01 12:50)
Sin la "calle" la política cultura sólo es una puesta en escena, un gesto.

[#458] (2010-06-01 12:52)

Más allá de la cultura como una realidad puesta enfrente sería bueno involucrarla y considerarla como base para un pensamiento crítico.

[#459] (2010-06-01 12:53)

Podríamos recordar a Baudrillard y pensar que la tarea fundamental de la cultura institucional es justificar su propia existencia y que para ello, es evidente, debe anular la capacidad de reacción de las sociedades.

[#460] (2010-06-01 12:58)

Profesionalización de la cultura: Blindaje del sistema. Cuando han conseguido eliminar casi totalmente el carácter "peligroso" de la cultura, la mejor manera de sostenerla es instrumentalizándola. De forma mediática, política, académica y económica. Bien servido el desarrollo. Blindarla a través de integrarla en el proceso de mercantilización (instrumentalización económica) de estupidización (instrumentalización mediática) de adhesión (instrumentalización política), de desintelectualización (instrumentalización académica). Todavía tenemos la oportunidad de controlar este proceso, de racionalizarlo. No estoy en contra de la profesionalización pero me gusta comer coles aunque los que las plantan no sean ingenieros agrónomos.

[#461] (2010-06-01 12:58)

Cuando el término cultura resulte excesivo también encontrarán una alternativa para nombrarla de modo políticamente correcto. La cultura hoy se utiliza como retorno al orden.

[#462] (2010-06-01 13:00)

Patafísica, patacultura. Unos cuantos pasos para despertar la cultura desesperada. Transgresión formal de contenidos, trasgresión formal de actitudes, pensamiento crítico y movilización. Contra la pereza y la cobardía intelectual. La cultura hoy se utiliza como retorno al orden y ese retorno se expresa en los cursos, seminarios, conferencias, congresos: los voceros del orden. Sin embargo crear burbujas de reflexión, de crítica y de audacia intelectual, de irreverencia... son importantes para un escenario de cambio. No cabe paradoja más profunda que la de comparar el discurso de la cultura como modelo y las estructuras académicas e institucionales que lo soportan.

[#463] (2010-06-01 13:01)
La cultura de los culturólogos es una ficción.

[#464] (2010-06-01 13:02)
El capital es una maquinaria sin control cuya finalidad es el crecimiento incluso si es autodestructivo. Confiar la cultura a este dios, tal y como se viene haciendo en este momento, es condenarla a la destrucción de sus esencias.

[#465] (2010-06-01 13:02)
También es eficaz para el Estado quitar audacia intelectual.

[#466] (2010-06-01 13:03)
Entre la revolución y la pasividad. La despolitización de los comportamientos ciudadanos conlleva una exigencia total por parte de los individuos a que sea el Estado, en todas sus representaciones, el que cubra sus propias responsabilidades. La anulación de la vida social es tremenda, muy potente.

[#467] (2010-06-01 13:05)
La cultura institucional es experta en fragmentos, en divisiones, en astillar.

[#468] (2010-06-01 13:06)
Hemos accedido a una explotación posmoderna de la cultura liquidando cualquier singularidad de esta si no tiene reflejo en las cuentas de resultado, liquidando cualquier reflexión bloqueando la realidad de una cultura automática y discontinua fuera de la élite y el canon, reduciendo la cultura directa a una mera anécdota digna del más claro consentimiento paternalista que lo único que hace es blanquear conciencias

[#469] (2010-06-01 13:07)
La cultura es un concepto metafísico, cognoscitivo, psicológico. ¿Por qué nos centramos tercamente en el producto, en el espectáculo? Puede que el producto sea más fácil de asimilar que el concepto, que sea más fácil organizar una exposición que pensar en su transcendencia. Solo le queda el vestido, la capa externa que es la que vende. Cuando se habla de regenerar a revés de la cultura pocas veces se profundiza. Nos conformamos con llenar de actividades el tiempo muerto de los ciudadanos.

[#470] (2010-06-01 13:08)

Hoy todo se hace coincidir con cultura porque lo que ha quedado de ella es su cara fetiche. Hoy la modernidad exige cultura.

[#471] (2010-06-01 13:09)

En una sociedad caracterizada por el exceso de consumo como terapia recurrente, como método de control, la cultura adquiere también dimensiones hipertróficas y concebimos una cultura ilimitada y patológica. Desaparece la posibilidad de creación y nos ofrecen la única salida de consumir aquello que se nos proporciona. Las instituciones forman parte del sistema y se encargan de repetir convenientemente el alimento, promueve el consumo más que el prosumo, el número de visitantes, las ganancias y pérdidas...

[#472] (2010-06-01 13:10)

Conseguido: ¡el ciudadano no reclama hacer sino que le hagan!

[#473] (2010-06-01 13:10)

La justificación de las instituciones requiere de una anulación de la capacidad de los ciudadanos para después hacerse ellas con el argumento para el pastoreo. Primero se van generando ciudadanos inútiles, pasivos y después se justifica la necesidad de dinamizarlos, de dirigirlos.

[#474] (2010-06-01 13:11)

La ilusión conduce a la acción y esto no se puede permitir.

[#475] (2010-06-01 13:12)

Pensamiento crítico, teoría creativa, filosofía radical... ¿por qué no encontramos materias de este tipo en los famosos y cada vez más numerosos máster de cultura? Porque hemos reducido el concepto a un ámbito muy concreto: al de la competitividad extrema para conseguir la ración de un pastel limitado. Y, cómo no, porque hemos desmembrado la cultura de tal manera, la hemos fragmentado de tal modo que la hemos convertido en pequeños subproductos aislados entre si y muy manejables. Paradigmas de la gestión mercantil.

[#476] (2010-06-01 13:13)

Seguimos trabajando sobre la cultura legitimada. Lo que ocurre es que hoy esta cultura no solo la legítima el poder político sino el poder económico a través de, fundamentalmente, los medios de comunicación, los mass-media, las industrias culturales.

[#477] (2010-06-01 13:14)

Hubo tiempos en los que el ciudadano tomaba la cultura como medio para la liberación y la toma de conciencia. Hoy todo eso está trasnochado, nos dicen algunos, no es moderno. Hoy se lleva el paternalismo ofertante (en los casos en los que queda algún resto de conciencia social) para distraer al ciudadano, para hacerle llegar lo que a nosotros nos parece más oportuno. Un neodespotismo ilustrado en el que lo hacemos todo para el pueblo pero sin el pueblo. Y las industrias culturales son el rey sol.

[#478] (2010-06-01 13:14)

Posible evolución de la cultura. Fase 1: estado natural centrado en el valor de símbolo. Fase 2: estado mercantil fundamentado sobre el valor de cambio. Fase 3: estado crediticio apoyado en el valor de simulacro.

[#479] (2010-06-01 13:15)

Existe una justificación económica como axioma de civilización. La cultura no se libra. Todo lo que no lleve este sello es tachado de inútil, de ilusorio, de revolución trasnochada. El positivismo es la funda, el papel de regalo con el que se envuelve la teoría de la cultura.

[#480] (2010-06-01 13:16)

Las instituciones culturales de consumo: un paradigma de la neoliberal cultura blanda. Simulacro y cultura: la imagen es solo un efecto.

[#482] (2010-06-01 13:22)

La termodinámica de la cultura local. La segunda ley nos dice que en cada intercambio existe una perdida que lleva a la entropía, a una pérdida de la energía por autoconsumo. Una energía que se pierde con la única finalidad de mantener en pie el mecanismo:¿ la entropía de la cultura local? En todo sistema complejo los actores deben aportar más de lo que reciben. Cuando la cultura local es también es un sistema complejo, deja de crecer, deja de adaptarse, deja de interactuar con el entrono, la entropía comienza a hacer su trabajo. La cultura local se agota. Aunque la energía total permanece constante (las ideas, los agentes...) cada vez está menos disponible para realizar el trabajo como un reloj de arena en el que no hay entrada ni salida. La parte inferior acaba siendo un recipiente de alta entropía, es decir de una gran cantidad de energía inútil hasta que no se invierte la posición.

[#483] (2010-06-01 13:23)
Cultura profiláctica blanda en la que no existe el riesgo.

[#484] (2010-06-01 13:23)
Existe una diferencia sustancial entre la cultura que sucede y la cultura que cotiza en bolsa.

[#485] (2010-06-01 13:24)
Involución: No se trata de una crisis de crecimiento sino de una involución que se fundamenta sobre una baja influencia de la cultura real, de la cultura que sucede, de la cultura "sin defectos".

[#486] (2010-06-01 13:24)
Si el pensamiento se resiste a actuar evoluciona un acontecimiento cultural programado en el que todo tiene que ser aséptico para ser gestionado. El acontecimiento controlado.

[#487] (2010-06-01 13:25)
Por eso podemos hablar también de la cultura del acontecimiento si tenemos en cuenta que lo que tiene presencia es únicamente aquello que genera contenido informativo, que genera valor de cambio político. Ello provoca a su vez una retroalimentación enfermiza que deriva en un deseo continuo de acontecimientos que justifiquen este trastorno.

[#488] (2010-06-01 13:26)
Cultura bulding. Se trata de desarrollar una notable masa muscular/cultural en las ciudades trastornada por anabolizantes.

[#489] (2010-06-01 13:27)
¿Podemos recuperar la esencia frente a la industria?

[#490] (2010-06-01 13:27)
Pronto hablaremos de la transgenización de la cultura.

[#491] (2010-06-01 17:24)
Ninguna industria tiene en su ADN nada que no la oriente de forma natural a la mayor acumulación posible de beneficio, eso es así. ¿Dónde está la relación con la cultura?

[#492] (2010-06-01 17:25)
La retórica de la globalización nos empuja a creer que el nivel cultural de los individuos se mide por su nivel de consumo. La deslegitimación de la cultura está servida.

[#493] (2010-06-01 17:26)
Las redes de cultura tienden a reproducir, es evidente, los mismo defectos que las instituciones que las soportan. Si no nos damos cuenta que el reto es plantear modelos de organización distintos, avanzar en ellos, si no cambiamos de mentalidad las redes no sirven para nada.

[#494] (2010-06-01 17:26)
Pero tampoco sirve para nada el modelo de gestión que estamos aplicando por una razón muy simple: creemos únicamente en la cultura del acontecimiento y olvidamos la del pensamiento.

[#495] (2010-06-01 17:27)
Las redes de cultura tienen la misión de convertirse en laboratorios, en generadores de espacios de reflexión y nuevos modelos de intervención. No pueden ni deben limitarse a ser reproductores ni amplificadores de las manías de las instituciones que las soportan.

[#496] (2010-06-01 17:28)
La cuantificación no debe ser ciencia de la cultura. Lo que ocurre es que estamos inmersos en una sociedad en la que todo se mide por el tamaño, sobre todo del tamaño del gasto y del consumo. Eso es algo perverso para la cultura.

[#497] (2010-06-01 17:28)
Nuestras organizaciones nunca van a ser más de lo que son las personas que las componen.

[#498] (2010-06-01 17:29)

Más que planes estratégicos lo que las entidades locales de cultura necesitan hoy es la coordinación productiva de las distintas plataformas. Ciudadanas, empresariales, asociativas. Ejercer labores de coordinación más que de producción.

[#499] (2010-06-01 17:29)

Si avanzamos única y principalmente en la línea economicista de la cultura que hemos emprendido olvidamos la cultura como estructura para la interacción social, para la generación de conocimiento, para la incubación de pensamiento. Porque no solo la economía estructura la sociedad, o no solo la economía debe ser la célula estructural.

[#500] (2010-06-01 17:30)

Estamos avanzando sobre un paradigma erróneo, estamos ante una cultura del acontecimiento que abandona el pensamiento.

[#501] (2010-06-01 17:32)

La cultura no es un lujo del que podamos prescindir. Es lo que nos hace humanos, lo que nos distingue como especie. Eso no se explica sólo con y por los espectáculos.

[#502] (2010-06-01 17:33)

La economía y la cultura son dos movimientos de ninguna manera simétricos. No podemos someter a esta última a los principios de la primera sin alcanzar un evidente desajuste.

[#503] (2010-06-01 17:34)

La cultura ha pasado a ser un discurso retórico que se introduce en la marea del capital y la deslocalización y deja de ser un principio sustentado en los principios humanistas, deja de considerarse como un espacio de circulación de significados sociales.

[#504] (2010-06-01 17:35)

Tratar de reconvertir economías desgastadas a través de la cultura (el turismo cultural y las artesanías como referencia) no supone sino una vuelta de tuerca en los intereses estratégicos de control y segmentación de mercados. En definitiva una jerarquización vertical sustentada por los únicos intereses de reestabilización. Conclusión: si no hay negocio, no hay salvación. Vaya.

[#505] (2010-06-01 17:37)
La tradicional división entre alta cultura y cultura popular (fórmula decimonónica que algunos, por cierto, se empeñan en mantener) se desvanece, deja de existir, en el momento en el que aplicamos a ambos términos un denominador común: el pensamiento, la emoción, la sensibilidad, los significados.

[#506] (2010-06-01 17:38)
Del populismo de los ochenta al economicismo de los noventa: fragmentación activa, retórica del consumo, sobrevaloración del mercado, quietismo político, limitación posibilista...

[#507] (2010-06-01 17:41)
La "masterización" de la cultura no deja de ser sino un signo que consolida el orden establecido. La equidad se desvanece ante un contexto en el que se vuelven a marcar las diferencias de clases. La diferencia entre los que pueden y los que no. Y eso lo hacemos con la cultura. Tremendo.

[#508] (2010-06-01 17:41)
Esta institucionalización extrema a través de los canales de profesionalización y masterización puede llevarnos a una categorización de casta en la que los intereses y los privilegios de quienes articulan el discurso son los que prevalezcan por encima de la reflexión.

[#509] (2010-06-01 17:44)
Favorecemos el desmoronamiento del carácter pluralista de la cultura cuando sobrevaloramos la capacidad de estructuración del mercado y la inteligencia oficial. Las posibilidades de articular una movilidad declina ante la rentabilidad y el curriculum.

[#510] (2010-06-01 17:46)
No existe diferencia ontológica entre las culturas que algunos llaman popular y de élite. Este discurso no es parte sino de un dualismo cartesiano que viene muy bien a la lógica de las prácticas diferenciadoras que analizan los contenidos sociales desde la confrontación más que desde la reflexión. Ambas comparten la esencia de creación de significado que caracteriza a la cultura.

[#511] (2010-06-01 17:47)

La política del capital sustituye la "totalidad compleja" de la cultura y la fragmenta a voluntad para conseguir una correcta inmersión en nichos de mercado perfectamente estructurados. Se ignoran las cualidades no comerciales de la cultura y se anulan por completo aquellas otras que sirven de nexo entre las personas.

[#512] (2010-06-01 17:48)

Es así que la cultura, hoy por hoy, existe en la medida que es comercializable. Es evidentemente un paradigma reductor y depredador que devuelve también una retórica perversa: la defensa de que sin economía la cultura ya habría desaparecido. Esto obliga a "otras culturas" a desarrollarse del modo "correcto" o a desaparecer. El mercado como única forma de integración olvida lo sustancial.

[#513] (2010-06-01 17:50)

Este paradigma obliga a desempeñar papeles "apropiados" a una especie de "portarse bien" olvidando aquellas actitudes, aquellas culturas, que no entran dentro del canon. Esto entra de lleno en el discurso totalitarista que justifica la falta de desarrollo y el empobrecimiento de determinados pueblos aludiendo a su incapacidad, a su cultura primitiva o a su falta de interés por salir del pozo.

[#514] (2010-06-01 17:53)

Se construye alrededor una retórica legitimzadora, a partir de negaciones y disimulos en los que la trampa proviene de dulcificar las atrocidades neoliberales ocultando los verdaderos motivos y sirviéndolos como interés general. Se crea así un pensamiento social favorable.

[#515] (2010-06-01 17:54)

Los aspectos humanos y sociales pierden casi todo su peso a favor de los tecnoeconómicos. La globalización no es sino un mercado total.

[#516] (2010-06-01 17:55)

Confundir la posibilidad de elegir, siempre entre una reducida gama de posibilidades, y la democracia cultural es de una simpleza que insulta.

[#517] (2010-06-01 17:56)
La libertad de elegir entre 27 películas, 35 exposiciones o 2 obras de teatro nada tiene que ver con participar en un sistema público de cultura. Consumo, para empezar, no es participación.

[#518] (2010-06-01 17:57)
¿Sueñan los políticos con culturas eclécticas? ¿Sueñan las ciudades con culturas eclécticas?

[#519] (2010-06-01 17:58)
La cultura local parece reducirse a programadores y rehenes.

[#520] (2010-06-01 17:59)
Cultura de la diversidad: Entre la exotización y el espectáculo. Diversidad no es fragmentación.

[#521] (2010-06-01 18:00)
La eficacia de las políticas locales de cultura radica en su capacidad para estructurar los comportamientos sociales. Para articular nuevos modos de inconformismo, de incorporación de hábitos, de relaciones con el espacio público, de programas... no se trata tanto del fomento de los espectáculos de consumo (además muchas veces, como ya he dicho, no somos sino franquicias de otras industrias) sino de la articulación de la cultura ciudadana.

[#522] (2010-06-01 18:01)
Es paradójico, la globalización pone en entredicho la capacidad de lo local para permitir la multifacética expresión de las culturas ya que esta mundialización exige a organismos e instituciones, confinadas en los marcos territoriales, la capacidad de asumir las diferencias y adecuarse a los desafíos transfronterizos desestimando muchas veces las propias bases de sus culturas. Vivimos en una metamercantilización cultural

[#523] (2010-06-01 18:02)
No olvidemos que la globalización debe entenderse también como la extensión de la diversidad cultural. Actuamos con una visión eurocentrista en nuestras acciones de cooperación cultural. No hagamos de la cooperación otro franquiciado.

[#524] (2010-06-01 18:03)

Y lo peor es que hemos pasado del colonialismo al autocolonialismo orgulloso.

[#525] (2010-06-01 18:04)

Nunca hubiese entrado la cultura en el horizonte de la economía si esta última no hubiese visto un gran filón para la explotación y el enriquecimiento. Nunca se hubiesen fijado en nosotros si no fuésemos útiles para canalizar unos valores, unos comportamientos, unos modelos que favoreciesen la concentración y el control de las de los deseos y voluntades de los ciudadanos.

[#526] (2010-06-01 18:05)

La denominada cultura de masas no existe como cultura, la industria cultural no existe como cultura. Lo peor es caer en la generalización del concepto y aplicar las mismas connotaciones, englobar en el mismo saco a lo macro y lo micro. Se comprende muy fácil si hablamos de industria agroalimentaria; en ella están desde la pequeña cooperativa que artesanalmente embota productos de forma tradicional y las grandes corporaciones modelo Monsanto. ¿Ustedes creen que son lo mismo?

[#527] (2010-06-01 18:06)

Privilegios monopolísticos y rendimiento son cuestiones que están muy alejadas de los principios de cultura. Llámele ya a este comercio de otro modo, por favor. Todo estará en su sitio y sabremos a qué atenernos.

[#528] (2010-06-01 18:06)

Las redes de cultura como mecanismos de compensación.

[#529] (2010-06-01 18:07)

La globalización del capital conlleva una más que clara tendencia a la concentración y el monopolio. ¿Cómo podemos ser tan ingenuos de pretender que eso no pasa con la cultura siendo como es uno de los mayores creadores riqueza? La hiperconcentración de la cultura reproduce la tendencia del comercio: el control oligopólico de la cultura.

[#530] (2010-06-01 18:09)

El discurso infantil e infantilizador de los medios de comunicación compiten con nosotros (los gestores culturales) de un modo desigual y arrollador. La retórica que utilizan a través de informaciones rápidas y fáciles de digerir, la simplicidad, la dramatización, la inclinación al espectáculo... no pueden competir con discursos que deben cargarse de contenido reflexivo. Evidentemente estamos en una gravísima inferioridad de condiciones que debemos saber combatir.

[#531] (2010-06-01 18:10)
Tampoco podemos competir cuando estos discursos necesitan tiempo de atención para la elaboración cognitiva. Todo está hecho para ser consumido sin necesidad de "perder el tiempo".

[#532] (2010-06-01 18:11)
La globalización en el terreno de la cultura es la completa interacción entre el sistema económico y el semiótico. Hemos pasado del capitalismo industrial al capitalismo simbólico.

En realidad no existe ningún problema en que la cultura se relacione con la economía, ninguno. El problema es que la confianza ciega en el mercado como único regulador de la sociedad nos condena a colocar el beneficio en el eje del ordenamiento de la cultura. Hay que alcanzar una lógica de la convergencia.

[#534] (2010-06-01 18:12)
El paradigma del consumidor sigue estando por encima del ciudadano. Y bajo este paradigma es como se están generando las políticas de cultura también en los entornos locales.

[#535] (2010-06-01 18:13)
La transgenización de la cultura viene dada por la postura dominante de las grandes industrias que fuerzan a una comercialización competitiva cerrado las ideas y las expresiones culturales y acotándolas a un entorno de rentabilidad. ¿No deberían ser las administraciones públicas las que garantizasen un espacio cultural público, un espacio creativo público?

[#536] (2010-06-01 18:14)
Forzar a la comercialización es estupendo para garantizar la muerte de las culturas de base. ¿Recuerdan que ha pasado con los pequeños comercios de las ciudades?

[#537] (2010-06-01 18:15)
La cultura se ha tomado como un estupendo, un inmejorable sistema para expandir el monopolio ideológico. La transmisión de ideas y de información desde los sistemas de concentración corporativa hace que la pluralidad y la diversidad vayan siendo más estrechas y, por tanto, mucho más fácil de extender la globalización neoliberal.

[#538] (2010-06-01 18:15)
La propuesta de "abrir las culturas al mundo" no es sino una ofensiva desde la que abrazar un control estratégico sobre los procesos y sobre los contenidos ya que, no lo olvidemos, ese abrirse al mundo pasa inexcusablemente por los medios de comunicación controlados a través de la globalización mediática.

[#539] (2010-06-01 18:16)
La cultura que viene nos llega a través de la difusión de mensajes que promueven una subordinación de las culturas particulares en beneficio del modelo norteamericano. No hay espacio para otras culturas en estos medios a no ser que "vendan" exotismo. La diversidad cultural se reduce a la oferta de una determinada gama de productos y servicios.

[#540] (2010-06-01 18:16)
Puede que las redes de cultura tengan su sentido en esta lucha que debe llevar a influir en las instancias de decisión.

[#541] (2010-06-01 18:18)
Decrecimiento y cultura: abandono de la cultura como campo especulativo. Abrazo a las culturas mínimas.

[#542] (2010-06-01 18:19)
La cultura no puede ser considerada fuera de un sistema del procomún.

[#543] (2010-06-01 18:20)
La banalización de la cultura nos lleva a muchas aberraciones. Una de ellas es notable: la estupidez engreída cada día es menos grave. Se vuelve inocuo el espectáculo de la ignorancia tanto en la calle como en los medios. La exaltación de la brutalidad y lo superfluo, de lo miserable convierten al corrupto en un ser engolado y glorificado. Se ensalza la indecencia

sin rubor siempre que venga esta, eso sí, avalada por los medios. Algo va mal. Muy bien están gestionando la deshabilitación del pensamiento.

[#544] (2010-06-01 18:20)
Es necesario plantear un firme análisis sobre lo que representa la cultura en la humanidad y armonizarla con los poderes económicos que, no lo olvidemos, son parte de la cultura y no al revés.

[#545] (2010-06-01 18:21)
La misión de las redes es la provocación del debate, la provocación del pensamiento.

[#546] (2010-06-01 18:22)
Estamos asistiendo a una simplificación de la cultura bien por banalización bien por fragmentación. O, aunque parezca contradictorio aunque no lo es, por hiperrepresentación en un magma de imágenes y mercancías.

[#547] (2010-06-01 18:23)
Vayamos una vez más al paradigma de la sanidad: ¿se imaginan ustedes las políticas sanitarias reducidas a la distribución de aspirinas? ¿Se imaginan ustedes a sus profesionales preocupados únicamente por la administración de fármacos? ¿Pueden imaginar ustedes la edificación de hospitales sin camas? Piensen en las políticas culturales.

[#548] (2010-06-01 18:27)
¿Por qué nos negamos a preguntarnos una y otra vez, las que hagan falta, "qué es cultura"? Puede que lo tengamos claro, que algunos lo tengamos claro pero no es cuestión de pretender que el asunto es obvio para todos. Vienen detrás de nosotros generaciones que no han compartido nuestras vivencias, que no han sabido que la cultura ha sido un elemento de liberación y de resistencia, de formulación de ideología, de construcción de pensamiento. Ni siquiera todos los que son de nuestra generación tienen ese criterio sobre la cultura. Pensar que ya no debemos hablar más sobre qué es cultura es dar por sentadas demasiadas cosas, dejar en manos de otros intereses un campo tan maleable. Así nos va. Para la mayoría hablar de cultura es hablar de sus productos. Hemos perdido la esencia que es la que verdaderamente puede formar el alma de una sociedad comprometida y preñada de valores. Damos por sentadas demasiadas cosas y pensamos que lo que hemos construido es inamovible. Sin embargo no hay nada más frágil que la razón y la libertad.

[#549] (2010-06-01 18:28)

La lógica de la superabundancia que caracteriza a la era moderna asalta también al concepto que tenemos de cultura, a la idea de progreso cultural y la introduce en el culto al crecimiento permanente. Un argumento más a favor del decrecimiento. El consumo de cultura, de lo que hoy pensamos que es cultura, no hace una humanidad culta sin consumista.

[#550] (2010-06-01 18:30)

Elogio de las "culturas tímidas" como paradigma de desarrollo. Las pequeñas manifestaciones como soporte, como motor continuo. Las culturas renovables frente a las culturas explosivas. Flujos, conexiones e intercambios. Debemos tomar conciencia de los límites de nuestras "culturas fósiles"

[#551] (2010-06-01 18:32)

La crisis cultural constituye el resultado de una perdida fruto de la despreocupación ideológica. El mercado se ha preocupado de hacerse cargo de la explotación de las materias primas de la cultura y se ha desconectado de la cultura concreta. Cualquier referencia que contradiga esta realidad es tachada de una actitud melancólica, fragmentos mutilados de un nostálgico.

[#552] (2010-06-01 18:32)

Para allanar el camino el poder propone el multiculturalismo como discurso que no se traduce sino en nuevos modelos de explotación de tendencias, una justificación política en el que las periferias parecen acercarse al centro desde una actitud de paternalismo envolvente. Un arquetipo en el que la "otra" cultura se aceptará siempre que se acerque a la "nuestra". La valorización depende de la etnia, del sexo, de la marginalidad... como revelador de mérito. No se busca la universalidad como principio sino la singularidad como interés de tasación.

[#553] (2010-06-01 18:34)

La cultura tiene que adherirse a una nueva configuración del pensamiento en la que ya no se trata de teorías totalizantes sino de la constitución de pequeños espacios a modo de los movimientos altermundistas. Agrupar las diferencias culturales locales en oposición a la estandarización impuesta por la globalización: Insurrección local. Las redes tienen mucho que trabajar en este sentido. No pueden ser la "voz de su amo".

[#554] (2010-06-01 18:35)

Es necesario abandonar con urgencia el paradigma de gestión cultural como expendeduría de espectáculos. Hoy por hoy la mayoría de las administraciones públicas no somos más que eso.

[#555] (2010-06-01 18:36)

Uno de los principales fundamentos de la cultura es crear proyectos de pensamiento.

[#556] (2010-06-01 18:36)

Las redes de cultura deben tomar forma de movimientos activistas si lo que se quiere es activar conciencias y buscar modelos que superen las lógicas institucionales, la oficialidad pasiva. No creo que tenga ningún sentido reproducir a gran escala y desde las redes los modelos de esta cultura secuestrada.

[#557] (2010-06-01 18:37)

Se trata a través de estas redes de buscar, de ver realidades, modelos, procesos... que desde otras perspectivas permanecen ocultos. Se trata de sacar a la luz, no de reproducir desde el cuarto oscuro imágenes calcadas.

[#558] (2010-06-01 18:38)

Esta relación supone una interacción simbiótica que no busca la reproducción de estructuras que ya existe sino que pretenden formar pensamientos nuevos sumando capacidades.

[#559] (2010-06-01 18:38)

Toda gestión de la cultura debe ser observada desde la teoría de sistemas complejos. Desde la abstracción teórica como modelo de análisis.

[#560] (2010-06-01 18:39)

En realidad tiendo a pensar que cualquier institución cultural debería estar codirigida por un filósofo, por un biólogo y por un físico cuántico.

[#561] (2010-06-01 18:40)

La cultura es la interferencia y la influencia en el campo intelectual del ser humano.

[#562] (2010-06-01 18:41)
Ceñirse al sistema de normas, hacer una cultura ortodoxa, contribuir a la domesticación es algo que hacemos de buena gana desde las instituciones porque nos simplifica la vida, reduce los esfuerzos y los conflictos con el poder y modera la incertidumbre. Verdaderamente es una tragedia.

[#563] (2010-06-01 18:42)
Una sociedad evoluciona según la categoría de los entornos y éstos, hoy día, promueven la competitividad anulativa como paradigma de éxito personal. No existe desde esta perspectiva ningún interés por el bien común sino la creación abierta de una sociedad desagradable. La cultura no se desliga de estos principios y es utilizada única y exclusivamente para el discurso retórico y la ocultación de programas especulativos. La cultura, como espacio para el desarrollo del pensamiento, ha perdido la batalla.

[#564] (2010-06-01 18:43)
Estamos ante una auténtica necesidad de una cultura topológica moderna en la que las acciones no sólo sean descriptivas sino creadoras, que construyan y generen espacios de conocimiento.

[#565] (2010-06-01 18:44)
Más bien parece que, en los actuales máster de gestión cultural, se enseña a ejercer de manager de espectáculos.

[#566] (2010-06-01 18:45)
La estrategia del poder es presentar una realidad bipolar y ocultar su verdadera complejidad. Es más fácil controlar a una masa futbolizada que sólo tiene que elegir entre lo blanco o lo negro sin pararse a analizar de forma crítica la inmensa gama de matices intermedios. La gestión actual de la cultura no colabora en nada a organizar una sociedad abierta, al contrario, si la cultura ha sido admitida en la retórica del poder es precisamente porque se utiliza como una verdadera arma de domesticación.

[#567] (2010-06-01 18:47)
Es muy difícil luchar contra el lenguaje simplista de las organizaciones políticas y religiosas. Es muy difícil porque no podemos utilizar los mismos términos reduccionistas, las mismas coletillas, los mismos tópicos. Es difícil delimitar una conversación abierta con una estructura

intelectual simplista. Hemos recuperado el pan y el circo para el entorno de la cultura y está haciendo sus efectos en la sociedad.

[#568] (2010-06-01 18:47)
Es lamentable oír argumentos que defienden que sin mercado no hay cultura.

[#569] (2010-06-02 09:49)
Todo lo que se expande tiende a contraerse. La cultura globalizada frente a la cultura local. Lo local como escenario armonizador.

[#570] (2010-06-02 09:49)
Tal y como las cuerdas aglutinan el universo y explican su funcionamiento físico, la cultura es el elemento que aglutina el universo social y agrupa las partes más pequeñas con las más grandes, lo macro (TRG) y lo micro (Cuántica) en cultura.

[#571] (2010-06-02 09:50)
La diversidad cultural a través de la teoría de las partículas (pensemos en un acelerador de partículas): cuando se lanzan las partículas los choques más habituales son los laterales. Sin embargo cuando se produce un choque frontal el resultado es una espectacular lluvia de partículas subatómicas, un auténtico reguero de partículas se descubrieron por este sistema multitud de partículas nuevas. De aquí salen los componentes básicos de la naturaleza afirmando que las fuerzas de la naturaleza se podrán llegar a explicar mediante las partículas.

[#572] (2010-06-02 09:51)
Trasladémoslo a la cultura. Habitualmente las culturas se rozan, conviven. Sólo cuando hay un choque frontal se produce una explosión. Esta explosión puede estar controlada o no de forma que la liberación subatómica sea fatal o constructiva. Esto puede dar idea de que realidad es mucho más rica de lo que parece.

[#573] (2010-06-02 09:51)
Pensemos también en lo siguiente: Dos partículas de materia se lanzan una partícula mensajera, en el caso del magnetismo, la partícula intercambiada es un fotón, cuantas más partículas electromagnéticas se compartan mayor atracción habrá entre una y otra. La ciencia dice que la fuerza que sentimos es ese intercambio de partículas mensajeras. Otra bonita

metáfora. Cuanto mayor intercambio haya de "partículas mensajeras" entre culturas, mayor será la atracción.

[#574] (2010-06-02 09:53)
Existen culturas adicionales que van más allá de las que percibimos habitualmente.

[#575] (2010-06-02 09:54)
Por qué un departamento de investigación cultural, sobre todo si está radicado en la administración pública, se ve como algo inútil. Puede haber muchas razones pero, desde luego, una es clara. Hemos fragmentado de tal modo la cultura, la hemos reducido tan drásticamente (tan estratégica diría yo) a la producción y distribución de espectáculos, que nos resulta imposible imaginar la cultura como algo más que eso, como algo más que un producto en la cadena de producción financiera. Evidentemente toda investigación e inútil si no tiene un objetivo, un resultado, alguien que la escuche e imagine una aplicación. Esto es lo que falta en nuestras políticas de cultura: abrirnos a otros campos de pensamiento, liberarnos de la tiranía del mercado como paradigma de desarrollo. Imaginemos que después de investigar nadie hubiese querido fabricar la aspirina.

[#576] (2010-06-02 09:54)
La cultura también se sustenta sobre el pensamiento filosófico, no en vano, si tenemos en cuenta el progreso de la ciencia, todo comienza con el pensamiento, con disquisiciones filosóficas

[#577] (2010-06-02 09:55)
Las teorías atómicas predicen que el universo es ordenado y predecible, la mecánica quántica, que busca en los campos subatómicos, no está de acuerdo y busca abrir las puertas a una nueva visión de la realidad total. No estaría de más aplicar estas bases de pensamiento al mundo de la cultura. Abandonar certezas.

[#578] (2010-06-02 09:56)
Se trata de algo muy sencillo: si la ciencia se hubiese quedado con las explicaciones que pretenden un funcionamiento básico de las leyes físicas al estilo de Copérnico y Newton, la TGR no se hubiese dado, Einstein no habría renovado las ideas de tiempo, espacio y gravedad. Evidentemente tampoco se hubiese dado la mecánica quántica y no se hubiese buscado en lo pequeño, no se hubiese observado con detalle el universo y no se hubiese descubierto una nueva capa de la realidad. ¿Por qué no nos embarcamos en esa curiosidad intelectual desde la

cultura? ¿Por qué no buscamos nuevas dimensiones que nos liberen de las leyes gravitatorias del mercado? ¿Por qué no avanzamos hacia otras capas, hacia otras dimensiones paralelas? ¿Por qué no buscamos también la "supersimetría"? Creo que la unión de la física con la filosofía es algo tremendamente potente.

[#579] (2010-06-02 09:57)
Nuestro concepto de cultura ha quedado un tanto anclado en los últimos tiempos. Nos hemos acomodado a la onda gravitacional del mercado y hemos cerrado nuestros campos de investigación. O de otra manera, estamos unidos de tal manera al átomo (mercado) que no somos capaces de liberar la enorme fuerza que tenemos. Digamos que todavía es newtoniana.

[#580] (2010-06-02 09:59)
La cultura no es un lujo del que podamos prescindir. Esa es una de las conclusiones claras si somos capaces de liberarnos del secuestro gravitatorio del mercado. Porque la cultura es lo que nos hace humanos, nos identifica como los seres que somos. Lo que nos aclara el por qué de nuestro comportamiento. Lo que nos explica por qué algunos son transparentes y otros opacos, por qué unos abren su pensamiento y otros lo blindan, por qué hay uniones imposibles y otras extremadamente sencillas. La cultura no es un lujo porque no es un producto, porque no es parte de la economía sino al revés, totalmente al revés. Y porque no es únicamente espectáculo. En eso consiste también la necesidad de alcanzar una armonización de la cultura, la necesidad de establecer una teoría que unifique lo macro con lo micro, que haga cuadrar las ecuaciones tal y como se hizo cuadrar la TGR con la mecánica cuántica.

[#581] (2010-06-03 17:41)
El discurso posmoderno de la cultura es insuficiente por falta de radicalidad. Porque se ha centrado en una acontecimiento repetido de acumulación de bienes (espectáculos, colecciones, edificios, reliquias...) que conectan directamente la gestión de la cultura con el poder. La copertenencia de la cultura con la ciudadanía, considerada esta como la multiplicidad de individuos con potenciales creadores, se ha perdido. La cultura se señala desde la verticalidad. El ciudadano, en cuanto ente cultural, está desapareciendo. La gestión de la cultura se convierte en un instrumento más de la capitalización del poder.

[#582] (2010-06-03 17:41)
La cultura regulada mediante normativas de uso y distribución. Existe un camino paralelo que hay que tomar para desarrollar una cultura fuera de los parámetros oficiales, fuera de las lógicas interventivas, fuera de las costumbres de subvención.

[#583] (2010-06-03 17:42)
Obviedad y tautología parecen ser los únicos pilares actuales para los procesos reflexivos. La obviedad para anular la búsqueda, la tautología como referencia de verdad. Ambas invalidan la crítica.

[#584] (2010-06-03 17:43)
Despolitizar la cultura para ponerla en un estado de consumo permanente. La cultura fabril.

[#585] (2010-06-03 17:44)
La globalización de la cultura no puede pensarse como una manera de estratificación por una razón muy simple: No todas las culturas pueden moverse con las mismas facilidades. La globalización vista así es un paso avanzado para la incomunicación entre los de "arriba" y los de "abajo".

[#586] (2010-06-03 17:46)
Las ciudades se convierten en una marca y los ciudadanos están obligados a comportarse como engranajes para la producción de valor. La cultura es uno de ellos y representa un escenario en el que el símbolo es lo que vende. El mercado global es el que hace que las culturas se muevan y sólo se mueven aquellas que están en condiciones de producir beneficios. Esta asimetría de sentido hace que la diversidad sea una palabra hueca que no tiene razón de ser sino en un entorno de liberalismo. Toda cultura es así susceptible de ser convertida en producto.

[#587] (2010-06-03 17:55)
Hacer cultura desde las administraciones se ha convertido en gestionar y tutelar el orden cultural de lo existente. Como si no hubiese algo más allá de la oficialidad, como si no hubiese más cultura que la políticamente posible. Y se consigue una sensación confortable, como si no existiese la crítica, un aparente paraíso. Sólo que la crítica está latente, camuflada, escondida tras los fastos... La gestión de la cultura es otro mecanismo de regulación.

[#588] (2010-06-03 17:57)
También hay otro escenario curioso: El ciudadano dice que la administración no sabe, la administración dice que el ciudadano no entiende, el analista dice que si le hiciesen caso todo iría mejor y el artista que todos están confundidos. La gestión de la cultura en las ciudades no puede ser sin controlar mínimamente esta esquizofrenia.

[#589] (2010-06-03 17:57)

Estamos ante la necesidad de una reformulación de la cultura. Pero toda reforma práctica tiene que ser precedida por una reforma del pensamiento.

[#590] (2010-06-03 17:59)

Pensar la cultura desde una nueva perspectiva requiere de una nueva "caja de herramientas" conceptuales que nos permita abandonar los modelos de pensamiento neoliberales, que supere las tendencias posibilistas. Pensar de verdad que existen otros mundos es la única manera de renunciar al conformismo en el que nos hemos instalado y abrazar la imaginación.

[#591] (2010-06-03 18:01)

La crisis de la cultura no tiene otra razón que la de la crisis del pensamiento.

[#592] (2010-06-03 18:01)

Disfrazando la diversión y el entretenimiento como cultura se garantiza un maquillaje ético y estético del consumo. El capitalismo actual no solo quiere ganar dinero sino que pretende agradar. Uno de los más eficaces mecanismos para conseguirlo es la cultura.

[#593] (2010-06-03 18:02)

Seguramente uno de los principales objetivos de las instituciones públicas de cultura debería ser favorecer, estimular y proteger el impulso creativo de los ciudadanos.

[#594] (2010-06-03 18:03)

Las culturas superan muy mucho lo que de ellas quieren los sistemas políticos. Por eso se ha optado en esta civilización occidental por no realizar un enfrentamiento abierto con ellas. Se ha provocado una asimilación domesticada. Esto produce una sensación de bienestar por identificación (todos nos sentimos parte de un mismo "ecosistema") que beneficia la uniformización cultural a través de los universales simbólicos. En todo caso se tiende a una cultura que pretende aplacar más que estimular.

[#595] (2010-06-03 18:04)

Si la cultura acaba por reducirse a términos de economía global tendremos que convenir (en el sentido de Thomas Levitt) que todo va a descansar sobre tres hipótesis para conseguir la mayor convergencia de los consumidores:

1. la homogeneización de las necesidades (universales simbólicos).
2. la preferencia por el bajo coste de producción (industria del entretenimiento).
3. economías de escala (variables demográficas más que geográficas)

[#596] (2010-06-03 18:04)
¿Confundimos la homogeneización con democratización de las culturas?

[#597] (2010-06-03 18:07)
Estamos asistiendo al derroque del estado de bienestar. Las lógicas mercantiles son las que ponen las leyes. Para ello ha sido necesario que el ciudadano haya dejado de serlo y haya pasado a la categoría absoluta de cliente. Los estados se han preocupado por ello durante muchos años y así lo han considerado y lo han hecho saber. Los derechos del ciudadano se han sustituido por los derechos del consumidor. Para ello ha sido necesaria una modificación substancial en los fundamentos de la cultura y todos hemos colaborado. Cuando estas lógicas mercantiles allanen por completo el camino habrán derribado todas las barreras posibles, habrán puesto a la cultura de su parte. El determinismo económico es el que prevalece.

[#598] (2010-06-03 18:08)
El lenguaje perverso que hace de la cultura un referente "primordial" para el desarrollo económico de los pueblos no consigue sino que sea anatema cualquier tipo de discurso crítico.

[#599] (2010-06-03 18:08)
¿Hay vida más allá de las industrias culturales?

[#600] (2010-06-03 18:09)
Redes en R: reflexionar, recrear, rebatir, resistir.

[#601] (2010-06-03 18:09)
Armonización: Es necesario redirigir nuestros discursos y nuestros planteamientos hacia un auténtico ejercicio de armonización entre el discurso económico y el social. La cultura hoy está valorada casi exclusivamente por su influencia en el desarrollo económico y en la creación de empleo. Pero debemos hacer un análisis bien certero sobre el asunto y comprender, por poner sólo un caso, qué tipos de empleo crea y dónde, es decir, qué sectores son los que realmente enriquece (YProductions han hecho un estupendo estudio sobre el asunto) No quiero decir

que no sea necesario hacer una lectura económica, lo que mantengo es que debe existir un equilibrio crítico y comprender que la cultura no debe depender de la economía como paradigma para su desarrollo. No es tolerable que el desarrollo se mida exclusivamente desde el prisma económico. En realidad no existe ningún problema en que la cultura se relacione con la economía, ninguno. El problema es que la confianza ciega en el mercado como único regulador de la sociedad nos condena a colocar el beneficio en el eje del ordenamiento de la cultura. Hay que alcanzar una lógica de la convergencia. De la teoría crítica de la cultura la una teoría armonizada.

[#602] (2010-06-03 18:15)

Transgenización: La transgenización de la cultura viene dada por la postura dominante de las grandes industrias que fuerzan a una comercialización competitiva cerrado las ideas y las expresiones culturales y acotándolas a un entorno de rentabilidad. ¿No debería ser el estado quien garantizase un espacio cultural público, un espacio creativo público? Son tiempos en que cultura transgénica, está compuesta 'clones' a la medida, sin personalidad, sin ideas propias, homogeneizados. Con ingeniería financiera se les han suprimido los genes conflictivos, como el gen crítico, el de la conciencia, y los han modificado por genes pragmáticos... y al igual que las semillas han de producir pensamiento cautivo y son instrumento del poder económico. Reproducen los valores preexistentes y han dejado de tener conexión con el mundo social. No sería bueno comenzar a oír hablar de transgenización de la cultura.

[#603] (2010-06-03 18:16)

Decrecimiento: La lógica de la superabundancia que caracteriza a la era moderna asalta también al concepto que tenemos de cultura, a la idea de progreso cultural y la introduce en el culto al crecimiento permanente. Un argumento más a favor del decrecimiento. El consumo de cultura, de lo que hoy pensamos que es cultura, no hace una humanidad culta sino consumista. Elogio de las "culturas tímidas" o la nanocultura como paradigma de desarrollo. Las pequeñas manifestaciones como soporte, como motor continuo. Las culturas renovables frente a las culturas explosivas. Flujos, conexiones e intercambios. Debemos tomar conciencia de los límites de nuestras "culturas fósiles"como factor de sostenimiento. "..para que una comunidad goce de un bienestar sostenible debe ejercer su derecho a la autonomía cultural y a diseñar las prioridades para sus prácticas expresivas y creativas, sean esta públicas o privadas, individuales o colectivas. En este sentido, podemos definir a una colectividad humana como sustentable mientras sea capaz de desarrollar en sus propios términos un entorno cultural que le permita identificarse, utilizar códigos comunes de estructuración simbólica y producir autónomamente nuevos lenguajes..."Proyecto ICSI. Informe sobre Cultura y Sustentabilidad en Iberoamérica. http://www.oei.es/icsi/

[#604] (2010-06-03 18:17)
Como la "Second Life" podríamos hablar de la "Second Culture". Una segunda cultura que aligera responsabilidades y privilegia el fenómeno sobre el concepto que abandona la ideología, que habla de modo exclusivo de modelos programáticos obviando cualquier asomo de compromiso.

[#605] (2010-06-03 18:18)
La cultura que necesitamos a partir de ahora no es, seguramente, la que conocemos sino que introduce una nueva categoría de pensamiento que hay que considerar. La pregunta es si estamos dispuestos o preparados para, en principio, reconocer esas necesidades. Si estamos dispuestos a aceptar que la cultura no es aquel fetiche que reposaba en tacitas de plata sino que es algo que, de verdad, transforma la esencia de las sociedades.

[#606] (2010-08-19 18:58)
En un símil energético, se puede decir que estamos todavía utilizando "culturas fósiles" como combustible. Nos ceñimos a modelos anclados en un siglo que evolucionó y que parece que no ha permitido la previsión de nuevos modelos. Además de ser una barbaridad para la ecología de la cultura no deja de ser un verdadero movimiento entrópico que gasta toda la energía en su mantenimiento.

[#607] (2010-08-19 18:59)
Hay una diferencia radical (de raíz) entre cultura y ocio que hoy, en general, no parece percibirse. Aunque este último participa en algunos sentidos de la primera, pertenece directamente a la esfera estrictamente individual, pertenece al espacio privado y en ese sentido es esencialmente personal. No así la cultura que tiene un carácter social y pertenece a la esfera pública en su más amplio sentido.

[#608] (2010-08-19 19:00)
La cuestión no es hablar de la economía de la cultura sino darle la vuelta y hablar de la cultura de la economía en un intento de civilizar el capitalismo

[#609] (2010-08-19 19:01)
El problema que tienen quienes ostentan la responsabilidad de la gestión pública de la cultura es que no alcanzan una visión global de ella. Que la reducen y la fragmentan a sus productos y, como mucho, ven en ella una herramienta de ocio. Esa visión parcializada y reduccionista es

la que provoca que no exista una incidencia eficaz en las sociedades, que se haya convertido la cultura en un discurso que a lo más consigue unos cuantos dineros extra para contenedores y cosmética ciudadana.

[#610] (2010-08-19 19:02)
Hablar de la transversalidad de la cultura es como hablar de la redondez de la esfera. La cultura es lo que llena de sentido la sociedad, los valores, el pensamiento, los comportamientos... todo esto influye en el modo de ser de las sociedades y por tanto todos nuestros actos están causados por una determinada cultura. Evidentemente y por ello la salud, el urbanismo, la economía... vienen regidos por comportamientos culturales. Si no comprendemos esto mal podemos plantearnos políticas de cultura coherentes.

[#611] (2010-08-19 19:02)
La cultura oficial y la ideología dominante van de la mano. La una sin la otra no hacen sino reforzarse.

[#612] (2010-08-19 19:03)
Agnela Domínguez, directora de actividades y comunicación de la SGAE, dixit: "Y si tú no puedes vivir de la música, te dedicarás a otra cosa, no a hacer música." Ese es el concepto y la idea que tienen de cultura. Ese es el concepto que tienen de defensa del creador. En Repor: el peaje de la SGAE >> http://www.rtve.es/mediateca/videos/20100126/repor-peaje-sgae/677091.shtml?s1=noticias&s2=repor&s3=&s4=

[#613] (2010-08-19 19:04)
La idea de políticas de cultura en el entorno digital se ciñen hoy día a traspasar al medio tecnológico los comportamientos y las ideas de una política cultural analógica más bien propia de las sociedades industriales. Tratan únicamente de atender tres puntos: la comercialización de productos, la difusión de ofertas, la preservación de contenidos. Sin embargo deberíamos analizar si este paradigma de la cultura como mercancía es el único al que debemos tener en cuenta y si desde las instituciones públicas no deberíamos ejercer un mayor esfuerzo en la investigación y aplicación de modelos de mayor incidencia en la creación de pensamiento crítico y de imaginarios colectivos de transcendencia intelectual. Al fin y al cabo el sector privado es el que verdaderamente debe estar interesado en los adjuntos de mercadeo. Al hilo, lo que me parece es que no somos muchas veces sino franquicias.

[#614] (2010-08-19 19:05)

El marco conceptual que desde las instituciones públicas se está aplicando para la gestión de la cultura desde el paradigma digital se reduce tristemente al e-marketing y al e-management. En general se utiliza la tecnología como herramienta para seguir con los mismos procesos que desde el paradigma analógico: venta al público de entradas y productos, publicación y difusión de documentación varia, inscripciones, atención al ciudadano, informes institucionales, catalogación, comunicación interna... Evidentemente se ha avanzado muy poco o nada. En este sentido es como si en etapas anteriores hubiésemos hablado con profusión y entusiasmo de las "políticas radiofónicas de cultura" o de las "políticas televisivas de cultura". En realidad el comportamiento de la cultura digital va mucho más allá y también está lleno de modos de relacionarse, de crear, de comportarse, de pensar. Volvemos a lo de antes: desde una visión reduccionista de la cultura no podemos hacer otra gestión que no esté truncada. Es como si quisiésemos reducir la salud a los fármacos

[#615] (2010-09-29 11:35)

La cultura como pedagogía social. De eso nos hemos olvidado. Cuando hemos abogado por una pretendida democratización de la cultura (sin ideología y mucha parafernalia mediática) que ha colaborado decididamente en la generación del ciudadano contento y que, evidentemente, ha consolidado la figura del esclavo agradecido. El resultado es obvio. Tenemos ciudadanos, somos ciudadanos entretenidos.

[#616] (2010-09-29 12:00)

Del secuestro de la cultura. Por la ideología neoliberal. Por el escaparatismo. El mercado (ese término "neutro" que se acuña como tapadera conceptual de la economía especulativa) nunca tiene intereses inocuos porque no tiene alma. La estrategia es clara: la promoción de cultura acontecimiento, del producto cultural como método para el vacío de la cultura.

[#617] (2010-10-03 16:44)

c7Cultura

Cooperación	>>	mediación vs beneficiencia
Comunicación	>>	$1+1 \to 1+\infty \to \infty+\infty$
Creación	>>	prosumo vs consumo
Comunidad	>>	expansión vs asimilación
Conectividad	>>	pluralidad vs individualidad
Circularidad	>>	generación vs oferta

[#617] (2010-10-03 16:45)
Debemos decretar el fin de las instituciones como controladoras del ecosistema cultural.

[#618] (2010-10-03 18:10)
No es conveniente anclarse en las "culturas fósiles" como no lo es hacerlo en las energías fósiles. Se trata sin duda de agotar unos recursos que no tienen vuelta ni reserva infinita. Por cierto ¿cuándo nos libraremos de los gestores fósiles?

[#619] (2010-10-03 18:14)
¿Es de recibo evaluar los beneficios de la cultura en función de su repercusión en determinados sectores (¿cuáles?) o sobre la contribución de ésta a determinada "productividad"? Evidentemente es una visión funcionalista que ignora por completo la contribución de la cultura en la conformación de una estructura social de pensamiento. Un economicismo ignorante que goza de gran estima entre las élites dominantes.

[#620] (2010-10-07 11:07)
Trabajar en estos tiempos ultramodernos en el ámbito de la cultura supone permanecer en una continua línea de equilibrio entre la duda cartesiana y el posibilismo uniformizador. Podemos haber caído en el descrédito de la cultura en una metástasis conceptual del pensamiento de Brea.

[#621] (2010-10-07 11:10)
Sigue gustándome el parangón sanitario y científico como referencia reflexiva para la cultura. En este sentido es bueno convenir con la ciencia sobre la necesidad de acciones preventivas por encima de las interventivas. La cultura como profilaxis. La salud mental a partir de la cultura.

[#622] (2010-10-07 11:15)
Si en los últimos años quienes hemos trabajado en cultura, y a pesar de los enormes y encomiables esfuerzos de determinadas organizaciones (véase CGLU, Interlocal...) y gestores, no hemos sabido infundir convenientemente entre las élites políticas la verdadera naturaleza de la cultura (más allá de declaraciones que luego quedan vacías), si no hemos logrado incorporar acciones decididas más allá del discurso bienintencionado ¿qué nos está impidiendo cambiar o radicalizar el discurso? ¿Qué nos impide parar y reflexionar sobre su contenido? ¿Por qué no avanzamos más allá de una actitud de apariencia suplicativa? Si sabemos qué hay que hacer y lo hemos dicho tantas y tantas veces ¿por qué no lo hacemos?

[#623] (2010-10-07 11:16)

La contaminación genética horizontal como referencia de evolución cultural. El cierre del paréntesis darwiniano que se fundamentaba sobre la genética vertical.

[#624] (2010-10-07 14:01)

Más allá de todo lo que queramos discutir lo que supone el mundo digital es una enorme capacidad potencial de creación, de elaboración de nuevos comportamientos, de nuevas formas, de nuevos mapas mentales. Tenemos pues la obligación de investigar críticamente sobre nuevos modelos de gestión pública de la cultura. Porque, hoy por hoy, la Administración Pública es una máquina que no piensa diferente y el reto es, precisamente, transformar su pensamiento.

[#625] (2010-10-07 14:13)

Como diría Wagensberg: "...la revolución de un lenguaje liquida una era e inaugura otra nueva" Hay que ver qué revolución y qué lenguaje ha liquidado la era social de la cultura y cuál ha inaugurado. Y sigue "...pero, en general, el lenguaje revolucionario arranca imitando al lenguaje obsoleto". ¿No será que hemos arrancado la cultura digital imitando los modelos de gestión de la cultura analógica?

[#626] (2010-10-07 17:30)

A vueltas con la transversalidad. Como he dicho en otras ocasiones y repito, hablar de transversalidad de la cultura es hablar de la redondez de la esfera. Utilizamos este término, imagino, para que se comprenda la influencia de la cultura en el resto de los ámbitos sociales. Sin embargo creo que dulcificamos demasiado el discurso. En realidad no deberíamos hablar de transversalidad de la cultura sino de radicalidad de la cultura. En un sentido muy claro: la cultura es la raíz misma del pensamiento y del comportamiento de las sociedades con lo que no es que ésta se inyecte de forma transversal sino que es la esencia. Según sea ésta, la cultura, así serán el resto de esos ámbitos (urbanismo, sanidad, educación, acción social, economía...), así se verán afectados. No es que la cultura tenga que estar presente allá donde se hable y se planifique, es que según la cultura previamente generada así serán los resultados. Una determinada cultura condiciona de raíz todos los comportamientos. Debemos cambiar transversalidad por radicalidad.

[#627] (2010-10-10 11:01)
Sería deseable una nueva generación de gestores culturales que haga las cosas de otra manera. Con una orientación marcadamente social que se acerque al ciudadano y de respuesta a sus intereses. Que se atreva a olvidar las normas ajenas. Que destierre el discurso como estrategia mediática. Que desee cambiar la vida de los lugares y se aleje de la ortodoxia y el credo. Que cultive las ideas por encima de las cifras. Que haga inagotable lo cotidiano. Que convierta el espejismo escaparatista en un lugar habitable. Que explote la idea de convivencia y priorice las necesidades esenciales. Que abra a la comunidad la zona de decisiones. Que se atreva con la nanocultura. Que plantee la reflexión continua y vincule. Que salga de la endogamia y se contamine. Que aborde la cultura como actividad política (nada hay tan político como la cultura) sin partido. Que trabaje en la recuperación de los sistemas de valores y recupere la función social de la cultura. Que se autoorganice con la comunidad. Que actúe como catalizador de la creatividad ciudadana. Que sea Bartleby...

[#628] (2010-10-19 17:48)
Todos los productos artísticos, literarios, musicales, pictóricos, artesanos... son el resultado de una determinada cultura. Pero también lo son los valores, las pasiones, las identidades, las ideas además de, no lo olvidemos, las necedades, los fascismos y toda la posible gama de barbaridades humanas. Por ello, desde los gobiernos locales (o estatales, o nacionales, o supranacionales...) la gestión de la cultura no debería ser considerarla desde la limitada perspectiva de la administración de la cultura ligada al ocio y el entretenimiento de los ciudadanos o a la mayor o menor riqueza económica que ella pueda aportar (estando bien ello) sino desde todo aquello que una cultura produce como esencia de la sociedad y los mecanismos que influyen para esta producción. Acudir a cualquier manifestación "cultural" bien sea desde la vertiente estética (artística), tradicional (folclore) o masiva (eventos) no hace por definición a una persona más culta. El acto en sí mismo y su metabolización depende de un estado intelectual y formativo previo y ese estado previo ha debido formalizarse en un entorno social influyente. Ese es el reto de la gestión cultural: provocar esa influencia. Nadie

puede extraer "cultura" de donde no hay nada.

Por eso mismo la tan pregonada cultura digital (no creo que todo el que habla de ella sepa bien a qué se refiere) no es sino el resultado de una combinación de comportamiento con tecnología. En realidad un proceso civilizatorio.

[#629] (2010-11-17 20:11)

La cooperación cultural tiene una vertiente que va más allá del intercambio (muchas veces fingido y arrogante) de bienes, productos y servicios culturales, o, por otra parte, de economías, subvenciones o gratificaciones varias. La cooperación a través del conocimiento permite elaborar desde los diferentes lugares-mentes que cooperan "procesos propios" desvinculados de las lógicas de la pleitesía a las que obliga el paradigma "cooperador-cooperado".

Este prisma de cooperación fundamentado sobre el conocimiento aporta un nivel de evolución que difícilmente tiene su referencia en los modelos de intercambio hincados en las finanzas y en las locuras de la producción. Los "cooperantes del conocimiento" trazan una línea de intermediación que propicia un crecimiento cultural-viral más autónomo y menos supeditado a los devenires de la superioridad. Un cambio necesario, un puente necesario por el que poder traspasar hacia modelos de gestión abiertos, distribuidos y expandidos. No se trata en todo caso de suprimir los, en ocasiones, modelos de intercambio de bienes citados sino de habilitar procesos que permitan el crecimiento conceptual, ideológico, intelectual... y aprovechar sus evidentes secuelas explosivas. La cultura más allá de los programas y las estructuras, la cultura para la conformación de pensamiento crítico.

Asumir esta posición intermedial de la cooperación cultural, a través del intercambio de conocimiento y el derribo de las lógicas de la escasez, puede ser una de las mejores claves para la desinstitucionalización de nuestras iniciativas. Porque, en definitiva, el conocimiento es algo que, indiscutiblemente, no debe entrar en los preceptos privativos de la propiedad.

Logremos de este modo traspasar el código empírico de la cultura para alcanzar el código creador, generador, metafórico: las metástasis conceptuales como campo generativo. Quizá desde esta perspectiva de la cooperación podamos superar más certeramente aquellas evidencias que, dentro de la geopolítica actual de la cultura, nos siguen ofreciendo paradigmas de desequilibrio.

La cooperación por el conocimiento supera sin duda este sistema ya que en ningún momento supone dependencia ni desprendimiento, por una parte y, por otra, se desliga de la contextualización de redes de mercado y de comercialización de la cultura.

Evidentemente la cooperación fundamentada sobre el conocimiento compartido colabora también en el desarrollo autónomo (edupunk) y contrarresta la asimetría que producen los modelos de cooperación "decretados". Entran estos modelos en la nueva lógica de los intercambios entre pares ya que requiere de otros discursos menos retóricos, menos proteccionistas que nada tienen que ver con la "burbuja cultural" y el sobrecalentamiento de la cultura al que parece que nos abocan la dominancia institucional y de las industrias. Dominancia que nos lleva directamente a la manipulación de artefactos culturales como paradigma del desarrollo ultramoderno.

[#630] (2010-11-17 20:38)
GeekCultura >> https://prezi.com/iucnq_wcc4j7/geekcultura/

[#631] (2010-11-24 14:04)
En ocasiones se confunde la descentralización de la cultura con la centralización difusa.

[#632] (2010-12-10 19:34)
La política de derechas es, por principio, la administración de lo sobrante, la consolidación de las élites. Para ello la mentira y el simulacro son fundamentales. Y el secuestro de la palabra y la mutación de los sentidos. Y, por supuesto, la apropiación (todo es de su propiedad) de los conceptos. Triste es observar la proliferación del esclavo agradecido que defiende con violencia incluso a quien le somete. Esto también es cultura y responsabilidad de quienes trabajamos en ella. Más triste es contemplar la ausencia de políticas de izquierda y cómo no de las políticas culturales de izquierda

[#633] (2010-12-14 19:05)
La mayoría de los productos culturales "creados" por las instituciones públicas están diseñados para la contemplación y el consumo. Sin embargo la cultura y lo que debería ser su gestión tendría que incidir con decisión en los comportamientos, en el pensamiento y las formas de enfrentarse a las ideas. La gestión de la cultura debería volver a la ideología, fundamentarse sobre los conceptos y sobre la controversia, recuperar el espíritu de transformación. Sin embargo se está consiguiendo asentar la vulgaridad de una gestión posibilista en la que la teoría de la cultura y sus componentes de provocación intelectual son absolutamente marginados y ninguneados. Las políticas públicas de cultura avanzan como la política en general: por unos canales secuestrados y ausentes absolutamente de principios ideológicos. No hay mucha diferencia entre los programas públicos de cultura y los de las industrias culturales. Eso es una enorme aberración y refleja una espantosa uniformización entre los mercados y las políticas. Una apropiación indebida del

espacio simbólico en pos de un beneficio, financiero o de partido, que hunde la estética y la ética de la cultura.

La política cultural no puede descansar sobre estructuras que se fundamentan sobre el conservadurismo eficientista, el posibilismo estructural o la rentabilización de las inversiones. El resultado de estas actitudes es, en realidad, la privatización de unos intereses que pertenecen a todos y que no puede dejarse en manos de unos gestores ausentes de empuje ideológico.

La combinación de los intereses financieros de las industrias y los mercados, con unas políticas de partido de baja intensidad democrática y la dejación de responsabilidad de una buena parte de los ciudadanos forman un triangulo nefasto para las políticas culturales de transformación.

Ni los mercados ni las políticas, tal y como hoy las conocemos, van a hacer nada por una cultura que recupere la ideología, por una cultura indagatoria, critica, insurgente. Confiar en ello es ingenuo y cerrar los ojos es hasta peligroso. La privatización de la cultura es la privatización del pensamiento. Y no podemos olvidar que en muchos momentos de la historia ha sido el arma más útil y eficaz para dominio. La tendencia al totalitarismo se alimenta directamente del abandono ciudadano de la intervención directa. Recuperar la subversión.

[#634] (2011-01-11 20:16)
Quizá el reto de la cultura contemporánea, de los trabajadores de la cultura, sea la recuperación del pensamiento. Y no estoy hablando de un pensamiento académico ni academicista sino de una actitud de reflexión crítica asentada sobre la lógica de la razón como fundamento social. Quizá la cultura deba retornar a una condición de maître a penser más allá de los resultados de ese pensamiento. No es lo importante el resultado sino el proceso.

[#635] (2011-01-11 20:17)
Quizá también haya que reforzar la cultura ante la agresión de las clases mercantiles acostumbradas a un pensamiento funcional (en contra del racional). Acostumbradas a las lógicas del beneficio a costa de lo que sea. Y quizá haya que hacerlo también para reforzarla frente al pensamiento sometido y amansado que emana de una clase política adiestrada para reproducir la ideología dominante de los mercaderes, una actitud que no hace sino ofrecer sacrificios (la cultura es la última y más alabada ofrenda) para tranquilizar a los mercados como dioses laicos. Ya vale, por favor, de los discurso de la cultura como paradigma de generación de riqueza.

[#636] (2011-01-11 20:18)
Quizá haya que pensarla también coma algo que nos concede libertad para soñar y libertad para ser felices (es necesario armonizarnos también con la alegría, con la diversión y ofrecer la cultura como catalizadora de la alegría, una alegría que sin duda contribuye más que ninguna otra cosa al bienestar.) Qué ciudad, qué ciudadanos, qué sociedad queremos. La de los mercaderes, la de los juglares, la de los mercenarios, la de los cándidos … el alma de la cultura es el alma de la humanidad y ésta va mucho más allá de la que nos marcan los mercados.

[#637] (2011-01-11 20:19)
Quizá sea necesario volver a la cultura como liberadora de dogmas.

[#638] (2011-01-11 20:20)

Quizá estamos instalados en una especie de censura (autocensura porque nos callamos lo que pensamos que puede sentar mal a nuestros próceres) posibilista de carácter funcional y mercantil. Quizá nos hemos instalado, como sociedad, en un lugar en el que nos otorgamos poco espacio para los sueños y la utopía porque convenimos en que lo mejor es ser "realistas" y ver la actualidad bajo un prisma de prudencia utilitaria. Resultado: la anulación de los sueños (siempre que esos no lleven a un tener más) imposibilita que esbocemos una sociedad de futuro humano. El alma de nuestro pensamiento tiene que llenarse de amor por el riesgo y la transgresión. Lo demás también vendrá (el desarrollo que algunos pretenden) pero lo hará marcado por una tendencia sosegada hacia la humanización, hacia el equilibrio y la armonización entre las necesidades materiales y las espirituales (permítanse no mezclar espiritualidad con religión). Instalarnos en esta censura de pensamiento es instalar a la sociedad en un declive de corte darwinista en el que la fuerza económica es la que empuja a la desaparición de los "débiles".

[#639] (2011-01-11 20:34)

Quizá estemos asistiendo a un neofeudalismo señalado por los señores de la política y el mercado. Justo por debajo los elegidos, los servidores directos encargados de transmitir el orden mientras evitan que los señores se ensucien. El resto dividido en dos: unas, estrictas herramientas de confección y consumo (las más favorecidas), y las otras (las menos favorecidas) máquinas de explotación. Aunque existen además otras que no son concebidas ni con la "suerte" de poder ser explotados pues se encuentran absolutamente fuera de la demarcación objetiva de los territorios feudalizados (simbólicos o no), los desposeídos de todo. No consta una salida fácil sin la movilización molecular a la que alude Guattari. El caldo de totalitarismo en el que nos estamos lentamente cociendo lo estamos alimentando nosotros mismos con nuestras dejaciones. Estamos haciendo nosotros mismos es trabajo que en otros momentos les correspondía a los guardianes, asegurar el orden (la última muestra es la deleznable ley que permite a los "ciudadanos de bien" denunciar a cuantos transgreden el orden establecido). La genialidad de haber externalizado el poder coercitivo y haberlo derivado en mínimas dosis a los propios poseídos (bien es cierto que siempre hay a quien le encanta ponerse gorras de plato y poder sentirse por algún momento pertenecientes a esa casta elegida). Y ahí estamos, sometidos bajo una tiranía diferida, externalizada, en la que la mayoría se encuentra a gusto porque le han extirpado convenientemente la capacidad crítica y la mínima humanidad que habíamos ido consiguiendo.

Y esto, aunque a muchos les suene estrafalario, es cultura, cultura en el más estricto sentido de término. Por eso mismo el mundo de la cultura (y no confundamos por favor el contenido con el continente, como no confundimos el fármaco con la salud ni el ladrillo con el urbanismo) tenemos mucho que ver en este trastorno. Tenemos mucha responsabilidad porque nos hemos domesticado y hemos sido espejo de los discursos. Nos hemos apuntado a la prédica dominante y hemos hecho de la cultura, de la cultura que ellos querían, un elemento amansador. La hemos derivado hacia el intercambio y hemos hecho que todo el mundo aceptara el código a implantar. La hemos puesto en manos del mercado (y no uso economía porque no debemos olvidar que ella misma es una ciencia social a pesar de todo) y empezamos (quiero creer que sólo eso) a perderla, a perderla como arma civilizatoria. La hemos colocado al servicio de las jerarquías, la hemos servido desde las instituciones en formato consumo y hemos desarmado la creación colectiva, hemos anulado la capacidad del ciudadano para luego decir que "no se os puede dejar solos" ¿recuerdan? O como bien expresaba Kant "Los reyes, en su calidad de padres, maltratan a sus súbditos como a niños por cuya subsistencia y felicidad quieren velar ellos solos. Los sacerdotes, en su calidad de pastores, como a ovejas y como a los queridos animalitos que nunca serán mayores de edad. Primero se incapacita a la gente para que no se pueda gobernar y después de eso se disculpa el propio despotismo arguyendo que la gente no se deja gobernar" Hemos abandonado la utopía y además hemos creado "empresas" que se han encargado bien de perfeccionar los sistemas de distribución (no puedo dejar de pensar sin embargo cuando hablo así en extraordinarios proyectos que nada tienen que ver con la tipología mencionada pero es necesario que observemos la globalidad y sepamos diferenciar en los juicios)

Retomar los mecanismos de subversión puede ser el primer gran desafío, retomar la calle, ocupar las mentes, recuperar el pensamiento. El agenciamiento colectivo de la cultura. Pero recuerden que hablar de esto y en estos términos es, al parecer de los dominadores y de sus adiestrados, algo propio de progres trasnochados. El cinismo positivista ha triturado a la ilusión. sírvanse ustedes y recuerden que nadie

[#640] (2011-01-11 20:36)
El declive de la política cultural vigente proviene de algo muy concreto: La intelectualidad, en nuestra transición, instruye y señala caminos de pensamiento, de análisis, de crítica social y de compromiso. Poco a poco ese discurso de compromiso y de libertad se va diluyendo en una clase política totalmente ausente de ideología y anclada en un determinismo partidista, oligárquico y centrado en la dominancia de un discurso plano y de corte liberal. Cualquier argumento se fundamenta en la economía como paradigma de desarrollo (qué desarrollo) olvidando la humanidad en sus miles de otras vertientes y considerando esta orientación financiera el único fin y destino. La cultura parece que no es menos y hoy, por desgracia, no puede hablarse de ella si no lo hacemos desde estos términos. La reducimos de un modo tan majadero que la privamos del alma.

[#641] (2011-01-11 20:37)
Parafraseando a JM Castellet, cuando habla de los editores, la cultura debe tener como justificación la de "clonar de contenidos la libertad"

[#642] (2011-01-11 20:37)

Por hacerle un guiño a la economía y no posicionarnos en una situación frentista señalar a la cultura como un mecanismo para abandonar la economía propietaria (que es la que actualmente impera) para acercarnos a una economía contribuida (en la que se prioriza el bien común y la lógica de la distribución). La cultura hace a la economía y no al revés de modo que una sociedad culta genera un modelo económico fundamentado sobre la lógica de la abundancia muy al contrario de lo que la economía capitalista neoliberal propugna, la economía de la escasez. La cultura como domesticadora del capital.

[#643] (2011-01-11 20:39)

Entendemos la cultura como una totalidad, como el legado que la humanidad deja en su paso por la historia. Un proceso dinámico de acumulación en el que el pensamiento es entendido como un sistema holístico fruto de las diferentes visiones del mundo.

[#644] (2011-01-11 20:40)

Cultura sin calculadora o la necesidad de humanizar la humanidad.

[#645] (2011-01-11 20:41)

Las ciudades no podrán hacerse más humanas sin la posibilidad de desmarcarse de lo matérico como paradigma sine qua non de evolución. La tiranía del PIB superada por el IDH como referencia, como objetivo. Hay que modificar el discurso que justifica la cultura. No existe igualdad en el matrimonio de conveniencia cultura-economía. La cultura siempre pierde.

[#645] (2011-01-11 20:42)

La radical diferencia entre sabio y sabedor. O el conocimiento como fin y el conocimiento como final.

[#645] (2011-01-11 20:44)

¿Se puede conjugar método con esencia (ideológica)? Huir del lenguaje político, abordar el emo-técnico.

[#647] (2011-01-14 12:19)

Algunas notas en beta para una cultura expandida

1. La cultura se da en todas partes, dentro y fuera del ámbito oficial, del mercado y de las instituciones. Esto supone una necesidad de reciprocidad con la sociedad general y la superación del formalismo económico, mediático, político, tecnológico…

2. La cultura no puede estar de espaldas a las transformaciones sociales, de los nuevos saberes y de los nuevos modelos de comunicación y producción digital.

3. Los sistemas abiertos son inmensamente más ricos que los sistemas cerrados. El contagio a partir de los nuevos modelos de subjetivación y la salida de la endogamia institucional como referencia de transmisión del conocimiento y de búsqueda de perturbaciones exteriores

4. La cultura no es un camino cerrado sobre el que se pueda discurrir desde el equilibrio. Ni la estructura inamovible, ni los proyectos cerrados, ni la especialización radical posibilitan el intercambio y la porosidad necesarios para abrir las puertas a otras realidades.

5. La superación del mecanicismo y el determinismo que suponen una cultura cautiva de la simplicidad burocrática o conceptual. No hay construcciones definitivas sino que se van generando a medida que se van alcanzando.

6. La realidad de la cultura se encuentra en la interconexión de múltiples capas (la cultura hojaldre en una paráfrasis de Carlos García Vázquez) que la orienta a infinitud de variables generativas. Coevolución

7. La no linealidad de la cultura como referencia de desarrollo deja fuera de lugar cualquier intento de simplificación funcionalista y/o posibilista. La construcción rizomática (Guattari-Deleuze) conduce a la multiplicidad generativa y marca la transformación compleja no predictiva. La cultura generativa.

8. La visión de la cultura "desde otro sitio" que supere los estereotipos obligatorios, que plantee nuevas bases sin pretender respuestas, que la saque del bunker y le permita acercarse a los paradigmas emergentes.

9. La cultura se desarrolla a través y a partir de una cartografía analítica de enunciación colectiva que recorre la complejidad de la humanidad a través de sus dimensiones políticas,

artísticas, mediáticas, mercantiles, éticas, estéticas… y todas aquellas que fusionan las relaciones entre los "comunes"

10. La recombinación y el remix es lo único que desbloquea las culturas propietarias vengas desde el ámbito privado o desde el público. De la interculturalidad a la metaculturalidad.

[#648] (2011-01-14 14:47)
Algunas notas en beta para la Geekcultura.

Enfrentarnos al paradigma de los nuevos ecosistemas culturales conlleva un cambio de actitudes y pensamientos más que la dotación de infraestructura y maquinaria. Los territorios tienen que modificar sustancialmente su pensamiento. Se necesita una actitud a la que bien podríamos denominar Geekcultura siguiendo la línea de pensamiento de Hugo Pardo Kuklinski

1 En primer lugar y para abordar ese conveniente cambio estructural y de pensamiento es necesario internalizar: incorporar cerebros, ideas, pensamientos, criterios… colaborar. No confundir con externalizar. Este es un proceder recurrente que viene sin duda inspirado y determinado por los modelos de desarrollo neoliberal que pretenden privatizar cualquier asomo de interés público.

2 En segundo lugar colocar la cultura local en la nube (cloud computing) como identidad abierta

para potenciar al máximo la distribución de conocimiento, los modelos organizativos y los procesos de creación. La misma razón de la nube

para que los ciudadanos puedan satisfacer sus necesidades creativas de una manera "no intrusiva".

3 Al hilo de lo anterior: en la nueva ecología de la cultura las políticas públicas deberían abordar una especie de "desinstitucionalización" de la cultura (ojo, no confundir con privatización). O si se prefiere desocuparla de las instituciones como referencia sine qua non en una intención clara de cultura-metrópolis. En todo caso tratar de evitar los procesos de neutralización que, en palabras de Marina Garcés "siempre se dan por medio de las dinámicas, los procedimientos y la financiación".

4. Gestionarla desde los conceptos de la economía de la abundancia vs economía de la escasez. Es decir utilizar los medios de producción colectiva y de colaboración horizontal de modo que se integre en los contextos sociales la creatividad, la producción y la transmisión frente al consumo acrítico de productos limitados

5. Investigar, investigar, investigar. Más allá de los observatorios como referentes de lo sucedido se deben habilitar laboratorios que funcionen como provocatorios. Desde los que proponer modelos y aplicar tendencias. La investigación sin acción no lleva a ningún lugar. Hay que provocar

6. Conformar plataformas abiertas y distribuidas que abandonen tendencias "portal" (tanto en el ámbito digital como en el físico, en el que los despachos de ciertos responsables se convierten en centros de peregrinación a los que acudir para rogar atención) Una Cultura abierta (open culture) que permita la interconexión entre la administración, los creadores y los ciudadanos. La cultura y la creación comunitaria. Transferir el poder desde las instituciones como propietarias de los contenedores y por tanto dueñas de lo que allá se programa.

7. Convertir los edificios en hubs y nodos de alto rendimiento minimizando la importancia del continente y trabajando para conseguir efectos de agregación. Es decir, abandonar la actitud que ha llevado a las instituciones públicas a un comportamiento propietario, centralizado (la descentralización ha sido muchas veces una simple difusión de la centralidad) y unidireccional. Llevamos más de un siglo centralizando la cultura a partir de la distribución de sus productos y eso es difícil de cambiar.

8. Acratización de las instituciones. O por lo menos focalizar los esfuerzos en la acción compartida y la inteligencia distribuida más que en las funciones ejecutivas al más puro estilo piramidal. O lo que es lo mismo meritocracia contra jerarquía y aquiescencia. Impulsar la iniciativa y la predisposición al riesgo.

9. Alejamiento de las experiencias de "cultura masiva" a favor de la dinámica ciudadana como estrategia para convertir los territorios en lugares inteligentes. Propiciar ese necesario caos que la creatividad necesita y que la institución desautoriza. La cultura proximal como referencia de crecimiento memético, la cultura hiperlocal como referencia de crecimiento viral.

10. Asumir la corresponsabilidad en los procesos de creación de sociedad. El cambio no depende única y exclusivamente de Administraciones Públicas como representantes del

Estado. La ciudadanía y los creadores (y los técnicos no lo olvidemos somos también ciudadanos y en algunos casos creadores) deben/debemos asumir nuestra parte de compromiso. Coevolución. Todos somos parte de ese proceso de cambio.

11. Trabajar la cultura expandida en forma de cultura construida-no recibida a partir de procesos de innovación. No solo en los productos sino también en los procesos. La hibridación que permite experimentar nuevos territorios de creación. Que saca la cultura de las instituciones, que la enmarcan en una reciprocidad con la sociedad general y que esa de cara a las transformaciones, al os nuevos saberes y a los nuevos modelos de comunicación y producción.

12. Priorizar las plataformas más que los contenidos manteniendo despejados los canales de comunicación con las redes de creación, desde el aporte comunitario y desde la flexibilidad y la autoorganización que permite el ecosistema social abierto. Exploración, experimentación y ejecución en un entorno de producción colectiva. El procomún.

13. Quizá uno de los problemas más preocupantes, y aquí hablo de todos los implicados en el desarrollo cultural del territorio, es creer que una vez puesto en marcha cierto plan, estratégico o no, ya está todo terminado. Que la cultura tal y como "se ha diseñado" y la desarrollamos ha venido para quedarse. Sin embargo la utopía del perpetuum movile es necesaria. Iniciar, ensayar, fallar... continuamente. Los cortos plazos han hecho del amor al riesgo y la curiosidad una de las facetas más olvidadas.

En todo caso y más allá de las extraordinarias infraestructuras que se van generando y aquello que las élites de la cultura pueden ofrecernos no debemos perder de vista que el potencial real para la creación de una sociedad culta está en la generación de una ciudadanía creativa y creadora. Esa es la verdadera misión de las instituciones públicas ancladas en los territorios, la mediación como fuente de progreso cultural.

[#649] (2011-01-14 14:51)
O lo que es lo mismo:

Valorar la esencia sobre la forma, la búsqueda sobre la certeza, la creación sobre el repertorio, la incertidumbre sobre los principios, la multiplicidad sobre el código, la palabra sobre el discurso, la calle sobre los despachos, la conversación sobre los medios, el intercambio sobre el consumo, la experimentación sobre la contemplación, la razón sobre el fetiche, la sorpresa sobre la nostalgia, la impertinencia sobre lo probable, la esfera sobre el plano, la pregunta sobre las respuestas, la indisciplina sobre el ceño, la exploración sobre el protocolo, lo común sobre lo propio, la conjunción sobre la jerarquía, lo complejo sobre lo cartesiano, la potencia sobre la materia, lo emergente sobre la estructura, lo sistémico sobre lo truncado, el corazón sobre la técnica, la proposición sobre la enunciación, el laboratorio sobre el observatorio, la mutación sobre el privilegio, la reapropiación sobre la posesión, la metacultura sobre la cultura... en definitiva una reinterpretación de la cultura en favor de estructuras abiertas a flujos ciudadanos que ensamblen imaginarios, que exploren relaciones emancipatorias, que consigan de verdad, una humanidad más "humana".

[#651] (2011-01-21 14:22)

El reencuentro del pensamiento crítico con las prácticas culturales y la necesidad de una nueva cultura de la cultura hacen que desde las Administraciones Públicas debamos enfrentarnos de modo definitivo al reto de armonizar e integrar en nuestras estructuras modelos que planteen las políticas culturales desde las lógicas de la experimentación, la hibridación, la emergencia, la fractalidad... es decir, desde modelos de acción que entienden la cultura como generador de imaginarios y configuración de sociedades, que completen y superen las actuales referencias de demanda mercantil y traspasen el discurso economicista al que se están reduciendo (el fin de la cultura distribuida). Esto por una parte, por otra es necesario superar esa tendencia a la administración pasiva y acumulativa de patrimonios y de distribución tutelada de la denominada "cultura popular". En términos que J.L Brea proponía: migrar de una cultura como estructura ROM (de almacén, de disco duro, estática) a una cultura de estructura RAM (de proceso, activa, de interrelación, producción y análisis)

Es decir, una nueva forma de entender la cultura pública que sale de los despachos, que se armoniza con una ciudadanía creativa y se organiza en redes sociales (digitales o presenciales), que valora y valoriza el tejido cultural completo (no únicamente aquel que proviene de las elites más o menos reconocidas), que cataliza las necesidades de acción comunitaria... en definitiva que promueve proyectos y situaciones inesperadas sin una planificación apriorística y alejadas de la jerarquización administrativa. Una forma organizativa que podría denominarse C2C, en clara alusión a los proyectos P2P en los que la distribución se hace por analogía y colaboración.

Sin embargo, así como la Investigación y la innovación son términos comunes en los ámbitos de la ciencia y la empresa (el apartado teórico supone un pilar fundamental para su desarrollo empírico), la integración de estos conceptos en el ámbito de la cultura es todavía un asunto más que pendiente. Y más si cabe teniendo en cuenta que la cultura, desde muchos ángulos, se ha contemplado y tratado como un complemento para el ocio fundamentado sobre los festejos varios o, más recientemente, como un discurso integrado en la retórica del desarrollo económico. Es el reto: alcanzar un proyecto simbiótico que engarce convenientemente a la administración con la ciudadanía desde los nuevos paradigmas creativos y, sobre todo, relacionales.

Vayamos con otra necesidad: pararse y meditar. Valorar el potencial que puede tener en la innovación y en la producción el efecto de pensar tranquila y relajadamente. Sin embargo más bien se valora el "no he parado ni un solo minuto". El estrés como valor. La reflexión, individual a compartida, la acción meditada como principio de movimiento. La cultura meditada en una analogía conceptual con las tesis de Gutiérrez-Rubí. Porque la práctica y el movimiento están sublimados como el paradigma de desarrollo y el "absolutismo de la gestión se ha convertido en el indicador de referencia" y el pensamiento y la reflexión fuese un demérito. Más bien diría yo que es la raiz de tantos desequilibrios. La cultura emocional. Quizá el reto de la cultura contemporánea sea la recuperación del pensamiento. Y no estoy hablando de un pensamiento académico ni academicista sino de una actitud de reflexión crítica asentada sobre la lógica de la razón como fundamento social. Quizá la cultura deba retornar a una condición de maître a penser más allá de los resultados de ese pensamiento. Parafraseando a JM Castellet, cuando habla de los editores, la cultura debe tener como justificación la de "clonar de contenidos la libertad". Superar la aceleración acrítica e irreflexiva que parece gobernar e implantar las acciones a corto plazo, los horizontes para el olvido, la superficialidad programada... pararse a pensar.

[#653] (2011-01-24 13:06)

Una extraordinaria manera de lograr que la cultura pública desaparezca es someterla a un estado perma-nente de actividad. Parece paradójico. La relajación para el pensamiento está absolutamente denostada, mal vista y peor interpretada Pensar se convierte en un demérito, un defecto, un atropello o un atrevimiento. Cómo es posible no pensar la cultura.

[#654] (2011-01-24 13:07)

¿Podemos comparar la gestión actual de la cultura con una disciplina de hipermercado?

[#655] (2011-01-24 13:07)

Es como poco imprudente pretender que cualquier institución pública (en este caso hablo de los ayuntamientos) pueda hacerse cargo por ella misma de la cultura local. Lo lamentable es que de la imprudencia se pasa con facilidad a la prepotencia. La Institución, por definición, por estructura, por fundamento...no están en absoluto preparada para generar la cultura que hoy necesitamos. Como mucho y lo estamos viendo para mantener y distribuir aquella cultura que tiene que ver con los patrimonios diversos (materiales o inmateriales) y con la que deriva de la llamada cultura popular. Eso sí, también se ha producido un interés grande porque las instituciones públicas entren en la cadena de distribución y opten por aliarse con la empresa privada en la difusión de espectáculos varios siempre con la connivencia del mercado. Puede parecer también extremo pero es más bien así. Y esto no sería lo malo si no se agotara en ella misma cualquier propuesta de renovación. La cultura local es de una diversidad tal que ninguna institución por ella misma pueda ni deba "hacerse cargo" La cooperación, la colaboración, la mediación son como mucho las actitudes que deben mover los motores de la gestión pública de la cultura. Reflexionemos tan solo sobre un asunto ¿puede alguien otorgarse la facultad y la competencia para dirigir algo tan complejo? Evidentemente si entendemos la cultura como distribución de productos y servicios sí puede ser. Pero si comprendemos la cultura como ese entramado complejo que compone sociedades, tendríamos que revisar las actitudes de la administración.

[#656] (2011-01-24 13:08)

Los totalitarismos sólo se combaten con pensamiento crítico. Las actuales inclinaciones a la derecha son fruto de tácticas perfectamente orquestadas en las que el ciudadano es objetivo y diana de mensajes simplistas y cacareos ante situaciones complejas. La glorificación de la superficialidad.

[#657] (2011-01-24 13:09)

Huir de la tiranía programática, otra actitud necesaria. Como he dicho en otras ocasiones el trabajo y el proceso como referentes.

[#658] (2011-01-24 13:10)

Cuando la cultura se reduce a gestión administrativa la construcción social queda al margen.

[#659] (2011-01-24 13:10)

Un ruego para máster y postgrados en cultura: Por favor, hablen de filosofía, de política, de emociones, de ideología, de complejidad, de ciencia, de caos… armonicen por favor, predispongan a crear provocadores más que administradores.

[#660] (2011-01-24 13:11)

Estructura y persistencia administrativa: cultura inmóvil

[#661] (2011-01-24 13:12)
La cultura es la habilidad para construir relatos que emocionen.

[#662] (2011-01-24 13:13)
Buscar la "cultura inteligente" que no es aquella que se toma todo "en serio" sino la que entra en el alma a través de las emociones. La cultura inteligente nada tiene que ver con la Academia ni con la rigidez sino que combate el aburrimiento intelectual y se alía con la estética de lo natural, de lo relacional. Aquella que está lejos de la agresividad de las "autoridades" porque no se impone desde los púlpitos sino que fluye y se aleja de lo "grande" para atender lo cercano.

[#663] (2011-01-24 13:14)
Repensar la cultura en función del desarrollo humano.

[#664] (2011-01-24 13:15)
La obsesión de las elites políticas y técnicas (y de las poli-técnicas en especial) por su pretendida superioridad intelectual y su insistencia por salvarnos.

[#665] (2011-01-24 13:15)
La cultura como territorio colectivo

[#666] (2011-01-24 13:16)
El blablaísmo digital como refugio de la ignorancia

[#667] (2011-01-31 19:58)
Cultura local: logística del conocimiento

[#668] (2011-01-31 19:59)
No es posible una bioeconomía (un apéndice de la biopolítica como controlador sin la implicación absoluta y activa de la cultura institucional, de la cultura oficial en connivencia con el mercado.

[#669] (2011-01-31 20:00)
La cultura debía ser el arma y el camino para impedir esa sociedad de control en la que la multitud es absorbida por el sistema económico, Deleuze dixit. Para que esto no suceda la cultura también ha sido absorbida por el mismo sistema económico.

[#670] (2011-01-31 20:00)
Cuando el beneficio nace de la explotación de un bien común, el conocimiento, aparecen sus depredadores.

[#671] (2011-01-31 20:01)
La cultura sustentada sobre los procesos de acumulación (bienes o símbolos, patrimonios o capitalidades) proporcionan los mecanismos correctos para controlarla bajo el paradigma de la producción y la plusvalía. La cultura bajo estos criterios únicos, unificadores y uniformizadores ha generado también su burbuja. La regulación capitalista de la cultura permite más que nunca una apropiación del pensamiento ya sea por parte del mercado para la explotación de los productos y subproductos como por parte del estado a traes de la regulación de las iniciativas mediante promociones y subvenciones varias. Es un secuestro absoluto del bien común (como la burbuja inmobiliaria secuestro los suelos y naturalezas varias) y la colocación de la cultura como un stock financiero. El patrimonio social usurpado y orientado hacia el beneficio privado. La expropiación de la cultura.

[#672] (2011-02-02 18:43)
Redes distribuidas: nuevos mapas para la cultura atópica. Aquí >> http://revistas.uca.es/index.php/periferica/article/view/1058 y http://issuu.com/transitprojectes/docs/9-mpc_bookcompleto_baja

[#673] (2011-02-03 19:47)
Turismo no es cultura. O por lo menos no lo es porque sí. Dentro de esa pretendida categoría se integra un turismo de masas focalizado, abrasivo y devorador de estructuras y tópicos, de ciudades que sucumben y de estrategias bien alejadas de la socialización de emotividades que pueden tener tanto el turismo como la cultura, juntos o por separado pero fuera de esas intenciones comercializadoras. Lo cultural está hoy bien fuera de la cultura.

[#674] (2011-02-07 13:22)
Las redes sociales y el capitalismo cognitivo. Aquí.

[#675] (2011-02-15 12:23)

Notas concurrentes, abiertas y discutibles para abordar la gestión cognitiva de la cultura local pública.

1. La estructura productiva (programación) está marcada más por la cooperación social que por las funciones y tareas asignadas de modo jerárquico y cerrado.

2. Tampoco por ello puede dividirse esta estructura de forma clásica en operarios, administrativos, técnicos, directivos... sino que se intercalan y diluyen sus funciones operativas tradicionales.

3. Es imposible y dramático permanecer al margen de los procesos relacionales que emanan de la inteligencia colectiva unida a las redes digitales.

4. Subjetividad y trabajo se conjugan en todo el arco de la vida más allá del ámbito laboral a través de la participación en redes y comunidades digitales de conocimiento.

5. El valor social se infiere en la comunidad por la acción común lejos de los centros de dirección oficiales.

6. Los resultados cualitativos y cuantitativos de la gestión no pueden derivarse de un análisis que provenga de la acumulación de datos ni del recuento de actividades.

7. La gestión corporativa no produce tan solo actos y servicios sino que genera imaginarios y símbolos.

8. La implicación con el trabajo no está en la estructura sino en la mente.

9. La utilidad del trabajo no está medida tanto por la capacidad de gestionar como por la capacidad de expandir el pensamiento

10. Es difícil identificar un patrón claro (municipio) para el que se está trabajando. El conocimiento es puesto al servicio de la comunidad global tanto en su forma de sociedad general como de sus estructuras parciales, pertenezcan o no al ámbito territorial para el que se trabaja. La idea de funcionario expandido.

11. La situación se puede sintetizar en que hemos evolucionado hacia una especie de activismo cognitivo que nos lleva a planearnos la vida laboral como algo que traspasa las líneas contractuales.

12. De la valoración absoluta de la mercancía (programas, proyectos, acciones...) se pasa a la valoración de los procesos (materia prima intelectual: conocimientos, criterios, ideas...) Las instituciones deben tomar la creación de valor cognitivo como referencia.

13. Los procesos de cooperación social y participación ciudadana recuperan la horizontalidad y la institución pierde preeminencia al colocarse en un contexto de colectividad productiva. Lo común más allá de lo público

14. Desaparece en gran medida el concepto de territorialidad y lo producido se expande en una ubicuidad continua a través de la capacidad de crear sinergia cognitiva.

15. Es necesario un proceso de recomposición de las necesidades de participación y de consumo debido a la condición poliédrica de las posibilidades.

16. El proceso de producción supera el marco de la estructura propietaria en el que se han asentado hasta este momento las instituciones públicas. Esto produce un modelo de producción-reproducción sustentado sobre lo común.

17. Cooperación social y jerarquía desaparecen en una dialéctica de solidaridad mutua.

18. Si la cultura, tomada en su vertiente social, no es un bien propietario la producción tiene que partir por necesidad de la cooperación social, del conocimiento común, de la inteligencia colectiva.

19. En este sentido la referencia de "representación" desaparece con un efecto que favorece la integración y propone la emergencia de nuevos procesos creativos y productivos. Más conocimiento, más acción.

20. La representación del trabajo propio y del propio trabajo evoluciona y se transforma en una subjetividad multitudinaria. Valoriza las diferencias por encima de las estructuras jerárquicas. Una recomposición dinámica y dialéctica.

21. La Institución pública retoma su verdadero papel de representante por encima del actual papel de tutoría y salvaguarda que se autoadjudica.

22. Se necesitan "unidades de pensamiento" que identifiquen procesos internos y externos para acercarnos a esos modelos de gestión cognitiva.

23. Se plantea la necesidad de trabajar desde el prototipado sin referencia finalista.

24. Superar la idea de cultura propietaria y abordar su gestión comunitaria

25. Desde la producción reticular y rizomática es imposible bloquear la creatividad, el conocimiento, el pensamiento.

26. La riqueza es producida por cooperación social: la fuerza de los comunes. Se supera la dicotomía publico/privado.

27. Cultura local: logística del conocimiento

[#676] (2011-02-17 19:00)
Cultura 2020 ¿de qué queremos hablar? Todo el documento aquí: http://www.ebropolis.es/files/File/Plan%20Estratgico/cultura-estrategia2020.pdf

[#677] (2011-02-28 12:23)
Escepticismo ante los planes estratégicos: la cultura es un rizoma abierto que difícilmente soporta un marco estricto que la monitorice. Mapas y cartografías que proponen e invitan ante estrategias que disponen y obligan. El mapa como instrumento para sugerir recorridos. Una narración coral.

[#678] (2011-03-02 12:20)
La inteligencia colectiva es la que construye la cultura. ¿Disolviendo la jerarquía institucional?

En la sociedad red el mérito no está en lo que se supone que somos sino en lo que valemos a través de la aportación de ideas, de lo que participamos, de nuestro conocimiento real. La posición de los liderazgos no depende de la estructura jerárquica ni del organigrama. Por ello, en la red, las ideas pueden avanzar de un modo más eficaz ya que no dependen de un proceso de organización institucional que las pueda paralizar. Referenciando el principio de Pániker: su capacidad de crecimiento y desarrollo es muy alto porque no hay ninguna figura jerárquica que la bloquea. Es curioso comprobar que casi nunca hay coincidencia entre la "reputación digital", el valor que tienen en la red, y su valor en los niveles orgánicos de instituciones...

Por ello es necesario organizar y canalizar la fuerza ciudadana que se genera a través de estos medios y encauzar una nueva creatividad cultural. El fortalecimiento de la sociedad red no significa la explosión de aparataje tecnológico (como tampoco tiene nada que ver con lo que hoy observamos y se nos quiere hacer tragar del open-governement) sino con la canalización del activismo cultural que se genera a través de la red como espacio que favorece, promueve y reconoce la creatividad y pone en cuestión la inmovilidad de las estructuras y la capacidad de movimiento de las instituciones. (¿No sería bueno comenzar a distinguir claramente en las instituciones lo que sería una estructura hard, una estructura soft y una estructura trans?) Quizá avanzaríamos enormemente y nos libraríamos del lastre de modelos y de jerarquías que no hacen sino truncar el avance. La innovación a partir de las ideas que luego se pueden traducir en cualquier formato. Nuevas movilizaciones culturales, nueva conciencia de la cultura.

Por otra parte la red demuestra, está demostrando, una gran capacidad para acercarnos al fin de la organización cultural en su formato tradicional: no puede ser ya que la limitación para hacer cultura sea la limitación temporal o territorial. Ni por supuesto la relación más o menos cercana con los promotores, con los que "cortan el bacalao", cualquier bacalao. Aparecen otros medios de generar cultura, otros medios para participar en cultura. La cultura en manos de los ciudadanos más allá de los técnicos. Desaparecen los intermediarios físicos y jerárquicos: un cambio estructural para los nuevos modelos de cultura local: el filtro a través de las redes de creación. La inteligencia colectiva es la que construye la cultura. El flujo contínuo de cultura.

Todas estas realidades, comentadas de forma más bien breve y limitada, no son cambios que se queden de un modo anecdótico en las estructuras, son cambios que modifican la forma de crear, de hacer cultura, que modifican nuestras relaciones, que altera los equilibrios en el modo en el que la cultura se distribuía y la preeminencia de las instituciones públicas en el ámbito de la cultura local. La tecnología no es algo que haya que incorporar, ese es un error enorme de interpretación fruto posiblemente del desconocimiento o de la prepotencia paternalista, es algo que ya está ahí y que modifica la realidad conocida. Cómo desarrollar cultura: rompiendo la disfunción institución-sociedad civil. Retornos diferidos y en horizontal para una sociedad que es dueña de la cultura que crea. También para una institución pública que debe plantearse ir dejando el papel proteccionista que hasta ahora cumplía. El centro de la actividad institucional en la cultura local debe ser facilitar y poner en marcha acciones que posibiliten la capacidad de creación de los ciudadanos, una actitud permanente por la cultura abierta, por la cocreación.

Cuanto más abierta esté la institución, cuanto más en red estén las competencias mayores posibilidades existen para la creación de una sociedad creativa y abierta, colaborativa y enriquecedora. No obstante eso implica una revisión de las relaciones insitución-ciudadano desde, ojo, las dos vertientes. Nuevas actitudes que no puede ser ignoradas tampoco por parte de los ciudadanos porque, no lo olvidemos, la creación de sociedad viene desde muchas responsabilidades y también ha existido una especie de dejacionismo por parte de la ciudadanía que ha optado, en su generalidad, por dejar que la administración fuese la encargada de la cultura. Un error que también es necesario reconocer y corregir. La corresponsabilidad es evidente, no puede obviarse.

En todo caso no puede existir un cambio de modelo sin cambio en la organización. Las nuevas prácticas relacionales basadas sobre los fundamentos de la ecología digital no residen en que las administraciones se llenen de tecnología sino en que absorban esa filosofía que infiere la cultura digital, que se aplique en la comunicación abierta, que implemente los fundamentos de las relaciones en red. La administración pública debe asumir ese modelo y eso implica una transformación radical que trasciende el paradigma actual. Un modelo que se fundamente sobre las competencias relacionales y comunicativas propias del entorno digital abierto y que, como decía, van más allá de las competencias tecnológicas y mucho más allá de las competencias funcionales a las que estábamos habituados. Nuevas formas que, al desviarse del patrón convencional no cabe duda que generan una serie de dudas y de inseguridades.

El "retorno del mérito" pues en la cultura local no está en la posición que ocupa la institución respecto a los ciudadanos, ni la importancia de determinadas élites locales, ni la capacidad económica de ciertos grupos, el merito-valor lo compone la capacidad de movilización e influencia que se adquiere a través de lograr una reputación digital que te mueva hacia los primeros niveles de consulta en la red.

Sin duda el mayor compromiso con el que se deben enfrentar los gobiernos locales es el de avanzar hacia una desinstitucionalización de la cultura. O si se prefiere el término de Michel de Certeu, hacia una desapropiación de la misma. Una actitud que la debe llevar a corregir su tendencia distributiva (espectáculos y subvenciones) y escaparatista (acontecimientos y construcciones). Pensar la cultura local es devolverle su esencia social y vital, devolverle su capacidad de creación (Todo el mundo, a diferentes escalas, puede contribuir a producir cultura, valores y riqueza. ¿Quién genera la cultura? Manual de uso para la creatividad sostenible en la era digital. http://fcforum.net) y de dar sentido al mundo. Para ello no puede haber otro modo que canalizar los esfuerzos hacia la generación de pensamiento, hacia la logística del conocimiento, hacia la conectividad y la creación colectiva. Nuevos paradigmas de gestión, nuevas responsabilidades y compromisos, nuevos activismos.

Quizá la verdadera misión de las políticas públicas de cultura sea construir dinámicas y proporcionar herramientas para que sea la ciudadanía la que empuje y se apropie de nuevos proyectos. Quizá las instituciones locales debieran ser agregador más que editor (piénsese en la administración en formato RSS). Una especie de ecosistema de redes.

Evidentemente estamos atravesando por una época que se caracteriza por su intersección. Un momento en el que conviven y deben convivir las diferentes realidades pero que debe servir de pasarela actitudinal y metodológica hacia las nuevas formas de acción y relación. Una forma de construir cultura local que viene de abajo arriba, alejado de la planificación institucional en la que parece que son los técnicos públicos y los políticos los que tienen el privilegio de decir cómo tiene que ser la cultura. Otra gran capacidad para la creación de una nueva cultura ciudadana es la intersección de esas dos "estructuras" a partir de las tecnologías

[#679] (2011-03-07 11:56)
La globalización no es algo que de verdad integre. Esto no es sino el lenguaje político vacío repetido desde la falta de reflexión. Aunque así sea apara algunos ámbitos, siempre los más poderosos, la globalización expulsa a los débiles. Sin embargo las culturas tímidas, las que no se ven, las que están contenidas y constreñidas son las que realmente construyen las sociedades, las que llenan el mundo. Una política cultural verdadera tiene que aliarse con estas estructuras básicas. Pero hoy por hoy pocas, muy pocas políticas de cultura piensan en ésta como algo más allá de sus productos y sus representaciones. Están sometidas a los partidos y estos, evidentemente, a los mercados y al escapartismo, al consumo de la actividad continua. Esto no es cultura, es otra cosa.

[#680] (2011-03-09 10:21)
Notas para una ética hacker en la cultura local

1. Según el "Jargon File" un hacker es "básicamente un experto o entusiasta de cualquier tipo. Uno puede ser un hacker astrónomo". Por qué no un hacker de la cultura para "poner en común la información", "facilitar el acceso a la información y a los recursos", "compartir las competencias y pericias"… (La ética del Hacker y el espíritu de la era de la información)

2. Se puede constatar que existen dos tenencias en la gestión de la cultura local: aquella que tiene como referencia el código abierto y propone estructuras de cooperación, coproducción, prototipado… y las que se generan desde el código propietario con fundamentos sobre la distribución de espectáculos en cualquiera de sus formatos (expos, museos, conciertos…). La ética hacker trabaja desde la primera de las visiones en un intento, señalado de integrar hard con soft. Nanocultura, nanotecnología.

3. La capacidad de recombinar información y conocimiento desde las estructuras sociales es la verdadera fuente de innovación para la cultura local. Se trata de dos visiones distintas (en algunos casos compatibles) que tienen que convivir: la visón enciclopedista de una cultura heredera de la Ilustración y la visión wikipedista de una cultura heredera del informacionalismo. Hoy nos encontramos en un punto de inflexión que produce, por una parte, grandes intersecciones creativas y, por otra, reticencias burocráticas y administrativas graves.

4. La capacidad recombinatoria y reproductora mencionada antes y su flexibilidad, al estar integrada en procesos abiertos, supone una gran oportunidad para la emergencia de nuevos procesos tanto teóricos como de aplicación directa. Conectar el conocimiento en todos los sentidos hasta en el ámbito interno de las instituciones como en el exterior, entre estas y la sociedad.

5. Insisto: la mayor tecnología está en nuestros cerebros. Y de los cerebros dependen las instituciones.

6. El autismo de la institución produce monstruos. No cabe de ninguna manera seguir trabajando desde los modelos institucionales herederos del XIX. Ni en cuanto a su relación con la sociedad ni en cuanto a su estructura interna. El contexto lo es todo y no puede existir un avance real sin una interacción abierta. La estrategia de la recombinación y la seguridad de que nada se puede hacer sin una relación abierta en su más amplio sentido.

7. Contexto social, uso social, resultado social: tres referencias. El aislamiento institucional mencionado antes junto con el control de lo que ella supone que necesita la sociedad (el control cultural de las sociedades) supone una actitud que en este momento sería hasta ridícula si no fuera porque engendra una verdadera provocación. La sociedad cada vez es más extrainstitucional.

8. Surge la necesidad de que la tradicional soberanía cultural de las instituciones pase a ser compartida: una nueva forma de cultura red que canaliza el proceso de reestructuración socio-cultural alejada del patriarcalismo conocido.

9. La labor actual de las instituciones públicas en materia de cultura debería ser la de laboratorios más que la de distribuidores. El hackerismo cultural como fuente de innovación y creatividad. La sociedad es más poderosa que cualquiera de sus instituciones, sólo necesita

creerlo y actuar. Sólo necesita actuar desde el pensamiento de código abierto, liberarlo de la propiedad, del mercadeo y del estado regularizador.

Abrir las licencias de conciencia para un pensamiento creativo.

10. El principio de autoorganización de los comunes. Cualquiera puede colaborar aportando sus ideas, sus conocimientos, su creatividad, una comunidad abierta de hackers culturales que utilizan el hard institucional como espacio no propietario (ojo, tampoco único) para sus desarrollos.

11. El paradigma de las centralitas telefónicas, puede servir como buena metáfora. ¿Cuál es la pertinencia hoy de los sumos sacerdotes de la cultura? Nos enfrentamos con la disposición del poder. Quizá esta sea más difícil de vencer, de superar.

12. El aspecto hacker de la cultura local, también insisto, no se reduce a un comportamiento "institucional". Esto es un error de bulto y constituye un intento de disfrazar la actitud tradicional de las instituciones. El espíritu hacker de la cultura local nace del interés por la excitación que produce el hecho de "hacer cultura". El hacker va mucho más allá de la estructura institucional. Por ello el hacker no necesariamente pertenece a ninguna estructura ad hoc. La cultura local tiene sus hackers dentro y fuera de las instituciones y esa condición de apertura es lo que lleva a nuevos modelos, creaciones, propuestas, actitudes… a paradigmas exploratorios. El espíritu hacker trasciende las relaciones habituales individuo-jornalero-administración.

13. Espacios de creatividad como fórmula hacker? Imaginemos las instituciones públicas como espacios para el intercambio de ideas. Impresionante mutación! La creatividad no supone por necesidad creación. La práctica no supone por necesidad actividad.

14. El reloj para fichar se fundamenta sobre la gestión del tiempo desperdiciado.

15. Evidente es que la fuente más importante de productividad en cultura es la creatividad. ¿Podemos regularla en tiempos y espacios? La lógica de la jerarquía también se rompe desde la ética hacker porque no puede ceñirse el trabajo a la vomitiva lógica de la supervisión. O a la de la autoridad asfixiante. La idea de funcionario expandido casa perfectamente con el hackerismo cultural.

16. La cultura propietaria, sea de tipo individual (derechos de autor y derivados) o pública (instituciones acaparadoras de todo nivel) desaparece y se pasa a la idea de que todo

conocimiento constituye un bien común público y que es deber de naturaleza ética compartirlo y garantizar su máxima distribución.

17. La defensa de lo comunitario por encima de cualquier otro principio. Cuando no es necesaria la vigilancia para garantizarse el sustento es absolutamente amoral no dedicarse por completo a buscar modelos de desarrollo que no pretendan llegar a la sociedad en todo su alcance.

18. Siendo el desarrollo de la cultura, en su sentido social más amplio, algo que se debe a la participación comunitaria, la contradicción más absoluta está en pretender privatizar cualquiera de los procesos. Existe sin embargo, por parte de las instituciones, una especie de privatización de lo público en su favor.

19. El comunitarismo y el conectivismo como desafío radical a la ética unificada de la propiedad estatal o individual.

20. Un ejemplo claro y sencillo: internet no hubiese sido posible bajo la lógica de la propiedad privada.

21. El desarrollo de la cultura local no es de ninguna manera de carácter técnico (y me refiero tanto a los gestores privados como a los públicos). Es conveniente huir de los modelos cerrados de programación y de los reducidos en los centros de poder, de cualquier poder, para pasar a los modelos de creación abierta en los que la multiplicidad y la propuesta no finalizada permiten una construcción permanente. Más importante que el resultado final es el proceso que permite, a su vez, la generación de otras infinitas posibilidades.

22. La autoridad, desde el hackerismo, se diluye tanto en su vertiente de poder y mando ejecutivo como en su acepción de sabiduría máxima (la diferencia también entre sabio y sabedor). En la cultura abierta y la estructura hackeriana de trabajo no existe un resultado que los demás tengan que acepar sin remedio. Se trata de disolver el principio por el que la autoridad impide (de forma más o menos evidente pero siempre coercitiva) la iniciativa y la crítica, en definitiva la creatividad.

23. Cualquier trabajo en cultura, desde la ética hacker, consiste en un bucle que realimenta el aprendizaje y la investigación. Nadie tiene el conocimiento absoluto por lo que nadie tiene la autoridad absoluta (si es que el conocimiento alguna vez es fundamento de autoridad). Es más, esta autoridad, como en la sociedad red, no se sostiene sobre la jerarquía organizativa sino que se desprende del valor de cada individuo según su conocimiento y aportación. Algo similar al concepto de prestigio digital.

24. No es tarea de la institución pública la distribución de culturas planificadas (ni en su categoría de productos ni de símbolos) sino facilitar su generación. No es en absoluto admisible que ninguna institución se conceda el papel de infalible, se necesitan modelos interactivos que abarquen las diferentes verdades de una sociedad múltiple y poliédrica. La creación colectiva como modelo y la crítica comunitaria como tamiz. La reflexión como sistema. El riesgo como referencia.

25. Posiblemente el ideal hacker de libertades fundamentales esta en dirección opuesta a los intereses de las empresas y los estados por establecer un control sobre todo tipo de movimientos incluidos los del pensamiento. Por otra parte se puede constatar que la gran mayoría con el poder, en las administraciones públicas locales, de decidir sobre los procesos abiertos no tienen una idea clara sobre lo que significan las redes ni todo lo que supone una estructura de comunicación abierta.

26. El hacker público es un motor que reprograma su ámbito de competencias e influye en el resto de la organización mas allá de su contexto: a) la jornada laboral rutinaria no existe, existe un flujo dinámico entre el trabajo y la pasión; b) el salario no es un valor en sí mismo que motive la actitud laboral; c) el valor verdadero reside en la utilidad del trabajo para la comunidad y por tanto la esencia es la creación; d) la actitud comunicativa reside en las relaciones y las redes; e) la supresión de la individualidad se consigue a través de las creatividad compartida.

[#681] (2011-03-18 13:29)
Cuando oigo de algunas bocas "cultura del esfuerzo" enseguida me viene a la cabeza "resignación cristiana"

[#682] (2011-03-18 13:30)
La globalización no es otra cosa que el desbordamiento del capital. Como lo ha sido siempre. La diferencia está ya no solo en la velocidad como se viene repitiendo sino en la capacidad abrasiva del mismo capital. En su cada vez mas connivencia con el estado.

[#683] (2011-03-18 13:31)
La cultura es fundamentalmente política y debemos devolverle esta categoría

[#684] (2011-03-18 13:33)

Los gobiernos locales se han convertido en una especie de supermercado de la cultura. Una franquicia heredera de la aldeización global. La gestión dizque cultural. Habrá que repensar modelos. Habrá que repensar también qué responsables.

[#685] (2011-03-18 13:34)

Lo peor de una sociedad narcotizada como la nuestra es creer en que el progreso de la riqueza es infinito. O peor aún, que a todos nos va a tocar una buen parte de ese pastel que se supone están repartiendo. En realidad si lo supiésemos administrar, lo único que crece de modo permanente es el conocimiento. Lo peor también es que esta tampoco está bien repartido ni bien utilizado. No es lo mismo ser más listo que más inteligente.

[#686] (2011-03-18 13:34)

La cacareada autopista de la información funciona básica y evidentemente con conocimiento como combustible. Si es tan escaso como malo por muchos carriles que tengamos solo llegaremos al pueblo de al lado.

[#687] (2011-03-18 13:35)

El debate de fondo ¿es la cultura o los contenidos?

[#688] (2011-03-18 13:36)

Si la cultura que consumimos es únicamente la que se genera bajo el patrocinio y vigilancia de los estados y los mercados, los receptores, los públicos, los consumidores tan solo pueden acceder a lo que a estos les parece conveniente en cada momento. Es un trágico modo de limitar la cultura. Es un modo trágico delimitar la sensibilidad. Es un modo trágico de homogeneizar las sociedades. Dejen al mercado que así actúe, ni en vano su esencia es la homogeneización para la facilitación del consumo y, con ello, el aumento de las ganancias. Dejen al mercado que distribuya lo que quiere vender y opten porque los estados y los gobiernos locales sobre todo favorezcan la creación abierta.

[#689] (2011-03-18 13:36)

Esta dualidad mercado-estado provoca obediencia. Si solo sale a la luz lo que ambos quieren el control, el autocontrol para la creación es una grave consecuencia. La excelencia supuesta según los cánones de los mercaderes y de los poli-técnicos.

[#690] (2011-03-18 13:37)

Habitar en los márgenes de la "cultura oficial" puede ser una eficaz manera de configurar espacios de autentica acción cultural (con sus necesarias connotaciones políticas) de intervención en nuevas dinámicas sociales que remueven las estructuras y los discursos dominantes. Se trata de recuperar la cultura como acción política. Se trata de recuperarla del secuestro del mercado, del secuestro también del estado. (¿Y recuperar al estado del secuestro de los partidos?)

[#691] (2011-03-18 13:38)

No hay crisis en la cultura, es radicalmente falso, hay crisis de lo que los mercaderes consideran cultura, que no es otra cosa que la mercancía vendible.

[#692] (2011-03-18 13:39)

El contenido social y político está en los individuos y en los llamados "espacios de anonimato". Fuera de las instituciones, fuera de los filtros autoritarios y arrogantes. Fuera de los centros jerárquicos de decisión. La cultura necesita desvincularse del pode para crecer.

[#693] (2011-03-18 13:40)

Uno de los grandes cometidos de los gobiernos locales en materia de cultura debería se la reflexión, la prospectiva, la investigación, el pensamiento. Deberían complementarse las habituales acciones de exposición, conservación y festejos varios con las de análisis. Por desgracia el pensamiento esta todavía denostado a fuerza de parecer inútil y a fuerza de valorar la acción continua como único modelo posible. Hacer sin pensar, sin valorar... ese es el modelo que impera. Siempre ha estado desprestigiado el oficio de pensar, sobre todo por parte de las mentes conservadoras.

[#694] (2011-03-18 13:41)

La lógica binaria de los totalitarismos y las religiones es la que sustenta los fundamentalismos e impide las sociedades críticas.

[#695] (2011-03-18 13:41)

Cuando hablo de la cultura cuántica hablo de aquello que sale de la lógica de lo visible, de lo conocido. Hablo de lo ínfimo como generador y no como soportador. Se deberían terminar los tiempos de la máximo, de lo grande, de lo macro, de lo súper... para dar cabida a lo mínimo, a lo reducido, a lo micro. Lo pequeño ya no es lo residual sino lo que verdaderamente mueve los sistemas. Debería revisarse el concepto de progreso, el sistema ya no funciona con lo grande y esta es una señal para el cambio. Aunque nada parece más útil para mantener el poder que instalarse en la actitud mega.

[#696] (2011-03-18 13:42)

¿La cultura protética?

[#697] (2011-03-18 13:42)

La lógica de la porosidad debería se la que dirigiera la construcción de las realidades.

[#698] (2011-03-18 13:43)

Es inútil construir redes desde los pensamientos analógicos.

[#699] (2011-03-18 13:44)

A cuántos conciertos puedo ir, cuántos libros puedo leer, cuántos cedes puedo comprar, cuántas exposiciones puedo visitar... concebir la cultura desde la óptica del consumo la lleva irremediablemente a la ruina, a la burbuja.

[#700] (2011-03-18 13:44)

Lo que deberían ser ciudades de creación y de pensamiento sustentadas por la ciudadanía, los creadores, los colectivos... han sido sustituidas por áreas y servicios públicos encargados de filtrar y distribuir las "necesidades" de los ciudadanos. Servicios y áreas casi siempre cerradas para garantizar la necesaria "calidad" que proviene de personas con conocimiento para discernir lo bueno de lo malo, la buena cultura de la mala cultura. Al ciudadano se le impide crear inculcando la idea de la excelencia y haciendo ver que hay creación y creatividad de diferentes niveles y que solo "lo bueno" merece la pena ser mostrado. No te molestes, se le dice, porque lo que haces no es suficiente. Es mejor que consumas lo que otros producen. Paternalismo protector.

[#701] (2011-03-18 13:46)

La gestión profesional de la cultura no debería estar libre de valores. Yo cuando quiero que me operen me importa bien poco la ideología del cirujano. Sí me importa la ideología de quien gestiona la cultura porque modifica e incide en el pensamiento.

[#702] (2011-03-22 12:31)
El hexágono de la ciudad creativa Una ciudad creativa no descansa exclusivamente en sus instituciones ni sale de la nada, tiene la particularidad de desarrollarse a través de un espacio de intersección multidireccional que forma una especie de "hexágono de la creatividad"

Los ciudadanos, los creadores, el tercer sector, la educación, la empresa el gobierno local, están abiertos a proyectos de innovación y cruzan entre todos los vértices una actitud de implicación y cooperación abierta.

En el caso de la cultura no es menos teniendo en cuenta que esta va más allá de sus productos y tiene la misión do conformar una base de pensamiento, normas y valores que identifican a una sociedad y la consolidan como lo que es.

Una ciudad creativa es una ciudad comprometida con el protagonismo completo de todos cuanto las habitan y que se abre a estructuras, pensamientos, modelos... que los complementa y los enriquece con realidades externas, que se comunica y que apuesta por el riesgo, que abandona la burocracia y que imprime en sus acciones dinámica incluyente.

La responsabilidad compartida, la inteligencia colectiva, el procomún, la serendipia, la conectividad y el pensamiento crítico como motores de la creatividad.

[#703] (2011-03-24 10:38)
Calidad, excelencia, estrategia, planificación... me suena a querer que nos salve quien nos ha hundido. Me da un poco de miedo seguir con esos principios. Como el capitalismo que quiere reinventarse y lo hace pero con más fuerza abrasiva y destructiva. A costa de buscar esa calidad, esa estrategia, hemos olvidado la necesaria participación de todos en este "negocio". Hemos abandonado la calle y nos hemos subido a los altares. Sin pretender que esa calidad es absolutamente necesaria deberíamos preguntarnos a quién y para qué la estamos exigiendo. No creo que la cultura, en su fundamento básico, deba establecerse únicamente desde esos términos, desde esos paradigmas, desde esas varas de medir. En todo caso debemos tener bien claro a quién exigimos eso. ¿También al ciudadano que quiere crear, que quiere inventar, que quiere generar...? Siempre he dicho que más que cuántos vienen a un concierto nos debería interesar cuántos tocan la flauta. O cuántos salen de los conciertos con esa intención. Aunque parezca una barbaridad me emocionan esas exposiciones en la que los cuadros no podrían colgarse en los templos del arte. Aquellos conciertos de bandas que jamás podrían subirse a escenarios "dignos". Por una razón, porque significa que ha habido un proceso de ilusión en quienes los han pintado, en quienes reproducen esa música "no apta". Y esa quizá es la esencia. Porque la cultura no se genera desde la calidad ni la

excelencia sino desde la fecundación del interés por cultivar las sensibilidad, el pensamiento, la crítica, el compromiso...

Quizá sea hora de dividir los planteamientos y medir muy bien cómo queremos actuar ante el ciudadano. Que sepamos que la excelencia corresponde al mundo del producto y la esencia corresponde al mundo del alma. Y que quizá el alma es lo que debamos despertar. Abrir las puertas a que cualquiera pueda crear, manifestar sus sensibilidades sin que se coarte su necesidad por medidas cualitativas derivadas de un planteamiento de mercadeo.

Aparquemos un poco las estrategias, que son útiles para determinados objetivos, y planteemos mapas que despierten las ganas de viajar, que inciten al ciudadano al movimiento, a la búsqueda, a la aventura. Que no sean planos cerrados por donde las instituciones queramos que circulen sino que, en un modo de estructura abierta, sean ellos quienes señalen también los puntos, las rutas, los apeaderos, los lugares de interés. Que participen en esa construcción de una cultura abierta, dinámica, envolvente... porque los mapas ilusionan en cuanto se abren. Y no creo que las estrategias ilusionen cuando se leen.

[#704] (2011-04-08 11:49)
Estamos atravesando un momento en el que hay que saber generar un nuevo ciclo para la cultura, un ciclo que busque una expansión hacia los discursos sociales, que analice la cultura desde modelos con una raíz profunda en el humanismo (también en el humanismo tecnológico porque este, evidentemente, es una parte del desarrollo del individuo como ser intelectual). La cultura es la única que tiene la capacidad, junto con la educación (tema también de profunda reflexión –los que la están arruinando con sus preceptos y bologneces deberían ser a su vez lo suficientemente valientes como para abandonar el término y llamarla claramente instrumentalización-) de generar sociedades verdaderamente cultivadas y por tanto más humanas en el sentido más profundo del término.

[#705] (2011-04-08 11:50)
El arte y la creación al servicio de los intereses de los mercados y los partidos han sido uno de los pillares de la estandarización de la cultura y el abandono de las esencias en busca de pretendidas excelencias.

[#706] (2011-04-08 11:51)
La nueva oligarquía ha tomado la cultura como uno de las más profundas y mejor consideradas tapaderas para las más variadas y lamentables barbaridades. Se han imbuido de una pretendida cultura con el fin de disfrazar convenientemente tanto sus atropellos

financieros como sus harapos intelectuales. ¿Cuánto rigor y verdadero análisis fundamentan las políticas de cultura actuales? La ecuación suele reducirse a elementos básicos de rentabilidad financiera, impulso político y transferencia mediática.

[#707] (2011-04-08 11:52)

La comprensión de la sociedad como un conjunto sistémico nos ha de obligar a entender que cualquier intervención en cualquiera de sus puntos va a influir e el resto. De este análisis la incuestionable necesidad de una cooperación cultural de sólidos principios (mas allá del intercambio de productos y servicios) como razón ontológica que entiende la cultura como conformadora de sociedades.

[#708] (2011-04-08 11:53)

La cultura no es una disciplina uniformizadora hecha de consensos. Es el escenario propio del disenso y en la gestión de este radica su esencia.

[#709] (2011-04-08 12:00)

Involución de la cultura, involución social. Cultura no es únicamente conseguir que una persona vaya al cine, lea libros, visite exposiciones... sobre todo porque este cine, estos libros, estas exposiciones pueden perfectamente estar seleccionadas, producidas, distribuidas desde determinadas voluntades y desde determinados principios de obediencia. Cultura es conseguir que las personas sepan discernir entre qué libros, películas o exposiciones visitan y que, en su caso sepan decidir que no quieren acudir, visionar o leer nada de lo que se les ofrece.

[#710] (2011-04-08 12:08)

Neodespotismo ilustrado. El tsunami de la cultura espectáculo asola el territorio del pensamiento.

[#711] (2011-04-08 12:10)

Reformismo cultural: desposesión financiera, desposesión privativa

[#712] (2011-04-08 12:14)

La cultura cosmética. No existen esferas políticas verdaderamente autónomas desde las que generar procesos limpios. (La política está secuestrada por los partidos)

[#713] (2011-04-08 12:16)

El verdadero reto de las instituciones públicas en este momento es dedicar mayores esfuerzos a la investigación en cultura, a la facilitación de recursos para la creación y la visibilización de los productos y servicios culturales de amplio espectro y a la generación de una caudal ecológico suficiente para la transmisión de una cultura fundamentada sobre los principios humanistas. Centrarse en definitiva en los proyectos de reforma y evitar una cultura tal y como ha sido entendida durante las últimas décadas. Los intereses privados de las grandes industrias han cegado los comportamientos institucionales y eso ha creado, como mucho, una sociedad más consumista que nada tiene que ver con una sociedad más culta.

[#714] (2011-04-11 20:23)

Lo único que hace verdadero el desarrollo cultural de una ciudad, de una sociedad, es que éste sea irreversible. Y esta irreversibilidad solo es posible cuando ya no se necesita a la autoridad, cuando ya no es necesario el estado, la administración, el poder.

[#715] (2011-04-11 20:23)

Desde un punto de vista estratégico la verdadera salvación para la cultura local es la estrategia de guerrillas, de guerrilla cultural urbana. Acciones asimétricas que vayan tomando las calles y los barrios, que se enfrenten la la oficialización y a la formalización de la cultura. En este momento es más fácil ser derrotado por la hipocresía democrática que por los fascismos. La cultura estatal es peligros. Se necesita un hackeo inmediato. Metodología del sabotaje.

[#716] (2011-04-11 20:24)

Especialización en cultura: abandono de la acción por el control. Prefiero hackers a "especialistas". Prefiero gente con rabia que tecnócratas. Nunca deberíamos haber abandonado la calle.

[#717] (2011-04-11 20:25)

El movimiento expansivo de las redes de cultura no creo que deba fundamentase de modo tan siniestro (resultados financieros) sobre la cantidad de espectáculos que se comparten sino en la circulación de pensamiento que favorecen, en la generación de reflexión, de intercambio de incertidumbres...

[#718] (2011-04-11 20:26)

La catástrofe de la cultura que tanto pregonan en ningún modo vendrá por el "macabro pirateo" (Intelligentsia dixit) o las licencias libres o todo lo que perjudique los intereses de sus mercados. La catástrofe de la cultura proviene directamente de la desaparición de los medios para la creatividad ciudadana. La acción de un monocultivo solo permitido para aquellos que han sido "llamados" y que pueden producir beneficio. La paradoja actual de la cultura es que se vive bajo el pretexto de salvarla. La regularización de su producción y consumo. Trazabilidad, certificación, higienismo… todo está regulado para conseguir nuestro bienestar. Seguimos estando atormentados por salvadores de todo tipo.

[#719] (2011-04-11 20:27)
La cultura sostenible como el desarrollo sostenible obedece a un discurso fundamentado sobre unas reglas dictadas por poderes públicos y financieros (connivencia letal) para lavar la cara de cientos de atropellos.

[#720] (2011-04-11 20:28)
Los intereses de la cultura y los de la política de partido parecen correr ahora paralelos. Nunca había habido tanto interés por la cultura. Eso no me suena nada bien. Cuando hemos pasado de ser peligrosos a útiles algo hemos hecho mal. Hemos perdido el germen de la subversión. El sentimiento social se ha volatizado.

[#721] (2011-04-11 20:28)
La cultura es la nueva moral del capital. Quizá una especie de salsa que quiera ocultar y disfrazar un mal pescado.

[#722] (2011-04-28 18:17)
La crisis, la vomitiva palabra que encierra todo el despropósito de los mercados, ni siquiera debería llamarse así, quizá apoteosis, la apoteosis devoradora de las derechas extremas y del capital por controlarlo definitivamente todo. Una crisis encierra errores y sin embargo esto ha sido un auténtico éxito de programación y de resultados. Además de un éxito sociológico ya que la culpa recae sobre los que la sufren, un auténtico logro que se propaga bien en un caldo de cultivo compuesto por saña política y sumisión religiosa. Por eso la tristeza absoluta no está realmente en lo que estamos sufriendo, no está en la violencia del capital ni en la inquina de la política, nada honesto puede esperarse de ellos, la tristeza estalla cuando el ciudadano va a refugiarse en quien le oprime, cuando lo exalta, lo sube al altar y le da el impulso que le faltaba para terminar con todo. La tristeza estalla cuando entre esta miseria se confunde al enemigo y se arremete contra el igual, incluso contra el más débil. No me digan que no es un éxito. Esto también es cultura.

[#723] (2011-05-02 20:26)

La cultura y la sociedad que conocemos no están aquí porque sí. Son las dos un constructo dinámico que evoluciona e involuciona (y lo estamos viendo). El hackerismo es una forma de intervención abierta que reclama la interacción de conocimiento, rebeldía, inconformismo y acción directa.

[#724] (2011-05-02 20:27)

Sin la calle la política cultural es tan solo una puesta en escena, una interpelación que no busca sino el mantenimiento, a través de los bálsamos, de un poder cada vez más controvertido. También suelen poner incienso para ocultar los tufillos, de eso se ha aprendido mucho en las catedrales.

[#725] (2011-05-02 20:27)

Las culturas mínimas, las culturas tímidas (ya he hablado de ellas en alguna ocasión) tienen la capacidad de reinventarse y reproducirse sin el lastre que soportan aquellas otras que permanecen atadas al mercado, a las grandes manifestaciones, a la necesidad de ser rentables. Las culturas mínimas son el germen para conseguir una ciudadanía crítica y comprometida. La cultura de la ciudadanía es la que de verdad compone las señas de identidad de una sociedad. La cultura de estado no es más que propaganda y fachada institucional.

[#726] (2011-05-02 20:28)

De las estrategias a los mapas interactivos de cultura. Más participación, más cultura abierta.

[#727] (2011-05-02 20:31)

El reduccionismo economicista está haciendo perder la perspectiva de la cultura como un magma. La explotación de los consumibles culturales es una fijación maniática que no tiene otro origen que el desconocimiento y avaricia. Es más la tendencia a propiciar un consumo masivo de estos productos (por supuesto vacios de contenido) resuelve la ecuación a favor de la elaboración de productos de fácil "digestión" y de rápida fabricación. Evidentemente hay que mantener las tres necesidades del mercado: fabricación, distribución y consumo. Una de las mejores maneras para favorecer esta necesaria rentabilidad de consumo se resuelve auspiciando "aglomeraciones transitorias" en forma de festivales, expos y demás macroeventos tan al uso. La cultura local se desvanece ante estas manifestaciones que, además y para colmo, se venden con la envoltura de crecimiento y maravilla ciudadana.

[#728] (2011-05-02 20:33)

El resultado final de las culturas no es otro que la influencia de estas en el modo de actuar de las personas, de los individuos ya sean tomados de forma individual o colectiva. ¿Cuál es hoy por hoy, y más allá de la cacareada influencia en el PIB, la influencia de la cultura que se está promoviendo desde las instituciones públicas? Ninguna en realidad porque se busca una homogeneidad para el consumo y se rechaza todo lo que significa riesgo. Sería bueno mirar la cultura como banco genético.

[#729] (2011-05-02 20:33)

Aunque parezca un despropósito para algunos y salvando las distancias con instituciones abiertas, inusitadamente abiertas, las administraciones públicas son ecosistemas fortificados en los que se perpetúan los privilegios en función de necesidades organizativas que tienen sus raíces en estructuras absolutamente decimonónicas (como por otra parte muchas de las mentes que en ellas habitan). Sistemas cerrados que utilizan la energía únicamente para la autoconservación. Sistemas que no se abren por desconocimiento y miedo al villano, a la mezcla, al contagio, a la evolución en definitiva. Es un ecosistema homogeneizador que difícilmente traspasa y que conduce a la pérdida progresiva de vitalidad, se muere, se consume en si mismo. Por empobrecimiento de los genes. Es necesario el flujo de pensamiento y choca esta necesidad con estructuras y mentalidades insalubres

[#730] (2011-05-02 20:34)

Las administraciones públicas no pueden ni deben ser únicamente centros de "conservación". Tienen que promover la investigación, tienen que garantizar territorios creativos en los que se experimente más allá de lo impuesto por la oficialidad y por los mercados. De ahí la necesidad que ya he comentado de migrar desde estructuras hard a estructuras trans que garanticen modelos abiertos y activos libres de procesos burocráticos y posibilismos de partido (hay que empezar a distinguir claramente política de partidos, no es justo para algo tan noble como la política)

[#731] (2011-05-02 20:35)

La gestión de la cultura no se ciñe, o debería ceñir, a la capacidad de programar y de producir sino a la de provocar e incomodar. De hurgar en los niveles de conciencia. De introducirse en la corteza del pensamiento. De comprometer las conductas convencionales.

[#732] (2011-05-02 20:36)

Producción orientada al lucro vs producción orientada al uso. Otra diferencia básica en los modelos de cultura.

[#733] (2011-05-02 20:36)

La oligarquía política y la vanidad del mecenas parecen tendencias claras para el suicidio de la cultura. Los "grandes" conceden los privilegios a quienes piensan como ellos.

[#734] (2011-05-02 20:38)

Si la autoridad máxima de la cultura son el Estado y el Mercado todo lo que se produzca será el reflejo de sus intereses. Hackear la cultura no es otra cosa que intervenir cortando las autoridades y abriendo huecos por los que puedan pasar nuevas sensibilidades.

[#735] (2011-05-02 20:38)

La cultura no es un espacio cuyo perímetro pueda trazarse con exactitud. Es cuestión de pensar áreas por las que transitar, fronteras que traspasar con vocación de descubierta. Trazar recorridos y contarlos para que otros puedan explorarlos con libertad. Propuestas de caminos eclécticos que permitan configurar una sociedad múltiple. Por eso las estrategias no son suficientes, porque parten de intereses más o menos confesables que plantean una verdad delimitada por la ideología de las élites. Una hiperorganización que fundamenta sociedades teledirigidas. La eficacia no puede ser la excusa para ahogar la experimentación creadora. La subordinación a los planes nada tiene que ver con los impulsos creadores. Dejar que la sensibilidad circule por mapas que la comunidad va trazando es la única salida. La actitud libertaria de la experimentación.

[#736] (2011-05-02 20:39)

El sometimiento de la cultura a los discursos del PIB por encima del IDH nos señala una clara tendencia a la subordinación de lo colectivo. La cultura no se justifica por la capacidad de consumo sino por la de felicidad.

[#737] (2011-05-02 20:40)

No me interesa la cultura como "el ocio del pueblo". Cualquier manifestación cultural en un entorno embrutecido no es sino una patina para disimular la decadencia.

[#738] (2011-05-13 13:49)

Quien teme al hacker feroz: la cultura después de los monopolios[2]

---

2 Notas para la conferencia de I+C+i en cultura: Hackers culturales, prosumers, bricoleurs. http://www.tucamon.es/contenido/hackers-culturales-prosumers-bricoleurs

3 nociones básicas
1. La cultura más allá de sus consumibles
2. La política más allá de los partidos
3. La ética hacker más allá de la tecnología

Cultura

La cultura es lo que conforma la idiosincrasia y el pensamiento, la forma de ser de una sociedad. Más allá del habitus de Bourdieu.

Acabar con el reduccionismo de la cultura. La cultura no es simplemente un negocio

Lo siento pero la cultura no es un negocio, o por lo menos no sólo es eso. 'podemos hablar de consumibles pero no de cultura. Un cantante, por poner un ejemplo, no hace porque si cultura. Al menos muchos de los cantantes que hoy están en listas.

¿Tiene sentido decir que un escayolista, electricista, fontanero, encofrador… hace urbanismo?. Posiblemente sea una pieza clave pero la albañilería es al urbanismo como la canción a la cultura.

Política

Entramos en el segundo punto: qué es eso que llamamos política. La política, es lo relativo al ordenamiento de la ciudad y por extensión al ordenamiento de las sociedades, es la actividad humana que tiende a gobernar o dirigir la acción del estado en beneficio de la sociedad.

Lo siento mucho pero la política no son los políticos y tenemos la obligación de rescatarla.

La res publica

Hacker

Se trata hoy de pensar políticamente la ética hacker. Sin entrar en lo tecnológico, desde una perspectiva filosófica. El análisis desde el pensamiento crítico nos obliga a ir más allá y a incluirlo en los procesos de la sociedad conquistada, de creación conquistada, de cultura conquistada.

Sin embargo lo que realmente comprobamos es que hay una deslegitimación de lo hacker por dos causa básicas:

Por la avaricia, representada por el mercado y
Por la arrogancia, representada de los estados.

Las dos con un denominador común: la ignorancia.

Por eso, hay que recalcar que el hackerismo no es únicamente tecnología, sobre todo es política, debemos recuperar el término secuestrado por los partidos. Porque política es construcción de sociedad desde la vida cotidiana.

Entonces y para asentar principios vamos a avanzar 4 nociones básicas que nos acerquen al concepto de cultura local hacker y una conclusión:

La cultura hacker es la cultura no domesticada, fuera de la hegemonía de los expertos, de los mercados y de los gobiernos. ¿Qué son los expertos? Hemos profesionalizado la política y ha sucedido lo que vemos, pasará lo mismo cuando profesionalicemos (más) la cultura?

La cultura y la sociedad que conocemos no están aquí porque sí. Son las dos un constructo dinámico que evoluciona e involuciona (y lo estamos viendo). El hackerismo es una forma de intervención abierta que reclama la interacción de conocimiento, rebeldía, inconformismo y acción directa

El hacker es un elemento de acción política transformadora, como antídoto de lo políticamente posible, de la impotencia de lo sensato...

Acabar con el mito del hacker como vándalo, y acabar con el reduccionismo de la cultura como consumible y sobre todo acabar con la prepotencia de los expertos. Yo estoy más que harto de salvadores de todos los tipos. Especialización en cultura: abandono de la acción por el control. Prefiero hackers a "especialistas". Prefiero gente con rabia que tecnócratas. Nunca deberíamos haber abandonado la calle.

Y la conclusión Hackear la sociedad a través de la cultura O construimos o nos construyen.

Y quién nos construye??: aquel que nos monopoliza. Veamos: Porque la cultura también ha caído en manos de diversos monopolios representados por las nuevas oligarquías, Pero vamos con ellos.

De la industria a través de los componentes propios de sus intereses de rentabilización y beneficio económico.

El reduccionismo economicista y la lógica del lucro por encima del uso está haciendo perder la perspectiva de la cultura como un magma. La explotación de los consumibles culturales es una fijación maniática que no tiene otro origen que el desconocimiento y avaricia.

Es más la tendencia a propiciar un consumo masivo de estos productos (por supuesto vacíos de contenido) resuelve la ecuación a favor de la elaboración de productos de fácil "digestión" y de rápida fabricación. Evidentemente hay que mantener las tres necesidades del mercado: fabricación, distribución y consumo. Una de las mejores maneras para favorecer esta necesaria rentabilidad de consumo se resuelve auspiciando "aglomeraciones transitorias" en forma de festivales, expos y demás macroeventos tan al uso.

La cultura local se desvanece ante estas manifestaciones que, además y para colmo, se venden con la envoltura de crecimiento y maravilla ciudadana.

El sometimiento de la cultura a los discursos del PIB por encima del IDH nos señala una clara tendencia a la subordinación de lo colectivo. La cultura no se justifica por la capacidad de consumo sino por la de felicidad.

La cultura es la nueva moral del capital. Quizá una especie de salsa que quiera ocultar y disfrazar un mal pescado.

Del estado.

La oficialización provoca el inmovilismo. Evidentemente siempre ha tenido un claro componente el estado de mecenazgo y este siempre ha favorecido a quienes estaban dentro de la línea de pensamiento. La oligarquía política y la vanidad del mecenas parecen tendencias claras para el suicidio de la cultura. Los "grandes" conceden los privilegios a quienes piensan como ellos.

La cultura institucional, la oficial, difícilmente va a cambiar nada.

Cultura xerox. Estandarización de la cultura. Hipertrofia El arte y la creación al servicio de los intereses de los mercados y los partidos han sido uno de los pillares de la estandarización de la cultura y el abandono de las esencias en busca de pretendidas excelencias.

De las sociedades de gestión como auténticos lobbyes que pretenden

Perpetuar privilegios de unos pocos.

Bien difícil de diferenciar ¿no? No se sabe muy bien en hoy cual es la línea, la fina línea que los separa. Quien domina. Cuál de ellos es el que lleva la batuta. Aunque bien es cierto que hay un dominador absoluto: el mercado. Y eso parece que les suena a muchos a hipismo trasnochado, a izquierda antiprogreso. No miren, yo no me opongo al mercado, al intercambio de productos y bienes, al avance económico de las sociedades. Yo no reivindico la vuelta a un primitivismo de subsistencia por muchas razones, lo que reivindico es civilizar y humanizar el capitalismo, otra palabra que parece que no hay que decir si quieres no parecer un trasnochado.

Pero no dejo ce ver que, en muchas ocasiones, los estados, las administraciones públicas no son otra cosa que franquicias de la cultura que los mercados desean explotar.

¿Con qué nos encontramos?

Neodespotismo ilustrado. Entre las tres se está generando un tsunami de la cultura espectáculo asola el territorio del pensamiento. Y que se refleja por dos componentes:

Producción orientada al lucro vs producción orientada al uso. Otra diferencia básica en los modelos de cultura.

Con la cultura como "el ocio del pueblo" cualquier manifestación cultural en un entorno embrutecido no es sino una patina para disimular la decadencia.

Si la autoridad máxima de la cultura son el estado y el mercado todo lo que se produzca será el reflejo de sus intereses.

Hackear la cultura no es otra cosa que intervenir cortando las autoridades y abriendo huecos por los que puedan pasar nuevas sensibilidades.

Ante esto es necesario salir del estado de sitio al que está sometido el pensamiento. Ahora los sacerdotes predican en la TDT y lo hacen como siempre desde el reduccionismo de los mensajes infectando mentes acostumbradas a la obediencia, a la fe y a la comunión.

Por qué se está consolidando una sociedad de mercaderes, de mercenarios y de sacerdotes ¿dónde está el resto de las sensibilidades?

Vamos a darle ahora un pequeño repaso a las administraciones locales. Un poco de estructura.

Esquizofrenia

En primer lugar y aunque parezca un despropósito para algunos y salvando las distancias con instituciones abiertas, inusitadamente abiertas, las administraciones públicas son ecosistemas fortificados en los que se perpetúan los privilegios en función de necesidades organizativas que tienen sus raíces en estructuras absolutamente decimonónicas (como por otra parte muchas de las mentes que en ellas habitan). Sistemas cerrados que utilizan la energía únicamente para la autoconservación. Sistemas que no se abren por desconocimiento y miedo al villano, a la mezcla, al contagio, a la evolución en definitiva. Es un ecosistema homogeneizador que difícilmente traspasa y que conduce a la pérdida progresiva de vitalidad, se muere, se consume en si mismo. Por empobrecimiento de los genes. Es necesario el flujo de pensamiento y choca esta necesidad con estructuras y mentalidades insalubres.

Como en termodinámica los axiomas claros solo valen para los sistemas cerrados. Así nos vaen la administración

Por eso yo planteo que se pase de instituciones del hard al trans.

Hard (organización y jerarquía),

Soft (conservación y programación) y

Trans (experimentación, hibridación, emergencia, fractalidad, influencia, riesgo, investigación, transferencia, confluencia, prototipado, interacción, prosumo...)

Y ¿qué pasa con los funcionarios?

Pues que también debe convertirse en funcionario "trans" o funcionario RAM como referencia para el trabajo de la cultura local. Dónde trabajamos, para quién trabajamos, qué medio pisamos... los modelos de trabajo funcionarial centrados en el territorio no sirven en este momento para una cultura sin limitaciones físicas, espaciales, relacionales.

Entender y pretender la labor de un funcionario de cultura como alguien que mueve papeles o que hace programas anclados en el territorio es no entender nada. Lo verdaderamente anacrónico de las instituciones públicas no es que sus trabajadores sean fijos sino que sea fija su territorialidad. Porque estamos hablando de cultura, no de transporte, ni de aguas y vertidos, ni de mantenimiento de las aceras, todo ello tremendamente importante. Estamos hablando de cultura y En definitiva se necesita un cambio de modelo, de paradigma, de pensamiento, se necesita hackear las instituciones porque

La gestión de la cultura no se ciñe, o debería ceñir, a la capacidad de programar y de producir sino a la:

De provocar e incomodar.
De hurgar en los niveles de conciencia.
De introducirse en la corteza del pensamiento.
De comprometer las conductas convencionales.

¿Por qué?
Porque no es tarea de la institución pública la distribución de culturas planificadas (ni en su categoría de productos ni de símbolos) sino facilitar su generación. No es en absoluto admisible que ninguna institución se conceda el papel de infalible, se necesitan modelos interactivos que abarquen las diferentes verdades de una sociedad múltiple y poliédrica.

Sin la calle la política cultural es tan solo una puesta en escena, una interpelación que no busca sino el mantenimiento, a través de los bálsamos, de un poder cada vez más controvertido. También suelen poner incienso para ocultar los tufillos, de eso se ha aprendido mucho en las catedrales.

Las administraciones públicas no pueden ni deben ser únicamente centros de "conservación". Tienen que promover la investigación, tienen que garantizar territorios creativos en los que se experimente más allá de lo impuesto por la oficialidad y por los mercados. De ahí la necesidad que ya he comentado de migrar desde estructuras hard a estructuras trans que garanticen modelos abiertos y activos libres de procesos burocráticos y posibilismos de partido (hay que empezar a distinguir claramente política de partidos, no es justo para algo tan noble como la política)

¿Cómo hacemos para hackear estas instituciones?
Dos líneas: desde dentro y desde fuera.

Quizá la verdadera misión de las políticas públicas de cultura sea construir dinámicas y proporcionar herramientas para que sea la ciudadanía la que empuje y se apropie de nuevos proyectos. Quizá las instituciones locales debieran ser agregador más que editor (piénsese en la administración en formato RSS). Una especie de ecosistema de redes.

Quizá la verdadera misión de la sociedad civil es incorporarse al compromiso de crear ciudad y abandonar ese dejacionismo que ha existido durante mucho tiempo y que ha dejado todo en mano del estado

La creación colectiva como modelo
La crítica comunitaria como tamiz.
La reflexión como sistema.
El riesgo como referencia.

Por ello es necesaria una urgente migración:
De las estrategias a los mapas interactivos de cultura. Más participación, más cultura abierta.

Por eso digo también que hay que migrar de las estrategias a los mapas. La cultura no es un espacio cuyo perímetro pueda trazarse con exactitud. Es cuestión de pensar áreas por las que transitar, fronteras que traspasar con vocación de descubierta. Trazar recorridos y contarlos para que otros puedan explorarlos con libertad. Propuestas de caminos eclécticos que permitan configurar una sociedad múltiple. Por eso las estrategias no son suficientes, porque parten de intereses más o menos confesables que plantean una verdad delimitada por la ideología de las élites. Una hiperorganización que fundamenta sociedades teledirigidas. La eficacia no puede ser la excusa para ahogar la experimentación creadora. La subordinación a los planes nada tiene que ver con los impulsos creadores. Dejar que la sensibilidad circule por mapas que la comunidad va trazando es la única salida.

Cultura abierta

La actitud libertaria de la experimentación.

En realidad lo primero que habría que hackear sería los cerebros

Entonces, y volvemos a una de las preguntas del principio ¿qué es ser un hacker?

Ser un hacker no es nada del otro mundo, o no debería serlo, un hacker es simplemente alguien con espíritu crítico. Y eso está, debería estar, dentro y fuera de las administraciones

Que significa hacker: experimentación, inconformismo, creación distribuida, curiosidad, investigación, conocimiento, mentalidad, actitud ética, revolución…

Los hackers debemos actuar como virus cognitivos.

Estrategia de guerrillas, sabotaje. Desde un punto de vista estratégico la verdadera salvación para la cultura local es la estrategia de guerrillas, de guerrilla cultural urbana. Acciones asimétricas que vayan tomando las calles y los barrios, que se enfrenten la oficialización y a la formalización de la cultura. En este momento es más fácil ser derrotado por la hipocresía democrática que por los fascismos. La cultura estatal es peligrosa. Se necesita un hackeo inmediato. Metodología del sabotaje.

Apropiación de la creatividad

Es un acto de creación ausente de los principios de control oficial

El hackerismo como espacio inter-anónimo en el que la fuerza de los impulsos deriva de la relación no intrusiva de los espacios: la interioridad común.

En qué se diferencian los hackers de un movimiento social: en que no se apoyan en las clásicas palancas de la acción política, de la acción social, de la acción cultural…

El hackerismo. Una auténtica tajadura creativa entre las acciones comunes y las banalidades impuestas, un desequilibrio de la normalidad impuesta.

Un movimiento colectivo no identificado. emoción-pensamiento-acción

El hacker público es un motor que reprograma su ámbito de competencias e influye en el resto de la organización mas allá de su contexto territorial

Seamos hackers más allá del constructivismo. Seamos hackers desde el conectivismo. El prezi aquí >> http://prezi.com/m9j-aocz5aiu/quien-teme-al-hacker-feroz/

[#739] (2011-05-18 13:29)
En las instituciones públicas de cultura ya no sólo es necesario organizar la estructura y los programas sino también el pensamiento

[#740] (2011-06-02 13:19)
La defensa de la institución pública de cultura se hace hoy, si cabe, más necesaria que nunca. La influencia del discurso privatizador y las estructuras internas forzadas a permanecer en modelos fordistas y de concepción burocrática más que creativa, hacen que se difunda con eficacia la creencia de que las instituciones públicas ya no tienen demasiado sentido en la gestión de la cultura ciudadana. La divergencia entre los procesos institucionales y los ciudadanos se acrecienta. El sentimiento de alejamiento también. Es necesario un replanteamiento que provenga, como ya he dicho en múltiples ocasiones, desde los dos interlocutores. Un replanteamiento que canalice las iniciativas y reconduzca a la institución y al ciudadano a completar los papeles que a cada uno se le requiere. Y un poco al margen aunque no tanto: cuando se habla de institución pública ¿Se comprende que en ella coexiste el nivel técnico con el político? ¿Se es consciente de que también existe una disfunción, muchas veces insalvable, entre estos dos ámbitos? Es evidente que se necesita un decidido diálogo.

No obstante hay un espacio inmenso que puede y debe ser compartido, un espacio que quizá deberíamos construir si es que no queda claro. Hablemos en este caso de la maquinaria: los equipos de trabajo. Porque es evidente que la relación con la sociedad civil tiene un filtro importante en ellos. Y si bien contamos con una cualidad inequívoca (y no siempre bien entendida) dentro de la estructura de personal de las instituciones, el funcionariado, no deberíamos pasar por alto que antes que una rémora debería ser esta una fortaleza ("que lo hagan ellos que para eso cobran","yo no voy a dar ideas para que se pongan medallas", dicen unos; "estos culturetas se creen muy listos", "aquí sólo vienen a pedir", dicen otros, mientras éstas y otras sentencias lapidan cualquier asomo de diálogo). Sin entrar en las diatribas habituales sobre la conveniencia o no de la clase funcionarial (ésta es otra de las estrategias del capital que enfrenta a los trabajadores para olvidar quién es el verdadero "enemigo") ni sobre la organización estructural de las instituciones de cultura, creo firmemente que debemos hacer un esfuerzo conjunto por comenzar a marcar nuevos modelos de relación y de creación conjunta. Cada uno desde su espacio tiene una responsabilidad y todos en conjunto la de crear una sociedad determinada.

Nos toca encontrar nuevos caminos. Y uno de ellos, el más importante, es el de conjuntar inteligencias, articular conocimientos, incorporar pensamientos. Fractalizar las estructuras clásicas para componer y recomponer formas nuevas que se enfrenten a la complejidad, a la temporalidad, a la intermitencia, a la mezcla... puede sonar extraño pero desde las plataformas básicas de trabajo es desde donde podemos comenzar a liquidar viejos modelos. No olvidemos en todo caso la dificultad de ello cuando gran parte de estos equipos permanecen sometidos a procesos jerárquicos y burocráticos que, las más de las veces, arruinan la iniciativa y matan la voluntad. ¿Qué hacer cuando el final del crecimiento está en el limitado horizonte de quien manda? En todo caso sigo creyendo que las cosas se pueden y deben modificar desde dentro. Porque ni la calle ni la institución tienen la verdad. Ni la calle ni la institución, por si solas, pueden arrogarse la exclusividad de la certidumbre.

Nuevos modelos de gestión compleja, pues, son ineludibles. Gestión mixta más allá de los acostumbrados procesos de participación. Ni la administración tiene que "hacerse cargo" ni los ciudadanos tienen que "dejarse llevar". Renovar las conversaciones como primera medida. Y renovarlas superando los complejos mutuos, aparcando las rémoras. Integrando desde la metaestructura. Ni el poder ni la jerarquía tienen cabida porque la autoridad reside en la conjunción. Retomar responsabilidad compartida más allá de la mera instrumentalidad. En definitiva: volver a la gestión de lo común y lanzarla a la categoría de construcción política, hacerlo desde la posición de interacción comunitaria. Desde la acción cohesiva. Superar la dicotomía administrador-administrado que nos ha llevado a modelos de inmovilismo y enfrentamiento.

El conocimiento y la inteligencia colectiva deben ser los motores para la cogestión de una cultura que es esencia más que propiedad. De ahí la necesidad de derivar hacia una actitud que pretenda la cultura como un bien común, de nadie, ni de individuos ni de estados que se otorguen la exclusividad. No puede ni debe hablarse ya de administración de la cultura sino de una cogestión que garantice la creatividad abierta liberada de las orientaciones de privatización siquiera conceptual. Entre la desapropiación y las franquicias hay un espacio inmenso que no puede ser otro que el de la construcción de un cosmos abierto y conjuntivo

[#741] (2011-06-13 09:57)
Hay que entender que la cultura esta maravillosamente construida por capas, por múltiples capas, por muchas capas que se interconectan, se superponen, que crean huecos, que buscan el aire... Ninguna de ellas es prescindible para conseguir un hojaldre esponjoso, ligero pero consistente, agradable de textura, crujiente y volátil... Tampoco ninguna de ellas es imprescindible cuando están las otras bien presentes. La cultura como hojaldre.

[#742] (2011-06-13 10:00)
El disenso como ecosistema creativo. No quiero estar de acuerdo en todo. No quiero estar con los "míos" siempre. No quiero estar cómodo en todos los lugares. Necesito espacios donde poder dudar.

[#743] (2011-06-13 10:05)

Deberíamos las Instituciones Públicas superar la inercia que nos ha llevado hasta ahora a empaquetar y distribuir lo que otros crean. Deberíamos colocarnos en un punto de facilitación, de catalización en torno a una cultura para el pensamiento, para la energía intelectual. Ofrecer el ciudadano dispositivos de todo tipo para la creación de contenidos. Ofrecer al ciudadano espacios para el conocimiento. Ofrecer al ciudadano espacios para el hábito. La cultura de la calle para superar la cultura de los expertos. ¿Alguien concibe a las Instituciones Públicas montando concesionarios de automóviles? ¿Por qué pues estamos siendo concesionarios de cultura? Es evidente que urge un cambio de modelo.

[#744] (2011-06-13 10:09)

La cultura mediatiza el comportamiento de las sociedades. Más allá del uso y consumo existe la sensibilidad. Abandonar el paradigma del capitalismo como único modelo.

[#745] (2011-06-14 12:14)

Quizá la cultura sea lo que mejor nos permita ver el universo en su profundidad absoluta más allá de interpretaciones planas y parciales. Ver el mundo con todos sus matices, reales en sus múltiples escenarios, a comprender la diferencia y las tonalidades. Esa interpretación, esa profundidad de campo no puede venir sino de la fusión de las diferentes perspectivas, de la interpretación de los planos y de la conjunción de los enfoques. De la amalgama que produce estar atento a los detalles.

Pero no cabe duda de que esta capacidad para apreciar la múltiple dimensión de las cosas es algo que se adquiere, que se desarrolla después de cierta práctica, de cierto aprendizaje. Sin un entrenamiento intelectual temprano (educación, por supuesto, más allá de instrucción) no es posible alcanzar esa visión multidimensional.

No cabe duda de que la visión plana es una enfermedad del intelecto que viene determinada por ciertas anomalías a la hora de enfrentarse con la realidad: la imposibilidad de conjugar sensibilidades para crear matices genera una reacción automática que elimina lo más lejano. La imagen es irreal por incompleta.

Creo, cada vez con más fuerza, que una persona culta no es aquella que más sabe, que más datos tiene sobre una o mil materias, sino aquella que más comprende, que más integra, que mas profundidad de campo tiene.

[#746] (2011-06-15 10:18)

Del entretenimiento quiero refresco para mi alma. De la cultura quiero cimientos para mi pensamiento. Ambas cosas son compatibles y complementarias. Lo que de ninguna se puede hacer con ellas es integrarlas a la par en las denominadas industrias culturales.

[#747] (2011-06-15 10:25)

Hablar de cultura como espacio de libertad es hacerlo desde la literalidad. Es hablar de un territorio casi físico, amplio y diáfano que permite el movimiento, la descubierta, el conocimiento, la oscilación, el tránsito... limitar la cultura es limitar este espacio, limitar la cultura no es únicamente limitar el acceso a determinados datos, a determinada instrucción. Conozco iletrados con una gran cultura, con un gran espacio de libertad, y también conozco lo contrario (esto molesta mucho en determinados círculos, lo sé). Limitar la cultura es limitar la capacidad para sentir.

[#748] (2011-06-15 11:49)

No hay orden cultural perfecto sino innumerables posibilidades que pueden combinarse y recombinarse. Ninguna cultura es doctrina sino una invitación al reconocimiento.

[#749] (2011-06-22 11:24)

La cultura como proyecto de construción social es mucho más compleja y frustrante que la cultura como espectáculo. De ahí la tendencia al abandono de las responsabilidades de construcción política por parte de las instituciones públicas y, muchas veces con ello, la usurpación de parcelas de programación que bien deberían corresponder a la iniciativa privada. El espectáculo es más rentable y menos comprometido.

[#750] (2011-06-22 11:25)

Si la Escuela de Birmingham hablaba de alta y baja cultura quizá podríamos regenerar esos conceptos y, con la mixtura apropiada, hablar de una cultura de resistencia y de una cultura de subsistencia tomada la primera como aquella que pretende recomponer una ciudadanía crítica, responsable, comprometida, participativa, que aglutina identidades y sentimientos. Y a la segunda como aquella que tiene el objetivo, igual de digno y no excluyente pero desde otros principios, de dar cobertura al ocio relajado y despreocupado.

[#751] (2011-06-27 13:21)

Más allá de lo que cada uno hagamos en nuestro espacio de creación y/o gestión debería existir un marco de investigación y reflexión preocupado y ocupado en concebir un campo teórico por el que orientarse y transitar. Un campo de libre circulación, de intercambio de ideas, de ampliación de conocimientos... que permita posologías adecuadas, que permita emprender procesos fuera de las estructuras jerárquicas y que abarquen modelos de pensamiento multidisciplinares y polisensibles.

¿Es posible imaginar la gestión de la salud pública sin tener en cuenta lo que señalan las investigaciones científicas?¿Es posible imaginar a ministros, consejeros, concejales... responsables de los departamentos de salud pública aplicando "recetas" por su cuenta? (eso sí, sin considerar todos los asuntos que entran dentro del paradigma neoliberal de privatizaciones y reducciones de los derechos públicos o, en otra línea de aquellos planteamientos que emanan de las ideologías religiosas asfixiantes)

Sin embargo en el mundo de la cultura todo el mundo se siente con la capacidad absoluta de distribuir aspirinas aunque la dolencia provenga de una descalcificación profunda. ¿No hay investigación porque creemos saberlo todo? ¿No hay investigación porque la cultura queda reducida a la distribución y consumo de un ocio más o menos digno? ¿No hay investigación porque la gestión pública de la cultura se reduce a aplicar contenidos prefabricados y a la lógica del evento? ¿Porque consideramos la cultura como compartimentos estancos? ¿Porque olvidamos que más allá de las cifras es un campo de construcciones simbólicas?

La cultura elaborada y a cultura por elaborar

[#752] (2011-08-10 12:10)

Gestionar la cultura es trabajar sobre la sensibilidad, el imaginario, la inteligencia y el conocimiento de las sociedades. Lo he dicho muchas otras veces: no me importa la ideología de mi dentista pero sí la de quien tiene en sus manos la cultura de cualquier lugar.

[#753] (2011-08-10 12:11)

La cultura modifica la sociedad si se le permite desarrollar un pensamiento crítico y complejo. La cultura en éste sentido modifica la economía cuando la hace evolucionar por unos u otros caminos, por unos modelos u otros. De ninguna manera podemos hablar de que la cultura colabora en el crecimiento económico de las ciudades como lo venimos haciendo simplemente porque estamos confundiendo (y sobrevalorando) el continente por el contenido. Porque estamos hablando del aspecto industrializado de la cultura y por lo tanto destinado de modo exclusivo al movimiento de capitales con algún disfraz intelectual. Podemos ponernos estupendos, como decía D, Ramón María del Valle Inclán, y afirmar también que todo proceso de producción fabril o simbólica es cultura porque se desarrolla bajo unas condiciones intelectuales que se nutren de particularidades ideológicas y de pensamiento. Y sostener con ello que toda industria, en esencia, es cultural. Por el mismo camino podemos llegar al paroxismo y afirmar sin reparos que, si bien y por esa razón la economía es cultura, no todo producto de la cultura lo es necesariamente. Como ven una trampa que modifica muy mucho la intención.

[#754] (2011-08-10 12:11)

Es posible que buena parte de los planes estratégicos de cultura nazcan ante la necesidad narrativa como excusa para transcribir una limitadísima visión de la cultura (mecánica y suceso), ante la necesidad de un ropaje consistente con el que vestir galas porque, en realidad, no se entiende de verdad en lo que se está trabajando. Las estrategias suelen ser balbuceos más o menos cabales que intentan acoger y representar lo que se supone que necesita la calle, meras alucinaciones transitorias que nunca sirven como hilo argumental aunque pretendan serlo... ensayos para canalizar la oficialidad de un discurso que intenta ablandar la cultura, hacerla útil para menesteres de posibilismo político. Muchas otras veces he dicho que mapas más que estrategias son necesarios para la cultura local. Lo que ocurre es que el mapa implica búsqueda e incertidumbre. Porque la cultura es intemperie, algo que está siempre cerca del caos original. Pontificar sobre ella es reducirla a la monotonía de la verdad sesgada. En todo caso programar en el ámbito de la cultura no es cuestión de ofrecer sino de abrir campos, de proponer un placer de ida y vuelta. Un camino abierto en un mapa.

[#755] (2011-08-10 12:12)

La cultura que está segura de si misma se torna instrumento de certeza y a la postre de dominación. Pienso que sólo en la cultura que duda, en la poco estable, en la que no tiene púlpitos, reside la vocación de transgresión, de búsqueda, de descubrimiento, de impulso... esa cultura segura es la que provoca un inmovilismo arrogante. Para entendernos tan solo es necesario dudar y abandonar las certezas. La cultura programada sobre ellas propicia una sociedad plana. La cultura de los expertos, de los profesionales... puede ser origen de esas certezas paralizadoras. Creo que hay que tener cuidado.

[#756] (2011-08-10 12:13)

Parece ser que después de tanto explicar la cultura no hemos conseguido destriparla. Como si nos refiriésemos a lo que conocemos de ella de un modo hermenéutico (de dentro a fuera) más que indagatorio (de fuera a dentro). Como si nos refiriésemos únicamente a sus aspectos de estructura y andamiaje orientados a emprender una cierta restauración de fachadas. Una programación de lo conocido que convive malamente con la indagación y el riesgo. Sin embargo escaparse del guión permite descubrir nuevos argumentos. Es evidente que, en ese sentido, la cultura local no puede quedarse en una simple muestra de lo que ocurre, no puede reducirse a un elemento expositivo. Evidentemente tampoco sus redes deben servir como cadena de transmisión de eventualidades, de discursos paliativos… si las redes no se convierten en elementos de distorsión de las realidades convencionales y planas no sirven para nada. No interesan.

[#757] (2011-08-10 12:13)

Una judía no es gastronomía. Unas judías bien elaboradas pueden serlo o no. Porque hay una diferencia radical entre gastronomía y la necesidad de llenar la andorga. Una flauta no es cultura. Un solo de flauta puede serlo o no. Porque también hay una diferencia sustancial que parte de la esencia. El asunto es si desde las administraciones públicas estamos trabajando por la gastronomía o por llenar la andorga. Valga decir que ambas necesidades, la gastronomía y llenar la andorga, son absolutamente dignas, necesarias y respetables. La cuestión es saber dónde se está y qué se pretende para no magnificar o trivializar según sea, para no establecer relaciones de valor sino para identificar la sustancia, la esencia de lo deseado. Sobre todo porque tampoco unas judías excelentemente preparadas pueden modificar por sí mismas el concepto de gastronomía sino que necesitan una relación abierta y heterogénea que abran la experiencia del conjunto, que amplifique las sensibilidades. Un concierto no hace cultura ni provoca por sí mismo una sociedad culta. Ni uno ni mil. Por eso pienso que no hay por qué exigir que la cultura sea culta, lo que hay que exigir es que sea humana. Es el único camino por el que podrá llegar a la sociedad completa.

[#758] (2011-08-10 12:14)

Si es posible (¡¡y necesario!!) hacer política fuera de los partidos es igualmente posible y necesario hacer cultura fuera de las instituciones y las industrias. Programar no es hacer cultura. En todo caso hemos demostrado suficientemente y a través de estas últimas décadas que sabemos programar muy bien. Otra cosa es hacer cultura. Otra cosa es trabajar para que la sensibilidad de las sociedades crezca, para que la "humanidad sea más humana". Posiblemente y para avanzar y superar esta tendencia a la programación plana, esa tendencia a trabajar desde la actitud expositiva con otra manera de intervenir que bien podría determinarse por la intención inductiva.

[#759] (2011-08-10 12:15)

Quizá una buena manera de enriquecer la gestión de la cultura sea bucear por lo que no se comprende. Abandonar el camino de las certezas para experimentar. Por eso quizá los actuales ministerios, concejalías, consejerías, servicios, áreas… de cultura que conocemos no sean tales de "cultura" en su acepción completa y compleja sino que se queden en la compendiada visión de la industria y los festejos. Nada malo, por supuesto, pero alejado. Si la cultura es lo menos eterno y seguro que existe, mal asunto es gestionarla con los pies de plomo que exigen los criterios de rentabilidad y resultados financieros. Investigar y alcanzar trayectorias divergentes, explorar y proponer disparates... no entra dentro de las mentalidades centradas en el posibilismo político y financiero.

[#760] (2011-08-10 12:15)
Creo en la cultura desestructurada, en aquella que no tiene la verdad ni es la solución. En la cultura deslavazada que forma parte de millones de ojos y que es bárbara allá donde esté. Que es interminable y que no posee consciencia ni conciencia. La que nos permite avanzar entre contradicciones. Creo en la cultura que se ensaya, la que no relata porque no tiene tiempo, la que sobrevive porque está en el corazón mismo de las cosas. En la que sirve para buscar y arriesgarse.

[#761] (2011-08-10 12:16)
Las políticas de cultura, hoy por hoy y considerando honrosas excepciones, se guían por una desventurada pereza intelectual y por un triste oportunismo discursivo. Por muchos festivales de los mil ríos que programemos lo único que hacemos es reproducir modelos trillados, servir de palanca de mercado y de reproducción de contenidos más o menos ocurrentes. Gran parte de las áreas de cultura de nuestro mundo local no son sino comisiones de festejos venidas a más. Todas las ciudades han acabado haciendo lo mismo con una única diferencia: su capacidad económica (y la talla intelectual de sus dirigentes, por supuesto). Lo tremendo también es que la apabullante oferta de másteres y diversas especializaciones para la "profesionalización de la especie" no parece que se aparten gran cosa de esta línea ideológica dominante. Difícil es alcanzar esa necesaria dosis de locura si los pilares son la convención académica, mercantil y política. Radicalizar para salir de lo trillado.

[#762] (2011-08-10 12:16)
Cultura: de la programación a la inoculación. El salto a la cultura epidérmica. O cómo conciliar las necesidades de esparcimiento con las de creación y crítica. Es urgente y necesario un salto hacia las políticas de cultura que combinen estas necesidades. Pero también es ineludible que se emprenda una especial inversión en el binomio cultura-educación como principio generador. No está de más conciliar nuestras políticas con las de acción social. En definitiva superar la tendencia expositiva como única maniobra.

Religión y Parquet. Una alianza eterna que se transfigura con los tiempos, que mata y modifica sus apariencias y sus estrategias. Tranquilizar a los dioses siempre ha sido una prioridad para el poder. El mercado es el último de estos dioses que quiere ser tranquilizado y, como tantos otros, pide sangre. Donde antes se instruía para la religión hoy se instruye para el mercado. O para una combinación letal. Por supuesto existen sacerdotes dispuestos a garantizar ofrendas. Si hemos reclamado la función de la cultura como liberadora de dogmas, credos, doctrinas y supersticiones, ella es la única que puede contener a nuestro último dios. Pero La cultura tambiér es víctima de este sistema. Lo es porque se parcializa, se mercantiliza y se simplifica. La maquinaria del circo no ha cambiado y a quien así piensa se le trata de necio. Ninguna cultura puede hoy ser revulsiva y crítica porque esta domesticada por una política connivente con los dioses.

Lo digital es hoy la cultura, no algo sobre la cultura. Por ello no podemos hablar de una realidad lineal y narrativa sino que esta viene fragmentada por una secuencia de construcciones fractales que interactúan de un modo abierto y generativo, con características híbridas, mixtas, heterogéneas y fuertemente mezcladas. Lo negro ya no es tan negro ni lo blanco tan blanco; las parcelaciones, las configuraciones estancas, las organizaciones incomunicadas, cerradas, aisladas... ya no tienen sentido. Se necesita un esfuerzo de interpretación que nos permita enriquecer unas regulaciones mentales más bien analógicas y abordar la realidad desde la necesaria combinación de estas nuevas "leyes". Las políticas de cultura tienen que enfocarse desde un diálogo coherente con esa realidad. La cultura expositiva, narrativa y programática necesita ser revisada. Debe ser dispositivo e interface que traduzca e interprete, que comunique.

Creo, por lo que veo a diario, que en muy pocas disciplinas la teoría y la conceptualización marchan tan alejadas de la práctica como en lo que hoy llamamos cultura. Muy a pesar de los múltiples foros, encuentros, congresos... en los que nos vamos contando a nosotros mismos las mismas cosas, poco transciende y baja a la arena, poco de lo planteado supera la frontera política, la tecno-política. Gran parte de lo teorizado suele resumirse en una retórica normalizada fruto de una simplificación mecanicista de la cultura, de una superficialidad modular que busca en la cultura una ornamentación ciudadana como mecanismo de menguados y discutibles progresos económicos.

Ejercicio para Máster: ver cualquier callejeros viajeros de este verano y plantear una política de cultura para la realidad que allá se muestra. No prejuzgo, propongo.

[#766] (2011-08-10 12:20)

Es evidente que siguen siendo necesarios cataclismos humanos para que el capital se regenere, se multiplique. Las guerras en el llamado primer mundo, el de la opulencia, ya no están bien vistas, ya no concuerdan con la "sensibilidad" alcanzada, no son convenientes ni adecuadas, no son elegantes. Sin embargo ellas, a lo largo de los siglos anteriores han conseguido las rentas necesarias para reestructurar y reorientar el capital y las finanzas. Hay una forma hoy que no requiere sangre, que no afea los escenarios. Los estados de excepción se consiguen por otras vías, los golpes de estado pasan a ser golpes de planeta y toman la forma de violencia financiera, una violencia que no les ensucia. Ha hecho falta una mínima paciencia, eso sí, y una calculada estrategia para lograr la última tragedia, la que denominan cínicamente crisis. A través de enormes zanahorias y narcóticos, contando con la connivencia de los aparatos políticos de los Estados se generó la alucinación de una arcadia de infinita abundancia. No nos confundamos, no se consigue esto sin una anulación absoluta de la Cultura, sin reducirla convenientemente a su aspecto mecanicista, sin despojarla por completo de su contenido crítico. También la Cultura se utilizó para alcanzar el paroxismo en la última Gran Guerra. Entonces se impulsó un modelo que agitó a las masas para la violencia. Hoy se ha deshabilitado su gen levantisco para impulsarlas a la pasividad. Por ello no es extraño que una población dominada por discursos machacones, simples y frentistas se abandone y acepte, entre la resignación y el acatamiento enfervorecido, propuestas que todavía les hunden más en la miseria. No hay nada más peligroso que un esclavo agradecido. Y eso es lo que hoy tenemos en cantidad extrema. La derecha totalitaria vence cuando se desposee a los individuos de cualquier asomo de pensamiento crítico. Para ello tienen en sus manos todos los mecanismos. Para ello la teórica izquierda que alcanza los púlpitos termina también entregada. Por eso me preocupa que ante la proliferación de másteres y posgrados de gestión cultural todo se convierta en la reproducción hasta el infinito de comportamientos y actitudes ancladas en el más absoluto estatismo académico, político y mercantil, en la infinita reproducción del discurso dominante, en la transcripción literal del pensamiento de los mercaderes…

[#767] (2011-08-10 12:21)

Si la vivienda digna es un derecho reconocido y hacen lo que hacen ¿qué pretendemos que hagan con la cultura? Abandonarla a la gestión del mercado y de la política (tal y como hoy la conocemos) es dejarla en manos necias que no la consideran sino una pieza más de un entramado discursivo anclado en la paranoia de un supuesto desarrollo económico, de una vencida y vendida ornamentación ciudadana. Hoy por hoy, utilizando el sentido etimológico del término, no tenemos cultura sino barbechura.

[#768] (2011-08-10 12:22)

Parece ser que la nueva oligarquía ha tomado para si la "cultura que no le pertenece" y la administra a su antojo como antes hacía con la tierra. Expolia los universos creativos e impide la generación de imaginarios abiertos, múltiples, ricos, variados... para luego, con grandes dosis de cinismo distribuir la cultura como se distribuyen las simientes patentadas. Todos hemos colaborado en mayor o menor medida a que este modelo de cultura cercada haya ido extendiéndose. Despojar y luego confinar en grandes templos. Quizá vendría siendo necesario organizar "asentamientos culturales" alrededor de ellos que permitan generar nuevos discursos, nuevas plantaciones. Asentamientos que no necesitan ser físicos sino ocupar la inteligencia colectiva, la inteligencia ciudadana. El control de las semillas, el control del imaginario. El control del agricultor, el control del cultor. Tendremos que estar atentos para que la tan aplaudida profesionalización de la cultura no acabe formando capataces para gestionar estas tierras ocupadas. De la cultura propietaria a la cultura social, por favor. ¿La acción cultural directa?

[#769] (2011-08-10 12:23)
Engolar el discurso de la cultura como genial mecanismo para el desarrollo económico es sin duda ofrecerla como antiácido para los pantagruélicos pucheros del gran Leviatán.

[#770] (2011-08-10 12:23)
¿No estamos usando la cultura como artefacto semiótico (en la línea de Foucault) para ocultar por un lado y/o subrayar por otro?

[#771] (2011-08-10 12:24)
Dejemos de repetir como papanatas que la cultura contribuye en tal o cual porcentaje al PIB de la economía. Dejemos de repetirlo porque esencialmente es una impertinencia. La economía contribuye al cien por cien de las economías sencillamente porque según sea la cultura así es la economía. El momento presente es trágico porque en realidad la cultura esta secuestrada por el mercado que en su forma actual es un modelo de economía, ojo, sólo un modelo de entre todos los posibles, un modelo representado y sostenido por una ideología radicalmente liberal y ultraconservadora que busca la consolidación y el crecimiento de los privilegios de unos pocos sobre el resto y a costa de lo que sea (¿Por qué no se tipifica el terrorismo de mercado?). Y está secuestrada porque está también banalizada y reducida a sus manifestaciones más, digamos, materiales y físicas, a sus trueques, a sus transacciones, a sus pompas. ¿Se le ocurre a alguien cacarear cuánto aporta la sanidad al PIB de las sociedades? A nadie le pasa por la cabeza utilizar este parangón para dignificarla, para intentar venderla a no sé qué círculos, a no sé cuántos consejos de no sé cuántas administraciones...¿Por qué ocurre esto con la cultura? ¿Porque es necesario que los mercaderes hagan transacciones con ella? ¿Porque el único argumento que hoy se admite es el financiero? ¿Porque únicamente se aprecia como ornamento de unas estructuras políticas centradas en la parafernalia? Porque se le ha despojado de todo su componente existencial y

se le ha desposeído de su esencia constructiva, crítica, intelectual... porque se la ha desligado de su esencia evocadora, educadora.

[#772] (2011-08-10 12:25)
Existe una cultura profiláctica, higienista, preventiva, aséptica, saneada... existe también aquella que revoluciona, agita, excita, convulsiona... dónde colocamos la que hoy conocemos, porque también existe la que narcotiza, amodorra, tranquiliza... y también la que sirve como placebo.

[#773] (2011-08-10 12:26)
El destinatario de la cultura no es el cliente, el espectador, el visitante... el destinatario es la sociedad. Partir de ese principio modifica sin duda nuestro trabajo.

[#774] (2011-08-10 12:27)
Las AAPP deben hoy cumplir un papel de co-investigación como apoyo a determinados sectores. El de la cultura es uno de los principales. Una vez que se han consolidado suficientemente los departamentos de programación y que la oferta está perfectamente estructurada en cuanto a contenidos y continentes es necesario un apoyo decidido a los procesos de investigación y desarrollo de nuevos modelos de intervención social que vayan más allá de la distribución de productos. Es necesario poner a disposición de colectivos y empresas espacios (y no hablo exclusivamente de los físicos) para la experimentación con procesos que tengan como resultados la intervención social completa. La coprogramación con equipos mixtos que se impliquen en la formación de acciones debe ser una referencia que termine con la división estanca que habitualmente se da entre lo de dentro de la administración y lo de fuera. El apoyo con infraestructura tecnológica, investigación básica, formación especializada, microproyectos compartidos... una implicación activa entre empresa, universidad, gobierno local, educación básica mediante acciones que se orienten hacia la colaboración para la búsqueda de modelos de intervención que permeen eficazmente en la sociedad completa. Investigación-Formación-producción-difusión

[#775] (2011-08-10 12:27)
Sigamos descubriendo trampas. Colocada a la vez que aquella que nos ha conducido a la necesidad de "tranquilizar a los mercados" y ofrecer los sacrificios necesarios (todas las iglesias se vuelven vengativas y crueles cuando ven peligrar sus privilegios, el mercado actúa desde hace tiempo como otra iglesia más, otro credo, y también por supuesto se torna cruel, paranoico, vengativo y tiránico...), tenemos la trampa supermortal que nos vocea de continuo que no hay diferencia entre izquierda y derecha Por supuesto interesa mucho extender este

dogma. Es evidente que interesa difundir que las ideologías han muerto para poder abandonar el compromiso, la solidaridad, la cooperación que, por otra parte, distan mucho de quienes comulgan con principios neoliberales. La derecha y la izquierda siguen y seguirán existiendo porque la ideología seguirá existiendo mal que la masacren. Seguirá existiendo porque existen diferentes modos de comprender el mundo y muy diferentes modelos de afrontar su desarrollo. Otro asunto es que los partidos hayan abandonado la ideología: en realidad son y funcionan como grandes industrias que necesitan de otras estrategias para mantenerse. La ideología y la política en su sentido amplio y literal van de la mano. He ahí otra trampa: inculcar el desinterés por la política. Abandona los partidos y abraza la política!

[#776] (2011-08-10 12:28)

¿Se reduce todo a ser funcionarios del entretenimiento? Programar acontecimientos no es lo mismo que programar imaginarios.

[#777] (2011-08-10 12:29)

La gestión de la cultura local no puede ser otra cosa que establecer un sistema dialéctico que trabaje sobre el hexágono de la creatividad (los ciudadanos, los creadores, el tercer sector, la educación, la empresa. el gobierno local) la programación de espectáculos, la conservación de patrimonios, la exhibición museística... deben actuar como complemento a este conglomerado dialéctico. Un complemento tan necesario como inútil si no se ve acompañado por el resto de los componentes y que queda en un mero despliegue de eventualidades. El trabajo es, en fin, de estructura. La cultura es siempre dialéctica y es indudable que el "yo propongo, yo dispongo" no sirve como modelo, no ha servido nunca y menos si cabe hoy. Evidente es que este modelo es más fácil porque se lleva bien con el poder.

[#778] (2011-08-10 12:29)

La cultura es por esencia y antonomasia, social y comunitaria. Abordarla desde planteamientos propietarios es extirparle el alma.

[#779] (2011-08-10 12:33)

Siguiendo de algún modo la línea argumental de Jorge Fernández Gonzalo ¿se puede hablar de una cultura zombi? Esa que ha muerto pero se resiste a desaparecer. Y por supuesto que no hablo de la muerte de la Cultura porque, en su sentido esencial, esa muerte es imposible sino que hablo de la muerte de ese modelo de interpretar la cultura que manejan las instituciones públicas (también las académicas) una cultura que "sigue en pie" mientras va perdiendo girones y su descomposición avanza en la misma medida que se empeña en no desaparecer. Un simulacro de vida que puede referenciar perfectamente la cultura aparentada. Es decir la que se reduce a unas funciones "vitales" básicas limitadas a un aparato locomotor deslavazado y titubeante (acciones y acontecimientos) y a una búsqueda enfermiza de inútil ingesta alimenticia (subvenciones y edificaciones) por carecer de órganos digestivos operativos. Curiosamente esta metáfora coincide con la realidad actual y la ficción sigue construyendo ficción de modo imperativo y ausente, alejado de la realidad y contando con unas referencias que ya no son útiles. Curiosamente también, desde gran parte de la intelligentsia se sigue en este empeño zombi. Un ritualismo ingenuo que pretende la cultura como una narración, como una retórica de lo ficticio porque ficticia es esa vida que el zombi se empeña en mantener. Se puede hablar de la cultura zombi y mucho más adecuadamente de la gestión zombi de la cultura. La gestión zombi representa lo desagregado, como si su comportamiento no fuese sino la intención de satisfacer "su" apetito fuera de las convenciones sociales que aconsejan actuar en grupo para alcanzar mejores y más convenientes resultados. La gestión zombi se ejemplariza por esas instituciones que evolucionan al margen de la lógica de lo común, de la comunidad. En todo caso cualquier relación ya sea institucional o interinstitucional erosiona cualquier amago de cooperación en función de ampliar los estadios de poder y de configurar las voluntades al antojo de las jerarquías. "El zombi es una fuerza que trata de aumentar su poder (pero que no puede contenerlo), de captar flujos humanos vivos y de obligarles a ingresar en las hordas" nos dice Fernández Gonzalo y tal vez esa es la fuerza que hoy transmiten instituciones que fuerzan a un comportamiento "externo" sin importarles realmente la realidad que fuera se mantiene viva. Un zombi no interactúa sino que realiza lo necesario para satisfacer su instinto de "supervivencia".

La gestión zombi y la institución zombi forman un ejemplo de coparticipación sin empatía, simplemente empujadas por ese instinto compuesto que fuerza a una incomunicación con apariencia de intercambio. Y no busca la interacción empática sencillamente porque el poder no la necesita. El fracaso del pensamiento derrotado por la acción del instinto. En todo caso este comportamiento ficticio toma tales dosis de "realidad" que la consideramos como tal y de un modo tan absoluto que un intento de recuperación es absurdo e inútil ya que esta horda zombi ha ocupado todos los espacios y, como es de su naturaleza, el ataque a los vivos es perceptivo. Lo real y lo ficticio se entremezclan de un modo peligroso y las políticas de mediación hacen que no se pueda distinguir de ningún modo lo que eso vivo o no-muerto, incluso que se sospeche de inmediato ante alto que se presienta como vivo y que advierta de la amenaza zombi. La política del miedo está perfectamente integrada.

La gestión del acontecimiento se impone en este mundo de cultura zombi ya que este acontecimiento es una metáfora del consumo de carne a la que los no-muertos se ven constantemente abocados. El consumo de carne, el consumo de acontecimientos. Un no-muerto no puede controlar el impulso de perseguir para comer nuevas víctimas. La gestión zombi no puede controlar el impulso de emprender nuevos acontecimientos sin una reflexión sobre sus efectos o necesidades. No puede parar y reflexionar, necesita producir en una especie de desarreglo pulsional que fundamenta una "gestión por obsesiones".

[#780] (2011-08-10 12:36)
Cómo hemos podido llegar a llamar cultura a un estado en el que el pensamiento está ausente, se pregunta Finkielkraut

[#781] (2011-08-10 12:41)
La cultura parece que se ha convertido en un avatar de la política y no deja de presentar una personalidad ficticia. Si la biografía no es la vida, el espectáculo que nos ofrecen no es la cultura. Aunque inmersos en el mundo del acontecimiento es difícil pretender un minuto para la reflexión seria interesante abandonar la programación y observar qué ocurre. La reproducción maquinal de rutinas no produce sino paranoia de movimiento y espejismos de desarrollo. ¿Qué es realmente necesario de lo que consideramos necesario? Todo cambia en ausencia de lo que creíamos imprescindible y de inmediato se genera un comportamiento distinto que nos dirige hacia descubrimientos de realidades diferentes. ¿Qué ocurriría si abandonásemos el acontecimiento como paradigma de la gestión? Qué ocurriría si olvidásemos las formulas aprioristicas que acostumbramos a utilizar (qué son las estrategias sino esto) y cambiásemos esas identidades prefiguradas que nos parecen inamovibles. Es necesario ensamblar, añadir, conjugar no para sustituir sino para complementar, para recomponer lo que se está volviendo inútil. Pero hay que hacerlo abandonando los modelos de pensamiento que nos anclan. Es imposible que pensando del mismo modo encontremos soluciones nuevas.

[#782] (2011-08-10 12:41)
La gestión de la cultura fundamentada sobre la programación, el mantenimiento la conservación, la exhibición... es con diferencia mucho mas "agradecida", más cómoda, más rentable. Habría que valorar si también es mas "sostenible" en el sentido de generar tejido social, pensamiento crítico, valores... la gestión desde paradigmas de cocreación, de implicación e incluso de desinstitucionalización requiere de un mayor esfuerzo y de un mayor compromiso tanto en la concepción de los prototipos como en la ejecución de las acciones. La imagen del gestor de púlpito y despacho es una imagen vieja, deteriorada, fuera de sentido y más bien ligada a los trasnochados conceptos de distribución y disciplina en los que la Institución tiene la sabiduría incuestionable. Ya no es acertada la actitud indulgente y muchas veces arrogante de "transmitir cultura", es necesario que la cultura sea algo vivo, compartido en el sentido amplio. La vida real, la cultura real no es un escenario, ni un museo ni siquiera un centro para la participación pasiva. Qué queremos decir, por cierto, cuando hablamos de participación, no será asistencia a lo que nos referimos. Es muy diferente.

[#783] (2011-08-10 12:42)
La gestión de la cultura corre, hoy por hoy, paralela a la sociedad industrializada caracterizada por la sobreabundancia de lo inútil y el consumo sobrado. La gestión de la cultura se convierte

en la superproducción de ofertas continuas y de acciones redundantes, un circulo que impide el necesario y saludable relajo reflexivo. Las sociedades, los modelos sociales fundamentados sobre el capitalismo de la obsolescencia inundan también la gestión de la cultura y quieren modelos industrializados. Bien es cierto que la fuerza del capital ha pasado del ámbito físico (producción fabril) al intelectual (producción simbólica) por lo que es necesario ejercer presión sobre dos estamentos: educación y cultura. Esta última requiere de intervenciones que puedan valorarse desde concepciones de rentabilidad que permitan la circulación de capital. La cultura se ha convertido en un aliado de las políticas liberales.

[#784] (2011-08-10 12:43)

¿Podríamos hablar de un necesario "posteventismo"? Todas las AAPP han demostrado, en mayor o menor medida una gran capacidad de producción y de promoción de espectáculos diferentes entre si casi de forma exclusiva según su capacidad de gasto o de endeudamiento. La obsolescencia de un modelo de gestión pública de la cultura fundamentado sobre la distribución de acontecimientos nos conduce a una encrucijada cada vez más embarazosa y aparente ¿se puede mantener un modelo derivado únicamente de las "necesidades" de consumo? ¿Se puede articular con las realidades de unos modelos económicos cuestionables y cuestionados además de cada vez más tendentes a aumentar las desigualdades? Los productos culturales se han colocado en la misma línea de consumo que cualquier otro y se ha trabajado a fondo para introducirlos en el mercado interno y externo. Se puede decir que existen verdaderos especialistas en mercadotecnia de la cultura, profesionales que proliferan a medida que el discurso pone a la cultura como máximo exponente del desarrollo económico de los pueblos (insisto en que se confunde el contenido con el continente pero, en fin, creo que de eso ya he hablado) y se habilitan másteres y postgrados para reforzar la sentencia. Hemos alcanzado una paradójica saturación del mercado. Por una parte ya no produce satisfacción su consumo dada la simple inercia consumista y, por otra, por evidentes causas de posibilidad real, no damos cobertura a una demanda cada vez más amplia y exigente. Sencillamente, las necesidades de la calle ya no concuerdan al cien por cien con las fórmulas de distribución tradicionales. Y no podemos dar cobertura porque no nos estamos esforzando suficientemente en procesos de investigación ni avanzando en revisar modelos. Y entramos en el circulo vicioso de no poder avanzar porque "necesitamos" mantener (algo así como el modelo de gestión cultural zombi al que me refería más arriba.) Los gobiernos locales ya no pueden ser esos intermediarios que compran y venden cultura según el antojo tecno-político de turno. La estructura burocrática y jerárquica sofoca y contamina procesos que deberían funcionar a modo Lego que permitiesen construir nuevas plataformas. No digo que sea fácil. Es necesario que haya una transformación doble, también lo he señalado en ocasiones anteriores, en la que el ciudadano se desprenda de las reticencias que mantiene hacia la administración y pueda concebir que sin una colaboración en la que cada vez más imposible el progreso. Es necesario sentarse alrededor de mesas multinivel y multicriterio que superen las estructuras estancas (tanto en el ámbito interno como en el externo), que se complementen sin anularse. Lo público no está dentro de las instituciones, está evidentemente fuera. Pero sin las instituciones lo público deja de tener ese sentido que aglutina el procomún.

Este posteventismo, o como quieran llamarle, es como una especie de "banda ancha" de la cultura por la que pueden correr a gran velocidad creaciones, contenidos, experiencias, investigación... porque se han abandonado esos modem analógicos de los grandes eventos. Y por supuesto no hablo exclusivamente de espacios digitales aunque el símil use su terminología. Hablo de combinar las realidades tecnológicas con los espacios físicos, con el contacto, una apuesta por el modo multisistema por la multiplexación. Pero para ello son cada vez más necesarios laboratorios locales de investigación cultural que permitan retirarse de las normas conocidas de relación ciudadanía-administración (y cuando hablo de ciudadanía en el ámbito de la cultura lo hago con todo conocimiento de causa y no me reduzco al ámbito de los creadores precisamente porque si la sociedad completa es el destinatario-productor de la cultura mal hacemos en centrarnos en el mundo de la creación como únicos interlocutores válidos). Evidentemente ello requiere de una conciencia clara y de una amplia modificación de las mentalidades. La desisntucionalización de la cultura que en otros momentos propongo no va por el abandono de las responsabilidades pública sobre ella (qué más quisieran los ultraprivatizadores) sino de abandonar esa condición de concesionarios, en el sentido de mercado, que las AAPP han venido teniendo sobre todo en las dos últimas décadas.

[#785] (2011-08-10 12:43)

Crecimiento endógeno: no desestimes el conocimiento local.

[#787] (2011-08-17 13:46)

Cultura local, ¿gestión del procomún? El agotamiento de la gestión cultural desde las Instituciones Públicas (más allá del acontecimiento) pone de manifiesto la necesidad de construir nuevos espacios de reflexión y conocimiento en los que los saberes opten por la cooperación y la coproducción abiertas. Potenciar y liberar la creación así como dotar de instrumentos para la construcción y consolidación de una cultura del procomún y desde el procomún. Retomar la práctica colectiva y los procesos de confianza mutua para la construcción y reconstrucción de las experiencias de comunidad.

Esta gestión del procomún, en contra de los procesos de privatización de las oligarquías, propicia con rotundidad la conservación, mejora y potenciación de un sistema cultural sustentado sobre las labores colectivas y más allá del pensamiento único y oficial. El acotamiento burocrático de la administración y la puesta de la cultura en manos de sus "expertos" ha contribuido a un dirigismo que no ha conllevado mejoras ni desarrollo de los bienes y riquezas culturales creadas por una ciudadanía libre. Se ha propiciado continuamente un dejacionismo ciudadano en pos del manejo de nuestras "necesidades" por organismos no conniventes y en muchas ocasiones prepotentes y traficantes de una cultura que no era sino la manifestación de un avatar político que intenta edulcorar las verdaderas intenciones de monopolio del pensamiento. Es evidente que en muchas ocasiones buena parte de los gestores han sido gestores de la cultura oficial y, aun sin pretenderlo de desde la buena voluntad, han colaborado convencidos de que se estaban estructurando políticas de cultura bien comprometidas. La verdad es que se ha entrado de lleno, en demasiados casos, en el paradigma mercantil y se han reproducido los discursos de forma, quiero creer, confiada.

La gestión del procomún es, como comienzo, un modo de garantizar la implicación plena de los comunes en el devenir de una sociedad con fundamentos colectivos. Lo contrario es la cultura desposeída y dependiente, una cultura que no establece sino acciones en pos de un efecto profiláctico bajo un régimen de cultura mercantil que pierde todo su significado y permanece subsumida a los criterios del capital y de la clase dominante. La ideología de la eficiencia (política y económica) manda y se subvierten los principios del procomún bajo los criterios de gestores y creadores "expertos". En última instancia se la ve como una carga para el capital. Se ha colonizado la cultura como se ha hecho con la vida privada.

Nada más oportuno para desterrar la gestión por stock (la venta de productos culturales desde el sistema de aparadores) que únicamente visibilizan aquello que tiene salida dejando en el fondo creaciones y manifestaciones poco "dignas". Sencillamente porque la cultura no es cuestión de escala. Ni en su sentido estricto, puede tener dueño. Precisamente en eso consiste el procomún, no es que sea de todos, es que no es de nadie. Nada más claro para asegurar que las instituciones públicas deben subordinarse al ecosistema cultural que entre todos se crea.

[#788] (2011-08-29 13:23)
La marginación tacita y progresiva de la inteligencia comunitaria, la difusión de esta actitud vía medios de comunicación, el desprecio generalizado hacia el que ejercita el pensamiento crítico y el malentendido respeto hacia cualquier actitud que alimenta a los neofascismos, son, entre otras dejaciones de responsabilidad social, las que están provocando un deterioro espeluznante en el modo de construir la humanidad. No son las élites las únicas responsables (pedirle al zorro que no asalte el corral es ir contra natura) nosotros mismos, los ciudadanos comunes, y nuestra aquiescencia alimentamos el disparate.

[#789] (2011-08-29 13:23)
A propósito de la desinstitucionalización de la cultura. Trabajar por una cultura interactiva e interconectada debería ser uno de los principios para la emancipación institucional y mercantil de la cultura. El medio local es extraordinario para alcanzar progresivamente objetivos como éste. La cultura local abierta como concepto de trabajo y de expansión. Un proceso que puede abrirse para generar conocimiento compartido. Una comunidad en torno a la cultura más allá de los espectáculos y los eventos propuestos, como paradigma casi único, por las administraciones. Una manera también de provocar y proponer nuevos modelos de

participación más allá del consumo. Modificar las estructuras de gestión administrativa de la cultura y proponer soluciones recíprocas, conexas y democratizadoras. Organizar de forma comunitaria nuestros campos simbólicos. Una apuesta por el decrecionismo eventista y a favor del desarrollo emocional.

[#790] (2011-08-29 13:24)
Posiblemente al hablar de cultura debemos distinguir entre lo que es activismo cultural, comercio cultural y discurso cultural. Nada que ver entre ellas aunque en ocasiones, sería lo ideal, coincidan en muchos de sus parámetros.

La "enajenación cultural" está garantizada cuando la cultura se somete a criterios que nada tienen que ver con el aumento de la riqueza intelectual de los individuos. No existe una visión "cultivada" de la cultura en el sentido de que muy pocas veces esta referenciada, valorada y ejecutada desde su capacidad para "generar humanidad", al contrario, está mediatizada por un sistema doctrinal que la relega al terreno eficientista y se replica en función de los intereses de los poderes que la gestionan (qué es gestionar la cultura me vengo planteando, ¿de verdad existe gestión de la cultura?) siempre en pos de garantizar acciones que salvaguarden los privilegios. Transgenizar la cultura y monopolizar el pensamiento para erradicar sus genes críticos, para impedir que otras semillas (otras culturas) puedan ser plantadas y prosperen. El liberalismo cultural y la idea de una cultura transgénica son suficientes para impedir los derechos de la cultura para el desarrollo humano. Hoy el "abuso" de la cultura en todos los discursos infunde sospecha. Cosas veredes. En ocasiones pienso que las políticas actuales de cultura son un acicate más para la reordenación de un capitalismo neoliberal que va perdiendo su fuerza en sus vertientes industriales. No debemos dejar que confundan el discurso de la cultura con la cultura. El paradigma de los estereotipos.

[#791] (2011-08-29 13:25)
Quizá exista lo que se puede llamar una "melancolía de la cultura". Aquella que la concibe como un vínculo social, que la transmite como generadora de tejido social. Enfrente tenemos lo que hoy podría ser una cultura al servicio de un "individualismo de masas" en palabras de Rancière. Retomar la cultura como ejercicio de socialización seria francamente saludable.

[#792] (2011-08-29 13:25)
Entiéndase que cuando hablo de cultura lo hago de aquella que esta secuestrada por el discurso oficial, de aquella que viene desde arriba para "redimirnos". La cultura del estado y las instituciones, la del mercado, la macro. Es evidente que existen todavía multitud de colectivos y personas que buscan rescatarla y devolverla a la libertad de la calle. Por ello insisto en que no es la cultura lo que está en crisis. Esta es una valoración hecha desde la prepotencia de ciertos

organismos y creadores (si desaparecemos nosotros, desaparece la cultura, dicen algunos) que se otorgan su exclusividad. Lo que está en crisis es un modelo de cultura, de gestión de ciertos productos de la cultura, que priorizan privilegios y pretenden uniformes.

[#793] (2011-08-29 13:26)
¿Puede identificarse la cultura oficial con el mito platónico de la caverna? En ella nada es lo que parece y sus habitantes refuerzan su engaño en la creencia de una realidad distorsionada, de las sombras que se proyectan en la pared. Cuando uno de ellos es liberado y vuelve para contarlo sus congéneres creen que ha sido cegado por el sol y lo creen confundido, enfermo, son capaces de matarlo. ¿Asistimos al mito de la cultura oficial como única e inequívoca realidad? O a una especie de "cultura sin atributos" si siguiésemos a Musil. Salir de este círculo de engaño y banalización es partir de conceptos y análisis nuevos que propongan una cultura alejada de la instrumentalización y la trivialidad. De una cultura en la que no existe un modelo único e inefable de representación, en la que no existen mecanismos prodigiosos de autorización y distribución, en la que no existe un conocimiento salvífico, en la que no existe el culto porque no existe el inculto. La urgente necesidad de una investigación y de una acción alejadas de los fetiches.

[#794] (2011-09-08 13:47)
El decrecionismo en cultura se materializa a favor de la comunidad como agente y actor, del procomún como factor de gestión, de la colectividad como escenario. La sobreacumulación neoliberal se hace patente también en la proliferación de los grandes eventos en detrimento de la cultura comunitaria. Sin embargo la cultura se alimenta de las culturas tímidas o muere y estas están siendo relegadas y ocultadas. Una sociedad alternativa es necesaria, una cultura alternativa es la que la facilita. Y la acción comunitaria concreta.

[#795] (2011-09-08 13:48)
La cultura gravita entre la lógica económica y la lógica social. La experiencia nos demuestra que la clase política se rinde ante las exigencias del neoliberalismo. La cultura pierde si le abandona en las manos del poder político. Recuperarla desde la comunidad y desinstitucionalizarla es cada vez más necesario para que no se pierdan los universos comunitarios de producción cultural

[#796] (2011-09-08 13:51)
¿Y si algunos gestores ya no gestionamos?

Formulo esta pregunta desde la duda que algunos de nosotros tenemos sobre si realizamos labores de gestión cultural (sensu stricto) y conjugándola con los nuevos modelos de distribución y producción del conocimiento[3]. Y la formulo también desde el convencimiento de que la cultura y su gestión, hoy día, deben abrir sus campos y sus miras hacia objetivos que trascienden las limitaciones del producto gestionado y las lindes territoriales que los ocupan[4]. Desde la referencia de una cultura expandida[5] en su más amplio sentido. La distribución y difusión de los bienes y productos culturales, tangibles o intangibles, a través de estrategias, aprovechamiento de recursos materiales humanos y financieros, relaciones con el entorno... ha sido el eje de la llamada gestión cultural. Si bien es cierto que alrededor de este proceso se han generado modelos y se ha experimentado abundantemente (la producción de contenidos culturales es realmente admirable y su circulación es cada vez más fluida) este fenómeno plantea hoy día una cuestión que va más allá de estos procesos dinámicos conocidos. En todo caso es necesario comprender que las organizaciones públicas de cultura necesitan implantar estrategias de gestión de la cultura que vayan más allá de la distribución de bienes y servicios[6]. Esto es evidentemente estructura y pensamiento, ambos de difícil transformación en una administración pública demasiado estanca para las necesidades y realidades de comunicación e interacción social actuales. En este sentido, existen, existimos, profesionales de la cultura que invertimos nuestro tiempo[7] de trabajo en canalizar, si puede llamarse así el conocimiento, el capital intelectual que mueve el campo simbólico de la cultura. Que conduce valores. Una cultura expandida que lleva a un gestor expandido. Que traspasa los límites temporales, espaciales y materiales, que va más allá de lo que su Institución le "paga", que trabaja para una comunidad global. Una especie de gestión hiperlocal de la cultura. ¿Puede entenderse esto desde la gestión municipal tradicional? En ocasiones es difícil que se comprenda que los límites de la cultura cada vez son más extensos y que la influencia de nuestros trabajos no revierte de forma directa en nuestros ciudadanos sino que se concatena con una globalidad influyente. De hecho es una de las grandes dificultades a la hora de explicar nuestro trabajo. La cultura es un asunto complejo, necesitada cada vez más de interacción del conocimiento, de conectivismo y los organismos públicos tienen la obligación de adaptar sus estructuras a las realidades externas. Es imposible que se esté trabajando desde modelos de pasados siglos en los que la cultura se empaqueta, se conserva o distribuye. No es suficiente con que exista un

---

3   Véase también como referencia el artículo de Juan Freire @jfreire "El conocimiento no se gestiona: Estrategias para su producción y uso colaborativo" http://nomada.blogs.com/jfreire/2011/08/el-conocimiento-no-se-gestiona.html

4   El objetivo de las acciones culturales no son los públicos sino las sociedades.

5   La cultura se da en todas partes, dentro y fuera del ámbito oficial, del mercado y de las instituciones. Esto supone una necesidad de reciprocidad con la sociedad general y la superación del formalismo económico, mediático, político, tecnológico y gestor..."Algunas notas en beta para una cultura expandida" http://espaciorizoma.wordpress.com/2011/01/14/647/

6   Más allá de la asistencia a eventos hay que valorar la fragmentación de los valores conseguida entre sus ciudadanos.

7   ¿Se puede medir este tiempo bajo los mecanismos habituales? Me temo que no ya que la "cultura expandida" te lleva también y directamente a un tiempo laboral expandido. Sólo desde esta perspectiva la cuestión de las regulaciones laborales hace aguas desde el prisma tradicional.

departamento de producción (o como quiera que tome el nombre en las diferentes instituciones) ni que sus técnicos programen. La cultura no es únicamente una actividad de consumo que deba ser distribuida, en este momento todo se trastoca desde las herramientas y desde una actitud social que va más allá de la asistencia a los espectáculos. En todo caso, teniendo bien presente la necesidad de estos procesos de distribución, la necesidad de abordarla desde nuevas perspectivas es acuciante. La cultura próxima como referencia de crecimiento memético, la cultura hiperlocal como referencia de crecimiento viral. En este sentido una de las nuevas funciones de la gestión cultural es la de conformarse como procesadores de conocimiento. No es fácil hacerlo entender porque los sistemas de control de tareas han ido siempre por la línea de resultados y de un modelo de acción que se fundamentaba sobre parámetros, digamos, más tangibles. En realidad es difícil porque estamos hablando de un modelo abstracto y simbólico dentro de estructuras que miden otro tipo de acciones. Por intentar una síntesis diré que los procesos de gestión se han centrado en lo que podría llamarse su "capa física" es decir los procesos y procedimientos necesarios para canalizar una oferta cultural amplia, diversa y variada, y su "capa lógica" o los productos ya elaborados. Aparece una tercera capa que sería la "capa simbólica" que supone la canalización de símbolos, conocimiento y valores. Aquí es donde se plasma una referencia nueva para la gestión de la cultura. Porque la cultura no es únicamente un asunto técnico. Las políticas públicas de cultura y la estructura de las organizaciones tendrán que asumir y lidiar con nuevos modelos de tareas internas que pueden generar nuevas y mayores intervenciones desde la acción indirecta. La cultura representa cada vez de modo más sólido un espacio abierto y flexible con mínimas capacidades de control por los poderes centrales, ya sean municipales o estatales, y deberá contar con profesionales que puedan generar conocimiento compartido para la generación independiente de cultura local. Las referencias laborales técnicas actuales nada tienen que ver con estos modelos de trabajo.

La arquitectura de la cultura es política y se construye en tiempo real. No hay otra forma de verlo y la tecnología pone un nuevo modelo de gestión que soporta muy bien la distribución del conocimiento y, con ello, la multiplicación de las posibilidades de creación de cultura más allá de los centros de producción tradicionales, como plataformas para la cultura abierta, de cultura colaborativa para el desarrollo local.

Los modelos de gestor cambian, se complementan con los anteriores y amplían la tipología. La convivencia de los modelos para facilitar la evolución. En todo caso hay que tener en cuenta que la cultura camina por campos abiertos y transformar los modelos para su gestión pública (herramientas, conocimiento y prácticas) es necesario si deseamos desarrollar procesos que vayan contra la acumulación (institucional o privada) y las desigualdades (de consumo y de producción). Garantizar un espacio para el procomún interconectado. Y por supuesto garantizar una desregularización de la cultura que pasa a manos comunitarias: la producción de conocimiento en torno a una cultura que se reparte y se reorganiza a través de las esfera pública: la participación aumentada. Con ello la cultura pública deja de estar controlada y avanza hacia los contenidos ciudadanos.

Retomo brevemente, tres argumentos sobre nuestra realidad y los nuevos espacios públicos en los que nos desenvolvemos y que ya hice en su momento:

• Los espacios públicos se han convertido en espacios híbridos. De la idiosincrasia concurrente como única referencia de relación estamos pasando, y así lo debemos considerar, a la creación de nuevos espacios en los que la interacción social precisa de una nueva responsabilidad, individual, política y colectiva. Una responsabilidad que requiere de mecanismos de autoorganización no jerarquizada bastante alejados de las tradicionales pirámides de decisión analógica. La gestión de estos modelos de interacción social fundamentados sobre las redes no presenciales requieren ser analizados de modo totalmente distinto a los estructurados hasta ahora. Asociacionismo difuso: cooperación no presencial. inducción metanarrativa, diseño de intangibles, conocimiento abierto, empoderamiento del procomún...

• Esta inevitable relación entre la presencialidad y la distancialidad convoca las relaciones entre el espacio público analógico y el virtual. Se crea un territorio abstracto que se añade a la realidad experimentable en el que evoluciona una conectividad expandida que no requiere de las ataduras físicas. Un nuevo escenario en el que no interesa reproducir los modelos conocidos sino experimentar nuevas posibilidades, un modelo que añade sin sustituir. ¿No estamos accediendo a un espacio en el que ya no son imprescindibles las Instituciones (así con mayúsculas) para hacer una importante labor de interacción ciudadana? Las multitudes inteligentes.

• Si está claro que esta evolución de los espacios públicos es algo irrefrenable y conduce a resultados absolutamente insospechados, debemos asumir que lo que estamos haciendo en demasiadas ocasiones, sin embargo, es transferir modelos de comportamiento analógicos. Y lo hacemos sin comprender que las lógicas de estos nuevos escenarios, aun partiendo de premisas de desarrollo social y cultural similares, nada tienen que ver con las lógicas de los espacios presenciales. Estamos ante un espacio social ampliado desde el que podemos lograr una auténtica participación aumentada Se trata de comprender que, en realidad y bajo estos puntos de vista, deberemos ampliar nuestra visión de gestión y analizar la necesidad de aplicar tareas que no trabajen desde el prima tradicional de producción de bienes y servicios culturales sino que trabajen sobre contenidos de conocimiento y que provoque la interacción de comunidades y redes con el fin de inducir nuevos productos. La tecnología digital ha modificado los procesos y la cultura es una plataforma abierta y la labor de las instituciones, sin abandonar los modelos previos, es la facilitar el desarrollo y generar contextos. La gestión comunitaria de la cultura desde los ecosistemas digitales para el conocimiento.

[#797] (2011-09-08 14:06)

El discurso no es ya afirmar que queremos más cultura, debería centrarse en definir qué cultura queremos. Yo lo tengo claro, la que abre brechas en el poder. Aparatarse de una vez de ese pregón afincado en el pensamiento hueco. Un pensamiento que fortalece los discursos dominantes por simple ausencia de crítica. El espacio teórico y político de la cultura se ha relegado a una especie de social demagogia. La cultura despolitizada y desposeída no es sino adorno. La construcción de una ciudadanía comprometida se pierde en el marasmo de una sociedad que asume sin reflexión las proclamas de los medios, el discurso plano cala hondo bajo un instrumentalismo oportunista. ¿Para qué sirve la cultura en este contexto? Si la cultura no se considera, en una buena parte, como acción política y conformadora de procesos críticos no puede haber salida a una escalada de los pensamientos totalitarios.

[#798] (2011-09-12 10:41)

Algunos apuntes para una reflexión cuántica de la cultura (Para añadir a "notas para una teoría cuántica de la cultura")

• La cultura está constituida por información. Esta constituye la base de los símbolos y los valores. Todo producto o bien cultural lleva en su ADN la información que los transmite y ella es la que la determina en una dirección u otra, es por ello que la fundamentación intelectual de las culturas no es inocua.

• El principio de superposición nos dice que una cultura determinada puede estar en dos lugares a la vez. Contra el determinismo cultural.

• Dos culturas en hemisferios diferentes tienen la capacidad de influirse entre ellas. El principio de entrelazamiento. El entrelazamiento cuántico de las culturas. La manera de entender y percibir el mundo es un hecho cultural por ello la forma en la que lo comprendemos desde el paradigma newtoniano (determinismo) o cuántico (incertidumbre) va a marcar la forma en que nos planteemos los procesos de gestión.

• El entrelazamiento cuántico, como principio de reflexión, supone que una cultura interfiere en otra desde ámbitos lejanos. Este simple hecho es fundamental para comprender la absoluta necesidad de dotar de importancia y considerar los procesos de cooperación para el conocimiento como algo fundamental para el desarrollo de las sociedades. La cooperación para el producto está mejor comprendido ya que toda valoración se realiza siempre en torno a valores tangibles. Es bueno ampliar la perspectiva.

El azar y la incertidumbre permiten que varias culturas existen a la vez. Soportar las tendencias uniformizadoras es sencillamente actuar contra natura desde un desconocimiento y una ignorancia extremas que impiden el desarrollo intelectual y operativo de las sociedades.

Las culturas no tienen trayectorias ni posiciones definidas sino que dependen del entorno, incluso de la modificación efectuada por el observador. Superposición

A partir del entrelazamiento de las culturas podemos observar que cuando algo modifica a una de esas automáticamente se produce el efecto mismo de modificación de otras u otras entrelazadas.

La gestión de la cultura requiere de un posicionamiento intelectual que supera las acciones de protocolo físico (gestión del producto) y que busca la investigación en procesos cognitivos y de símbolos.

La cultura es un proceso que se enriquece por el simple hecho de compartir información. Como se ha visto la información y no la materia es, según las investigaciones cuánticas, las bases de universo matérico. Cuánto más de la cultura.

Dentro de los espacios locales la convergencia también enriquece los modelos. Parece obvio pero no se aplica. Un sistema conectado es mucho más eficiente porque la información circula con mayor precisión y velocidad.

No existe nada que pueda sugerir avance si no hay intercambio de información. El ámbito de la investigación debería tenerse en cuanta en la cultura del mismo modo que se tiene en la ciencia.

Los hechos sencillos son binarios. Aplicar este principio a la gestión de la cultura es simplemente anularla. La cultura gestionada desde el principio del bit, sí o no, es algo que la reduce a comportamientos dogmáticos

Si el ADN es una secuencia de instrucciones básicas el fundamento de la información es su origen. La cultura cuántica considera que esas unidades fundamentales están hechas de información. El componente esencial es el intercambio de conocimiento.

- Las unidades de información son las que crean las culturas no las realidades de producto que, en todo caso, transmiten esa información. Depende de la información transmitida la cultura se da en una dirección u otra.

- Es necesario reforzar las unidades de pensamiento en la gestión local de la cultura.

[#799] (2011-10-05 10:28)
Política y cultura. La victoria del PP sería tan solo una cuestión de normalidad política si no fuera porque supone un auténtico fracaso de la inteligencia colectiva, del espíritu crítico ciudadano. En definitiva, si no fuese un estrepitoso fracaso de la cultura. De un modelo de cultura que, desposeída por el poder, se ha ido alejando del pensamiento y se ha ido centrando en el espectáculo y la banalidad de la ceremonia. Una cultura que pareciera programada para desmembrar la cordura.

[#800] (2011-10-05 10:37)
Cuando se escuchan voces que advierten sobre la posible supresión del Ministerio de Cultura y sobre la necesidad de liquidarlo, no puedo dejar de pensar que más bien hace ya tiempo que se exterminó como tal y que nada más se ha mantenido un nombre con pompa y boato. Que ha sido y es una prolongación del de Industria, como mucho, o de aquellos oscuros ministerios de propaganda.

[#801] (2011-10-05 10:47)
No sé si lo dije ya antes pero insisto: la música, la pintura, la literatura, el cine... no son porque sí cultura como no es urbanismo porque sí la albañilería, la fontanería, el alicatado... Tampoco los fármacos son salud, incluso una mala administración de estos puede dar al traste con ella.

[#802] (2011-10-07 12:47)
Cuando la sociedad no es la verdadera generadora de cultura, las instituciones públicas se convierten en las difusoras de las manías de los gobernantes de turno.

[#803] (2011-10-07 12:48)
Las estrategias en cultura suelen ser profecías del pasado.

Se reconozca o no la gestión oficial dominante de la cultura parece más bien una estrategia para retraer a la ciudadanía del pensamiento. Una estrategia que se corresponde de modo directo con las agresiones que estamos verificando en contra de la educación. La destrucción de la comunidad crítica abona el camino del totalitarismo y los que hoy sufrimos, al menos en la mayor parte del mundo, son totalitarismos que no necesitan de violencia física para implantarse y mantenerse. La violencia de los mercados es buen ejemplo. La gestión oficial y dominante de la cultura no es en demasiadas ocasiones sino la gestión arrogante de parafernalias mediáticas. Poca esperanza existe para la cultura cuando todo está en manos de quienes manejan los medios. Poco puede hacerse cuando el sentido general de la gestión de la cultura se reduce a la propia de una comisión de festejos. Poco puede hacerse cuando prácticamente ningún responsable se lanza a la reflexión ni ha leído ni una sola línea sobre teoría de la cultura.

Y la tristeza total no reside en la falta de conocimiento, todos desconocemos más de lo que nos parece, sino en la prepotencia institucional con la que esa ignorancia se acompaña. Sobre todo cuando comprobamos que existen multitud de personas y organizaciones que están experimentando, investigando y avanzando en modelos de cultura y observamos a la oficialidad enrocada en estándares de gestión y distribución que nada tienen que ver con la realidad social.

La cultura, como tal, está cada día más alejada de las instituciones. La reflexión, la investigación, el riesgo... se desarrollan y permanecen en colectivos, organizaciones y personas que nada tienen que ver con las instituciones públicas mientras éstas no funcionan sino como distribuidoras de espectáculos más o menos dignos y sin ninguna orientación social. Ceremonias y edificios son su único argumento.

La cultura no está constituida por hechos aislados sino por concatenaciones. No es posible abordarla sin conjugar, relacionar y enlazar esos encadenamientos. No es posible que desde la especialización en alguna de sus diferentes y múltiples fragmentos se pueda abordar una acción sistémica. La gestión de la cultura debe ser la síntesis de esos fragmentos. Por ello hace falta una verdadera capacidad de abstracciones para alejarse de las particularidades y alcanzar una visión global.

Es muy difícil que la política pueda hacer este ejercicio dadas sus limitaciones a la hora de comprender algo que vaya más allá de sus intereses corporativos. Porque más bien me parece que los intereses de los partidos han pasado de sociales a corporativos. Pienso que lo mismo podríamos decir de las estructuras oficiales para la gestión de la cultura: se sostienen desde las referencias de sus áreas, de sus servicios, de "lo suyo"

[#806] (2011-10-07 13:20)
Solo se puede hundir una cultura con productos culturales.

[#807] (2011-10-07 13:21)
Toda "acción hacia" va a depender de la noción y el criterio que tengamos previamente acerca del objeto hacia el que deseamos dirigirnos. Digamos que nos vamos a enfrentar a los hechos (simbólicos o físicos, intelectuales o especulativos...) según la idea previa que tengamos de ellos. Toda investigación se inicia pues y se enfoca a partir de la estructura mental que nos hayamos hecho sobre el asunto a investigar. Después, a partir de ello, vienen las herramientas que también habremos decidido según lo anterior y en función de nuestros conocimientos. Sábato pone un buen ejemplo cuando nos presenta a un ictióogo que decidido a investigar los peces del mar concluye que ninguno de los animales que lo habitan mide menos de cinco centímetros. Un epistemólogo le hace ver que tan solo con observar su herramienta de investigación ya hubiese podido llegar a semejante conclusión ya que la red no tiene agujeros menores que los de esa medida.

Con la gestión de la cultura nos enfrentamos al mismo paradigma. Según el concepto que tengamos de ella nos orientaremos en una dirección u otra. Después, dependiendo de las herramientas usadas (y nuestra inteligencia es la más potente tanto para bien como para mal) podremos generar unos resultados u otros.

El pensamiento y la inteligencia que lo mueve (ese es el orden a mi parecer) son los factores determinantes de una gestión y los que hacen que se persiga un modelo u otro de intervención. Quizá habría que tenerlo en cuenta en las múltiple plataformas para la formación de gestores culturales que existen y antes de las indispensables herramientas de acción fortaleciésemos los cimientos del pensamiento y la inteligencia. Sin embargo, pareciera que hoy es más importante un ladrillo que un silogismo.

[#808] (2011-10-11 09:05)
La hipertrofia de la pretendida cultura (ese intento tan absurdo como pretencioso y populista, mezquino por mercantilista y demagógico, de pretender la cultura en todo y por todo; una cultura, por cierto, únicamente entendida desde la transacción de espectáculos y de gentes que hacen turismo) ha fingido una humanidad sensibilizada y orientada hacia el conocimiento. La realidad nos devuelve cada día la cara equivocada de esta estúpida pretensión. Estúpida por

no ser sino una doctrina de suplemento dominical banalizada hasta dimensiones absurdas y sustentada por la extravagancia política de hablar de lo que no se entiende hasta desprestigiarlo y anularlo. Una actitud que ha convertido la cultura en una especie de fetichismo al que se recurre para disfrazar la ignorancia, para ocultar que se es incapaz de comprender algo que no vaya más allá de una descafeinada sarta de discursos y de alegorías exhibicionistas. Y sobre todo porque los que tienen el poder utilizan este desconocimiento delirante para generar una parafernalia desbocada en favor de sus paranoias (habitualmente relacionadas con los grandes eventos y el ladrillo). El ciudadano vive deslumbrado por esta adoración y reclama fastos en función de esa falsa fachada, reclama que se le engañe. Vuelve a la ignorancia desde la cultura, una triste paradoja de esta civilización orientada a las magnitudes. Cuantos más oropeles más insignificante el progreso. Hacia la incultura por la cultura.

[#809] (2011-10-14 09:54)

Como señalaba en un tuit reciente @iguazelelhombre, "el pensamiento positivo es un invento capitalista". Coincido con su apreciación añado que a mí me parece una secuela de la triste resignación cristiana. En todo caso un pensamiento positivo nada tiene de tal si se dedica a falsear la realidad y edulcorarla para tragarla mejor con esas dosis de conformismo que ahora se nos exigen, más que nunca, para arreglar lo propio y lo ajeno. Quizá por ello ese pensamiento que destilan estas homeopatías tenga apariencia de negativo ya que más bien lo dirijo a resaltar las realidades oscuras de la cultura local actual. Sin embargo fácil es estimar que esta crítica es, según mi punto de vista, una eficaz manera de despertar desde el pinzamiento y apartarme de un absurdo "yupiyayaismo" heredero de una descafeinadora new age. En todo caso no existe pensamiento negativo si de lo que se trata es de referenciar una realidad, de conocerla para desenmascararla si se desea modificarla.

[#810] (2011-10-14 09:57)

¿Podríamos hablar de una cultura directa? En el sentido que ha tomado en los últimos tiempos el termino democracia directa. Una cultura creativa, representativa y participativa que aspire a ocupar el espacio que le corresponde y que se manifieste en el necesario tono emancipatorio, que trascienda de las maquinarias burocráticas del estado y de las normativas del mercado. Una cultura madura con capacidad, talento y coraje para conjugarse en una especie de movimiento cultural sistémico y asambleario. Canalizada desde espacios de autonomía que interactúen (ni se subyuguen ni invadan) con los estamentos públicos en una confluencia de crecimiento compartido (lo público es esencial y la cultura pública hay que dignificarla sin anularla, como la educación y la sanidad). Recuperar la calle para "intranquilizar a los mercados" y ofrecer una perspectiva de movimiento ciudadano que termine de una vez con la idolatría al capital y al partido. Porque no cabe ceñirse a uno u otro sin cuestionar a fondo una comunión entre poderes (añadamos de paso a las iglesias como inevitables leviatán).

Enfrentarnos a lo que ha sido una especie de "culturalismo" que ha hecho de esta un objeto fetiche para disculpar y fomentar la mercantilización de imaginarios y conciencias. Que la ha utilizado para impulsar aberraciones urbanísticas y la ha puesto por delante para alentar y estimular puestos de trabajo precarios y alienantes (cuánto se llena la boca con la influencia de la cultura para crear trabajo y qué poco se analizan las realidades de esos puestos). La mercancía sigue estando en el centro de las mentalidades y mercancía somos todos y todo lo que se pueda vender y comprar.

Cultura política, cultura de mercado y cultura social no marchan por caminos confluyentes y la tercera pierde siempre porque debe acatar normas externas que en muchas ocasiones van en su contra, en su detrimento. Muy fácil: si el bienestar no es consecuencia de consumo, aunque se empeñen los profetas del desarrollo, no hay tampoco ciudadanía culta por mucho que se consuman productos más o menos culturales. En todo caso hay ciudadanía consumista. Es más, según que productos se consuman puede producirse una auténtica intoxicación que debilita y destruye los órganos digestivos, en ese caso el cerebro (ya escribí de esto en 2007, ver "Ecología de la cultura y algún símil gastronómico: por un sabotaje desde dentro" http://www.edicionessimbioticas.info/Ecologia-de-la-cultura-y-algun) La intoxicación cultural es seguramente uno de los grandes males que malogran los espacios simbólicos e intelectuales de no pocos ciudadanos. Armonizar la cultura con la calle.

[#811] (2011-10-17 12:21)
La organización de una cultura local sustentada de modo cuasi exclusivo por las administraciones públicas ha devenido en un asunto más que cuestionable por varias razones. Desde la imposibilidad de dar salida y cabida a toda la fuerza creativa generada desde la sociedad, hasta la parálisis creada por los modelos financieros utilizados, pasando por la imposibilidad de gestión operativa de todos los edificios creados y por la tremenda entropía que lleva a gastar todas las energías (económicas) para mantener la maquinaria (todo ello cuestiones más o menos estructurales) y sin entrar en el anquilosamiento de la inteligencia institucional (derivado de la ineficaz manera de acceso y permanencia en los puestos directivos, la verticalidad organizativa, la ausencia de riesgo...), podríamos decir que la cultura pública local se encuentra profundamente desubicada en un contexto externo transformador y necesitado de nuevos modelos de relación entre una ciudadanía emergente, creativa o no, y una administración atascada responsable de coordinar, de algún modo, la cultura pública de las ciudades.

Para empezar, la cultura ha coqueteado con el mercado y con las teorías neoliberales de gestión del todo hasta quedar ahogada en un pantano que no era el suyo, en un proceso de intercambio de mercancías que la ha hecho sucumbir como al resto de los derechos sociales adquiridos con verdadero esfuerzo. Ha sido demolida por la arrogancia de unos representante públicos (políticos y técnicos, ha habido de todo) inclinados hacia patrones de desarrollo arbitrario e insostenible, anclados en modelos personalistas y, en algunos casos también, deslumbrados por destellos de una pompa efímera pero bien codiciada por la mediocridad... Y, cómo no podía ser de otra manera, esta cultura ha sido fagocitada por la voracidad de un mercado entrenado para dilapidar todo lo vendible y transferible. La cultura local se ha convertido en un objetivo más del comercio y de la gloria personal. En este delicado contexto las instituciones públicas no pueden ser representativas ni intermediarias: conviven con una realidad externa que las excede en estructura e inteligencia.

Pero el cambio, a pesar de lo dicho, no se limita al ámbito institucional. El cambio también es necesario en el sector asociativo, creativo, en los colectivos ciudadanos... que deben revisar y reflexionar sobre sus modos y formas de relacionarse con lo público y abandonar actitudes, demasiado enraizadas, que han fomentado la inercia, la dependencia subvencionada y, en algunos casos, el dejacionismo de unas responsabilidades de construcción social que deberían ser compartidas. No es momento para abundar en ese frentismo tradicional que ha colocado a ambos sectores en lugares encarados. La madurez de la sociedad también reclama que sus estructuras asociativas modulen sus actitudes y migren hacia modelos de responsabilidad participada. Al tejido asociativo también ha llegado la paranoia del privatizacionismo y, muchas veces sin reflexión, se ha abogado por el desmantelamiento de la cultura pública, se han aplaudido las consignas de privatización olvidando que no es sino un auténtico robo a lo común, a lo de todos. En todo caso si la violencia de los mercados ha atacado también a la cultura ha sido porque desde diversos frentes se ha admitido y en eso tanto la ciudadanía como la administración han sido connicentes. Redirigir ese diálogo y establecer nexos comunes es el único camino para controlar la especulación y el dirigismo.

Porque la salud social se mide más bien por la cultura. Y porque la tiranía de un crecimiento entendido únicamente desde inventarios dinerarios es la mejor manera de hundir la dignidad del ser humano. Y porque es desde la cultura desde donde de verdad se puede medir la energía intelectual de una sociedad...

Quizá sea necesaria una especie de revisión del municipalismo, de alcanzar un suerte de neomunicipalismo en el que la función social de la ciudad se extienda desde abajo en una participación directa de la población en los asuntos comunes. Y no puede haber otro modo que el de recuperar y revitalizar el tejido ciudadano, de alcanzar la expropiación de esa especie de nuevo feudalismo que propician y practican los partidos como método para mantener a una sociedad dócil y subordinada. La excusa de una participación que no es tal a poco que se conozcan los entresijos de estas enormes empresas (con sus férreos consejos de administración) en las que se han convertido. No se trata de que la institución interprete las "necesidades" de los ciudadanos y luego actúe como mejor le parezca, la cuestión es que se comparta la responsabilidad de la acción directa y que se nos libre de la tiranía de los "expertos" para abrazar el entendimiento de los "comunes". El destino cultural de las sociedades ya no puede estar en manos de una elite con carta blanca.

Se trata en todo caso de abandonar esa especie de lectura utilitarista de la cultura en las que las "estrategias de márketing" han sido alabadas como la quintaesencia de los procesos. Se trata de abordar procesos participativos abiertos, difusos, sin delimitación territorial, sin anclajes corporativos, fundamentados sobre las redes tecnológicas e informales, sustentados sobre la hiperlocalidad extrema, desde los espacios colectivos libres y conectivos, que aglutinen la diferencia, que traspasen la paranoia tecnocrática, que revaloricen el saber profano, que desbloqueen la burocracia y el costumbrismo administrativo, que investiguen modelos económicos más allá del financiarismo, que apuesten por la proximidad expandida...

Existe un desajuste entre la calle y la institución pública que no sólo implica a la gestión sino también y profundamente a la interpretación de la realidad, a los argumentos, a las capacidades...

[#812] (2011-10-18 11:29)
La racionalidad instrumental de las políticas culturales han creado objetos en forma de espectáculos y contenedores como única salida para unos procesos subordinados a la lógica de la mercancía. De ello se ha derivado un abandono de los procesos sociales que, paradójicamente, son los únicos que crean una simbología capaz de contrarrestar la lógica del objeto-sujeto y conformar sociedades participativas y creativas. Bajo este modelo únicamente se perpetúan las conductas reproductivas sin necesidad de reflexión. El biopoder foucaultiano ha conquistado los espacios de la cultura pública. Se distribuyen ceremonias de todo tipo pero casi nada hay de cultura. En realidad la cultura pública no es sino un apéndice administrativo del capital que es, en el más puro pensamiento hobbiano, despolitizador. La cultura crítica es un estorbo, también los pensadores, y poco lugar tienen en estos modelos acumulativos.

[#813] (2011-10-18 11:29)
¿Podríamos hablar también de "culturas renovables"? La verdadera política pública de cultura sería la de abrir las posibilidades de manifestación a un modelo alejado de las "culturas fósiles"

[#814] (2011-10-18 11:30)
Por una cultura social participativa. No podemos hacer nuevas tartas con los viejos moldes. Ni con las mismas recetas. Ni con las mismas inteligencias. Si esto está claro para la pastelería, por qué cuesta tanto entenderlo para la cultura. La administración no puede actuar sola. La calle no puede quedarse sola. La simbiosis es necesaria pero mucho más allá de las consultas.

Y es necesario hacer comprender que una cultura viva de proximidad, es más sostenible que aquella que apuesta por la grandilocuencia (ojo, extender la cultura a la ciudad no es poner escenarios en todas las plazas). Y a esta sostenibilidad se le puede añadir la justicia comunitaria porque una ciudad que apuesta por los grandes eventos como paradigma de desarrollo cultural no es compatible con la cultura de cercanía, simple y llanamente por dos razones básicas: por imposibilidad financiera y por incompatibilidad de objetivos.

1. Reconstruir la cultura ciudadana a partir de un auténtico diálogo político.

2. Huir de la previsibilidad y la certeza para construir desde la diferencia.

3. Conjugar los saberes técnicos con los profanos.

4. Asignar parte del presupuesto municipal a un presupuesto participativo.

5. No centrar los debates únicamente en la reorganización de los gastos sino en los ingresos y en los nuevos modelos de renta.

6. Desterrar las visiones disminuidas a las estructuras administrador-administrado.

7. Asumir los conflictos como generadores de vida.

8. Retomar la acción empírica sobre el territorio sin proyectos preconcebidos.

9. Poner de relieve el valor pedagógico de la participación.

10. Reformar los conceptos de municipalismo a través de la cultura.

11. Descomponer la cultura tutelada.

12. Y+

[#815] (2011-11-03 09:25)

Bien es cierto que la cultura, o un determinado modelo de cultura insisto, está en crisis pero mejor es entender que esta cultura que hemos venido practicando hasta ahora es la que nos ha llevado a esta estafa, a este golpe global del mercado. Nuestro comportamiento está en relación directa con la sociedad que construimos y la cultura es la forma de construir esa sociedad. Por eso se asienta y construye con algo más que grandes centros, grandes exposiciones, grandes eventos. La construimos creando proyectos de vida, creando conciencia crítica, conocimiento en su más amplio sentido, sensibilidad extrema... Y si no lo hacemos nos lo hacen: crean por nosotros corrientes, ideologías, opiniones que construyen el modelo de sociedad domesticada que el poder necesita para mantenerse y dominar a sus anchas. Por eso la cultura necesita de algo más que de instituciones que la gestionen como boticas para pequeños males. La cultura es ese todo que va a impedir abandonarnos en manos de déspotas, de demagogos, de fundamentalistas...

[#816] (2011-11-04 12:53)

El gestor cultural como mediador de conocimiento. Una evolución en el concepto y las funciones de la profesión.

Sin entrar en las diferentes etapas por las que ha pasado la profesión desde que la animación socio-cultural comenzó a dinamizar colectivos y comunidades a través de la cultura, hasta la mercantilización actual de los procesos (salvando excepciones y sobre todo en esta parte del mundo casi todo se resuelve con la distribución de espectáculos varios), pasando por los diferentes manifiestos-documentos-consideraciones-rutas que organismos políticos, más o menos macro, han venido redactando para construir un andamiaje de la cultura (que luego ya hay quien se encarga de ignorar), lo evidente de verdad es que la sociedad se ha transformado y que, por ello, la integración de la intervención cultural en las políticas de desarrollo, en las agendas de los gobiernos, en los esquemas técnicos, debe ser revisada en profundidad con un fin primordial: engarzarse de nuevo con los procesos sociales. Modificar no solo las estructuras (bien sabemos la inercia natural de las administraciones y sus rígidos esqueletos) sino también las mentalidades que, en definitiva, son lo único que pueden de verdad ejercer efectos de cambio.

Quizá se trata de incorporar en estas instituciones unidades de pensamiento que puedan proponer modelos de innovación sustentados sobre plataformas de conocimiento, que den sentido a toda la teoría generada, a todas las indicaciones propuestas y que se avance en la aplicación de modelos que puedan avanzar de modo más o menos paralelo a lo que avanza la sociedad. Dominamos la programación, no cabe duda de que en todos los lugares se generan estupendos eventos, vayamos a por el conocimiento y generemos desde su mediación campos de cultivo desde donde se remueva la nueva cultura de la cultura. Una integración de personas, funciones y tecnología.

Porque no podemos olvidar que una de las labores fundamentales de la políticas públicas de cultura debe fundamentarse sobre la creación de oportunidades y la generación de recursos de conocimiento que permitan canalizar las posibilidades y los recursos suficientes para que la sociedad, madura en su conjunto, sea la dueña de la cultura que compone y organiza. Evolucionar de la gestión a la mediación. Las instituciones se convierten en plataformas abiertas que se relacionan con el entorno y facilitan la interacción con la comunidad. Que se abren a la abundancia de contenidos y que localizan, filtran, distribuyen y aprovechan ese conocimiento latente y evidente. Una especie de gestión de sistemas de conocimiento cultural. Una especie de semantización de la gestión cultural en la que toda la información se va organizando en cajas y etiquetas para su distribución y consumo. Una estructura que ensambla contenidos y que convierte a las administraciones públicas en servicios RSS.

Es evidente que desde esta perspectiva la institución pública no se caracteriza por la generación de un conocimiento "original" (es imposible, por otra parte, en ese régimen de aislamiento en el que se han instalado) sino que lo contextualiza de forma colaborativa e integrada en un entorno abierto y comunitario. Una especie de código abierto en el que, luego, cada usuario reforma según sus necesidades.

Estamos hablando pues de una cultura conectada que no pertenece a nadie sino que está contenida en una masa compleja, que no muestra sino que interactúa, que traspasa el canal unidireccional de oferta-consumo, que es proactiva como objetivo. Una cultura en la que el gestor pierde (o modifica) su función tradicional para que la sociedad se apropie de los mecanismos necesarios y la calle actúe en un modo, digamos, DYS. La cultura de la inteligencia colectiva. La evolución cognitiva de la cultura.

Un modelo en los que la institución no "vende" cultura sino que propicia una sociedad creativa a través del filtrado y la distribución de contenidos de conocimiento, un modelo en el que la acción ya no viene desde arriba sino que se distribuye y genera en un entorno colaborativo, participativo, ausente en su totalidad de modelos de competitivos.

[#817] (2011-11-08 10:33)
La Tatcher ya decía que la sociedad no existe, que solo existen los individuos. Esa teoría de radical liberalismo traspasa las barreras y llega a desestimar la cultura como construcción colectiva. Solo existen los productos, aislados y empaquetables, vendibles y para uso individual (ojo un consumo compartiendo butacas o espacio sigue siendo un consumo individual). Estos productos aislados no pueden formar nunca parte de un todo implicado y se prestan bien a la maniobra de la logística. De ahí que las programaciones culturales contemporáneas se generen y gestionen desde un individualismo descomprometido que consigue un orden cultural desigual e injusto (incluso los intentos de conjugar a los ciudadanos, creadores, gestores,

administración... en mesas conjuntas todavía tienen esa patina del "qué hay de lo mío"; en todo caso no hay que reblar, después de tanto tiempo de inactividad la máquina de cooperación también necesita su engrase, no es fácil y no podemos requerir resultados inmediatos y milagrosos, lo importante es ejercitarse)

La gestión pública de la cultura debe repensarse y corregir esos rumbos que la han llevado a referencias utilitaristas (no olvidemos que el ocio pertenece al universo personal y la cultura al social). La cultura pública debe servir a los intereses comunes y estos no tienen que someterse siempre al mercado. La cultura con calculadora es fría e impide a las culturas mínimas, a las culturas tímidas, manifestarse y crecer. La oligarquización de la cultura también es patente.

[#818] (2011-11-08 10:41)
La clase política habla de la cultura como si fuese algo ajeno que se nos pega por no se sabe qué milagro de la gestión. "Hay que mantener la cultura también en tiempos de crisis". Es lo que se oye. A mi más bien me parece que no es que haya que mantener la cultura, hay que rescatarla. ¿En qué piensan de verdad cuando lanzan estas arengas? La cultura es la vida y existe y existirá aún a pesar de ellos, las crisis que nos venden y los engaños. Otra cosa es lo que ellos entienden por cultura

[#819] (2011-11-08 10:49)
Bien es posible que desde la cultura hayamos estado entreteniendo en lugar de construyendo. Que hayamos olvidado el sentido etimológico del término. Si bien agricultura y floricultura comparten los mismos nutrientes (agua, tierra, sol) no tienen los mismo fines. Mientras una alimenta la otra ornamenta (mientras una alimenta el organismo la otra lo hace con es espíritu, pueden decir otros y también es cierto). Ocio y cultura, tan entremezclados y confundidos hoy, comparten los mimos nutrientes también. Pero no los mismos fines. Como las anteriores uno ornamenta y otra alimenta (o por seguir el argumento precedente, mientras uno alimenta al individuo la otra alimenta a la sociedad) Ese es el sentido de una diferencia que parece hemos perdido.

[#820] (2011-11-09 13:37)
Valorar el poder del pensamiento, el de la inteligencia, la capacidad para construir desde las emociones... La cultura local requiere que creamos en el conocimiento como la capacidad esencial de sus ciudadanos. Tal y como podemos sostener que la única realidad evidente es la que somos capaces de crear, también podemos manifestar que la única ciudad que tenemos es la que somos capaces de erigir. Y ésta no solo se forja con infraestructuras sino, sobre todo, a través del refuerzo del conocimiento y la inteligencia de sus habitantes. Es fácil: porque ambos, conocimiento e inteligencia, influyen en el resto de las acciones humanas. Somos máquinas

de crear realidad y es desde la cultura desde donde se arma esta posibilidad, es el mecanismo, el canal que une nuestras mentes con los entornos que vamos construyendo. Porque toda sociedad, toda realidad, está compuesta por ideas, conocimiento e información. Lo demás es lo construido a partir de estos tres pilares. Tres pilares que conforman también los fundamentos de la cultura.

Y porque la cultura es el hipotálamo donde se fabrican las emociones necesarias para que una sociedad reaccione. Quizá se manejen conceptos muy limitados de cultura y esa sea la causa de que vayamos estrechando cada vez más sus posibilidades, que vayamos añadiendo error sobre error porque partimos de conceptos equivocados o incompletos.

No comprender la cultura como acción constructora, ignorar que a través de ella se pueden modificar las sociedades es no entender de qué va eso de la cultura.

Desde la posibilidad a la experiencia. La cultura está en la naturaleza de la vida y nosotros influimos en que sea de una determinada manera. La gestión es elegir entre innumerables posibilidades. Cuantas más posibilidades se conozcan más rica será la realidad que se componga.

[#821] (2011-11-11 11:07)
La inmoralidad del capitalismo le permite arremeter contra todo aquello que le impida el crecimiento infinito, acumular hasta despojar. No es cierto que pueda controlarse, autocontrolarse. La cultura también ha sido atacada de modo permanente porque ha sido utilizada para confirmar y reforzar estructuras mentales que permitieran extender su lógica entre los ciudadanos. El "no hay alternativas" que estamos escuchando hoy y la actitud ciudadana de acatamiento es sin duda una acción cultural del capitalismo. La cultura ha sido secuestrada y ahora tiene el síndrome de Estocolmo.

[#822] (2011-11-11 11:08)
Puede que todas las políticas de eficacia y excelencia que le hemos ido aplicando a la cultura no hayan hecho sino legitimar el pensamiento y los criterios del capitalismo y sus rentabilidades. La cultura configura a las sociedades y las hace como son. Una cultura que sólo funciona con la calculadora no puede generar sino productos de mercado. El colapso de la cultura al que hoy tantos se refieren bien puede tener en esto su explicación.

[#823] (2011-11-11 11:09)
La desideologización de la cultura y la moderna defensa de que no existe la derecha ni la izquierda no es sino la reposición de los argumentos que Mussolini ya empleó con claridad: "el

fascismo no es de derecha ni de izquierda..." y que luego José Antonio Primo de Rivera aplicó también a su Falange. Esta actitud nos lleva directamente a la victoria de los totalitarismos que, en este momento, se referencian estupendamente en la reconstrucción ultraliberal del capitalismo. Todos estamos haciendo algo para que esto suceda. La izquierda y la derecha tienen objetivos bien claros y distintos.

[#824] (2011-11-11 11:09)

¿Al calentamiento global del planeta le corresponde de modo directo un enfriamiento global de las conciencias?

[#825] (2011-11-11 11:10)

Deberíamos reflexionar si estamos ofreciendo una cultura fast-food con todos los riesgos nutricionales que ello conlleva o por el contrario deseamos explorar otros caminos gastronómicos. Una propuesta: tomen como referencia el documental "Super size me" de Morgan Spurlock y sustituyan las hamburguesas por productos culturales de igual toxicidad. Imaginen el resultado. Nos preocupamos por lo que alimenta nuestro organismo y descuidamos lo que nutre nuestro cerebro.

[#826] (2011-11-11 11:11)

Ecología y cultura. La huella en el entorno, la huella en el cerebro. Algo así como un paralelismo que va desde la domesticación a la destrucción. Toda evolución es consecuencia de una interpretación de medio y de la relación que con él se establezca. En nuestro caso, el medio cultura, condiciona extraordinariamente la evolución humana. No cabe duda de la importancia de una especie de ecología de la cultura en el sentido de preservación ante la evidente agresión por múltiples vías (la hipertelia como una de las más escandalosas). Es necesaria una acción cultural sostenible. Que tenga un retorno social claro. Lo contrario se convierte, como mínimo, en cultura placebo.

[#827] (2011-11-15 11:24)

Toda investigación científica se acepta con admiración aunque se comprenda poco o nada sobre sus objetivos o naturaleza. Cuanto más complicada es la ciencia que la soporta o sus procesos, mayor prestigio; cuanto más orientada hacia la cura de nuestros males, más respeto; cuanto mayores sean los avances para nuestras economías, más entusiasmo. Incluso la investigación en filosofía puede ser considerada a pesar de que provoca no pocas muecas porque "siempre tiene que haber algún loco suelto". ¿Por qué no ocurre lo mismo con la investigación en cultura? Y no solo por parte de la ciudadanía sino, quizá lo más preocupante, entre quienes pueden tener o tienen la gestión en sus manos. Si bien la cultura tiene la posibilidad de modificar sociedades a través del pensamiento y las emociones parece ser que, hoy por hoy, lo único que sirve para tal fin es el marketing de cualquier tipo. Descubrir, explicar, mejorar... explorar, identificar, cuantificar, ordenar, analizar, predecir, prospectar, comparar, comprender, ensayar... todo esto parece que no tiene demasiado que ver con la cultura si no se refiere al ocio y al mercado. Ni siquiera se concibe como algo serio. @ptqk , en su blog, nos ofreció unas reflexiones muy útiles que tituló Investigación En Cultura: Un Objeto Cultural No Identificado

¿Para qué sirve la cultura? Hasta que no respondamos a esta pregunta básica y la hagamos entender poco podremos avanzar. Siempre me ha parecido que deberíamos emprender una obra conjunta y abierta que se titulase más o menos: "como explicarle eso de la cultura a mi cuñado" (sin señalar y con perdón de los cuñados). Creo que después se comprendería la investigación en cultura como algo más que necesario.

[#828] (2011-11-15 11:26)
Como sostiene mi amigo y matemático Fernando Corbalán, (con quien tuve el placer de colaborar en el proyecto "geometría divina") nada en este mundo se sostiene si le quitamos su parte matemática. Y bien cierto es y así comprende cuando él lo explica y nos muestra todo el mundo de coordenadas, geometrías, ecuaciones... que nos acompañan desde que nos levantamos. Pero lo hace de un modo tan cercano que impregna de inmediato con su entusiasmo. Cualquiera que asista a alguna de sus conferencias sale persuadido de ello, ilusionado y muchos convencidos de que si les hubiesen enseñado de este modo las matemáticas, al menos, hubiesen sufrido menos. Puede que la cultura sea la matemática de la sociedad. Quizá la cultura sea algo parecido pero, como la matemática, no la comprendamos en su naturaleza cotidiana. Quizá necesitemos a un Fernando Corbalán de la cultura que nos la explique en toda su importancia desde la sencillez.

[#829] (2011-11-15 11:27)
Nos empeñamos en utilizar las culturas fósiles como fuente de energía de nuestras sociedades cuando son las culturas renovables las que en verdad nos mueven sin contaminar

[#830] (2011-11-15 12:03)
La cultura no es un asunto pasivo. Interpretarla como un acto de consumo es desnaturalizarla. También relegarla a un único "responsable", ya sea administración o mercado, es algo así como mutilarla. Existe una necesaria socialización de la cultura que no viene exclusivamente por la facilitación absoluta de su consumo sino, sobre todo, por la necesaria generación de saberes, reflexión, imaginarios y emociones.

[#831] (2011-11-15 13:27)

Siendo música, teatro, pintura, literatura... fundamentos para formalizar la cultura no son éstas por si mismas las que la construyen, sino el pensamiento y las ideas que las soportan. Este es, posiblemente, el error más evidente sobre el que se ha construido la política cultural de los últimos años. Por utilizar palabras de José Ramón Alcalá: "lo que no actúa como eje vehicular de un pensamiento, de una percepción de la realidad, se convierte en decorativo".

[#832] (2011-11-16 12:14)

Afirmar que nunca como ahora se la "consumido" tanta cultura y lamentarse de que tampoco nunca ha habido menos retorno para la industria es, disculpen, estar muy confundido. Es aplicar conceptos antiguos a modelos nuevos. Confundir la forma con la esencia. Alabar y engolarse con la sociedad del conocimiento mientras se siente una nostalgia extrema por la sociedad industrial.

[#833] (2011-11-30 14:00)

Si la cultura modifica el pensamiento deberíamos reflexionar bien sobre qué tipo de cultura deseamos impulsar. Una tarea que requiere compromiso político y actitud crítica. Modificar los paisajes mentales es uno de los frutos de la cultura y bien es cierto que existen multitud de ellos. La realidad es que debemos saber qué paisajes deseamos habitar. Y sobre todo asumir que ninguna realidad (ningún paisaje) se modifica porque sí ni de forma espontánea ya sea para bien (innovación) o para mal (involución). En cualquier caso la idea de que la cultura es algo que solo los especialistas pueden construir es abogar por una cultura amputada cuando no manipulada. Es necesario avanzar desde una participación (en ocasiones institucionalizada y dirigida) hacia una construcción colectiva sustentada sobre el procomún.

[#834] (2011-12-01 10:55)

La cultura pública y sus redes deben orientarse con urgencia hacia el procomún del conocimiento. Superar las fronteras de distribución del ocio y del acercamiento de sus productos al ciudadano. Más allá de ésta innegable necesidad existe la de generar espacios, escenarios y caldo de cultivo para una estructura crítica y reflexiva que posibilite la incubación de un desarrollo intelectual amplio y complementario al consumo. Las políticas públicas de cultura deben complementar y armonizar las tendencias programáticas con otras que lleven al ciudadano a amueblar su imaginario con material proactivo. Esto lleva a la necesidad de librar una decidida lucha contra la apropiación del conocimiento, contra su neutralización, contra su desaparición. Una sociedad culta no es aquélla que consume productos precocinados, que se abandona en lo que las élites del poder mediático les proponen como oferta. En realidad estamos asistiendo a una desapropiación de la cultura no porque no haya productos o servicios que "consumir", sino porque existe una auténtica desapropiación del pensamiento. Con ello, la cultura nunca dejará de existir tal y como se empeñan en vaticinar desde diversos púlpitos, sencillamente porque la cultura es la esencia, el imaginario y las simbologías de los pueblos. Lo que desaparece es una determinada cultura sustentada sobre determinados valores. La cuestión es decidir por qué tipo de cultura deseamos trabajar. No necesitamos una cultura que se refugie en las apariencias (el PIB lo es) que aparente ser lo que no es, que contradiga sus discursos... Como dice Piscitelli el conocimiento no implica desarrollo si no, no nos seguiríamos matando, pero es necesario que exista un poso para que algo germine. O un conocimiento de baja calidad aunque grande en cantidad (intoxicación) que es fácil de distribuir desde los medios de comunicación conniventes con los poderes. La importancia reside en desenmascarar la falacia de la cultura que nos venden y que incluyen en los discursos del desarrollo. La cultura para generar conciencia quizá sea más importante que aquella que pretende generar conocimiento (qué conocimiento y dirigido por quién?) una conciencia que incita a la reflexión y las preguntas. Eso es cultura, eso es trabajar por la cultura. Es necesario apreciar la esencia de una inteligencia crítica y creativa (no sólo en el aspecto artístico, ni mucho menos, sino en aquel que nos lleva a crear condiciones de convivencia libre a nuestro alrededor) ese es la fundamento de la cultura. Alguien ocupado y preocupado por mantener y mantenerse en vida no puede llegar a casa y dedicarse a leer libros sesudos, a encerrarse en películas profundas... Pero sí reflexionará y creará en su entorno condiciones de vida culta por racional y sencilla. La cultura no puede convertirse en algo que perpetúe y reafirme los privilegios de una elite letrada. El monopolio de la razón, el monopolio del pensamiento, el monopolio de la cultura es incompatible con la libertad. Y la cultura no es únicamente consumir productos (si bien, evidentemente, es muy necesario, también existen productos culturales que son tóxicos) sino cultivar el pensamiento crítico y libre.

[#835] (2011-12-12 10:46)
En ocasiones pienso que supone una sutil inexactitud mantener que la cultura es el cuarto pilar de la sostenibilidad. Por eso creo que, aun siendo la Agenda 21 para la Cultura (y así hay que reconocerlo) el mejor camino para dignificarla como referencia imprescindible para el desarrollo integral de las sociedades, la idea debería tomar el sentido que le corresponde. Quizá porque es desde ésta, desde sus normativas, valores y emociones desde donde se generan las actitudes y comportamientos que van a modificar al resto de los "pilares". Desde la cultura, o mejor, según el modelo cultural, la economía, el medio ambiente y el desarrollo social toman una orientación u otra, inclinan la balanza hacia uno u otro lado y hacen que esos tres conceptos puedan tomar formas diferentes. Bien me parece que los tres primeros pilares, la economía y la inclusión social (durante la última parte del XIX y primera del XX) y el medio ambiente (durante la segunda mitad del XX), han ido incorporándose a medida que la cultura iba siendo modificada, iba evolucionando en un sentido muy definido. Y tal es así porque la cultura no es algo que se añada como complemento (a no ser que sigamos confundiendo cultura con producto) sino que es ella misma quien compone la realidad, quien la conforma, quien la hace ser de un modo u otro. Insito, la economía, el medio

ambiente y el desarrollo social serán de un modo u otro según nuestra normativa cultural. No al revés. La cultura quizá sea el primer pilar de la sostenibilidad.

[#836] (2011-12-22 11:58)
¿Folclorizando las culturas? En ocasiones me parece que el discurso de la multiculturalidad no queda sino en una capa de intencionalidad moderna y que olvida los fondos socioeconómicos reales. Hablar del encuentro entre culturas a base de ensalzar manifestaciones más o menos culturales (vestido, música, cocina...) y olvidar y no atacar las desigualdades no es, bajo mi punto de vista, sino una mascarada más. Es necesario estudiar la realidad de esas culturas y analizar sus verdaderas posibilidades de desarrollo e integración completa y amplia. De lo contrario no son sino excepciones de marcado carácter folclórico, vacío, usado para lavar conciencias. La representación en la sociedad de esas culturas no es cuestión de juegos florales. La horizontalidad cultural no pasa por los festejos. Ni por la proliferación de manifestaciones y ensalzamientos varios. Los derechos sociales y políticos deben ir a la par de los culturales o lo único que se consigue es reforzar las diferencias a fuerza de volverlas espectáculo de excepción, reforzar la universalización de la cultura etnocentrista dominante, alimentar la globalización capitalista y castigar las culturas divergentes: la entropía del multiculturalismo. La ética para un mundo global no es esto.

[#837] (2011-12-22 14:19)
Quizá la cultura se haya convertido en una disciplina demasiado técnica (lo estamos reforzando cada día) y lo único que interese sea su máquina operativa. Que se esté muy ocupado con el desarrollo de nuevos productos y se esté olvidando el qué (parece un mal común) y ese olvido del pensamiento filosófico nos esté llevando a un movimiento continuo vacío y errado. Los fundamentos de la cultura deben ser comprensibles para todos no solo para un puñado de especialistas. Entonces habremos conseguido un triunfo para el pensamiento crítico necesario para que todos estemos implicados en la construcción de la sociedad sin necesidad de delegar en una élite que "sabe cómo van las cosas"

*2012

La cultura contra la cultura. La maldad excepcional que parecen constituir los ataques de la derecha a la cultura no es en realidad lo que la suprime (es más, al contrario parece reforzar el tejido en torno a una defensa común) sino una pretendida política cultural promovida por sectores que se suponen pro-cultura y que en realidad la narcotizan desde la sensación de una pretendida connivencia con el sector y una ensayada preocupación activa por su desarrollo. Bien hemos visto que el escenario de la política-ficción nos presenta una fagotización de la cultura para condicionarla y dirigirla por canales más bien imprecisos. La cultura de la cultura institucional, en cualquiera de sus versiones de partido, y a través de su disfraz público es la que realmente viene matando la cultura. Por eso la liberalización de la cultura no supone siquiera rescatarla de las iniciativas institucionales que la automatizan, sino que supone ignorar cada vez más a estas para poder sacarla de la parálisis. La cultura es colectiva y solo puede desarrollarse desde formas comunitarias. Porque desde una administración secuestrada por los partidos no existe la gestión de la cultura sino el trámite de algunos de sus productos. El trámite de sus mercancías. La cultura secuestrada por la inteligencia oficial es el arma más eficaz para destruir la capacidad creativa y generadora de la cultura. La cultura contra la cultura.

Gestión de la cultura ¿cuestión de etiquetas? Aislar una identidad siempre supone marcar una diferencia con las posibles "demás". Hacerlo con la gestión de la cultura supone, en los últimos tiempos, añadirle una patina de profesionalidad sobre la que en momentos tengo mis dudas. No bien por la necesaria preparación que se necesita para ejercerla sino por la, al parecer inevitable, valorización un tanto tecnocrática de la materia. La autoridad que otorga esta profesionalización puede desvincularse a la larga, a mi modo de ver, de esa necesaria, digamos, virtud comunitarista. Una especie de desplazamiento hacia el alejamiento de los que no son profesionales. Un alejamiento que puede llevar a esperar de ellos una simple movilización cuando se convoca a la participación o al consumo. Un riesgo que puede conducir hacia una especie de oligarquía cultural en la que, además de los creadores, tocados por la mano de la deidad correspondiente, están los que entienden de esto y se dedican a administrarlo. Algo bien alejado de una sociedad que necesita ser construida sobre valores comunitaristas y de justicia horizontal. Y de una sociedad, por cierto, que evoluciona hacia comportamientos cada vez más cercanos a la autogestión del conocimiento a través de las redes. Mal casan con estos modelos de distribución jerárquica de las garantías culturales.

Por eso no creo que sea suficiente comprender la cultura como algo desvinculado de la tiranía del mercado sino también de aquella otra que nos ha llevado al desmoronamiento ideológico a través de la tutela de los "expertos". (Ya he dicho en alguna otra ocasión que no me interesa la ideología de mi dentista pero sí la de quien lleva la responsabilidad de los destinos culturales ya sean lejanos o bien cercanos) En este sentido se me hace difícil entender una profesionalización que puede ejercer una selección poco natural y justa ya que, no olvidemos, hoy los masters diversos se encargan de elitizar a través de una criba evidentemente monetarista. Además de una cierta confrontación de intereses y visiones corremos el riesgo de la exclusión de los menos desahogados. Eso sin hablar del voluntariado que parece también abocado a una ligera subordinación profesional. En todo caso de todo no podemos permitirnos pasar de un simulacro democrático a un simulacro de la cultura. Soy consciente, no obstante, de que buena parte de estos mecanismos de profesionalización cuentan con programas que inciden en la vertiente humana de la cultura pero, vista la trayectoria de las humanidades siento un cierto temor a que se valore por encima de todo ese modelo productivista de la cultura en absoluto detrimento del antropológico que necesita, no cabe duda, un compromiso ético profundo. La producción y distribución de bienes culturales (muchos de ellos así considerados únicamente porque tienen que ver con cierta actividad intelectual y son fruto de un momento y un lugar) son una parte de esa llamada gestión de la cultura, pero sólo una parte, como puede ser la farmacología a la salud. O es que la cultura hoy no se gestiona sino que únicamente se tramitan, se mercantilizan, sus productos. El capitalismo como reino universal de la mercancía necesita, eso sí, gestores pero creo que deberíamos abandonar esa especie de primitivismo o reduccionismo conceptual que lleva a convertir el concepto gestión en una fuerza más del trabajo y sus beneficios. Mano de obra y procesos de exigencia financiera que deben producir ganancia: nada humano hay ya en su consecuente frivolidad empresarial, en su financiarización extrema y generalizada. La cultura sometida a los beneficios, a la indignidad en términos kantianos. La involución de los valores que lleva aponer los acentos en unos modelos de gestión (insisto, si la hay) que llevan a una miopía estructural que abandona el compromiso colectivo (o se aprovecha de él con absurdas soflamas) y nos hunden en el beneficio privado (tanto personal, como corporativo o estatal). No quiero echar por tierra, entiéndanme, la necesidad de una preparacióntécnica e intelectual para ejercer una actividad complicada, pero sí señalar el maltrato estructural de la cultura por parte de una sociedad hipermercantilizada.

[#840] (2012-02-11 14:33)

La cultura hecha transacción. Pareciera que las en últimas décadas la cultura ha renunciado a cambiar el mundo y ha optado por la generación de un producto unido sin remedio a la maquinaria financiera. Un producto que ha sido reconvertido para regenerar las estrategias de una sociedad mercantilizada que cambia el pensamiento por un supuesto progreso. Pero este también se ha venido abajo y lo que antes era paradigma de desarrollo hoy es prescindible. Una vez explotada, la cultura, su cultura, se retira en función de un posibilismo político que todo lo entiende bajo la tranquilidad de los mercados. La precariedad cultural impuesta como fruto del consumo ultrapasivo. Lo que en un momento fue campo de resistencia hoy se valora desde criterios fabriles. Una estructura que sujeta a la sociedad al control del capital. La cultura normalizada que economiza los imaginarios. Tras décadas que han banalizado la cultura a partir de un discurso desligado de lo social el necesario reconstruir desde abajo con todo lo que esto implica. Reformular la cultura.

[#841] (2012-02-13 14:34)
Refundación de la cultura deliberativa. En bien pocos años, al parecer, la cultura ha sufrido una crisis profunda en cuanto a su apreciación y enfoque por parte de las estructura administrativas que venían gestionándola. La brecha entre creadores, ciudadanos y administración pública se ha venido ampliando y ha provocado una disfunción clara no solo en cuanto a los procesos de creación y distribución sino también en cuanto a aquellos que suponen participación ciudadana. Así, la preocupación de creadores y públicos se ha ido centrando en modelos que la liberasen de la tutela ejercida por los poderes públicos y las industrias y se ha ido orientando hacia modelos que permitan una labor deliberativa y la canalicen y la sintonicen con las realidades socioculturales emergentes. En definitiva, abrir el diálogo político y social y organizar espacios que posibiliten el intercambio y la participación de ciudadanos, colectivos, movimiento sociales, creadores... junto con las fuerzas políticas e institucionales y los mercados.

Las estructuras de proximidad son estupendos resortes para consolidar estos procesos y contrarrestar un cierto dirigismo en el que está atrapada actualmente la gestión de la cultura. Alcanzar una verdadera gestión pública más allá de los patrones usuario/cliente.

Entendida la participación como un valor que fortalece la diversidad y canaliza las necesidades se superan las desigualdades en el acceso a la cultura. El planteamiento de nuevos espacios deliberativos es algo que puede contribuir a una transformación radical de la gestión de la cultura local.

Se trata de algo más que un simple movimiento interactivo que puede influir en todos los niveles del mundo de la cultura. Una especie de "federalismo" de la cultura que se gestiona desde abajo y que reformula las relaciones acostumbradas, que fortalece los intercambios y que dota a los ciudadanos de poder sobre otros modelos más dirigistas. Como primer eslabón, esta gestión deliberativa de proximidad bien puede extenderse en una transformación sostenible hacia ámbitos estatales y de cooperación internacional. Llegar a generar una especie de "estatuto cultural de las ciudades" como elemento de innovación en la generación de imaginarios participados. Como he dicho en alguna ocasión: superar las estrategias para alcanzar los mapas comunitarios.

En todo caso, advertir para contrarrestar, esta participación no puede ni debe quedarse en un simple proceso de consulta; ya hemos sido testigos de muchas actitudes de este porte. Bien es cierto que las nuevas realidades socio económicas y políticas nos están hundiendo en agresiones neoliberales pero bien es cierto también que estos contextos pueden ser útiles para reflexionar y recuperar la capacidad de una coherente acción ciudadana.

La realidad de una sociedad fragmentada y deliberadamente individualizada no puede ser obstáculo para recuperar una cierta insurrección ciudadana que actúe sobre el territorio más allá de la supervivencia y pueda representar la transformación de una sociedad más allá del utilitarismo. Compartir nuevos espacios colectivos, compartir nuevas culturas abiertas. Crear espacios de disenso que estimulen la duda creativa.

[#842] (2012-03-09 11:44)
La cultura melancólica. Llámenla así si lo desean y considérenme representante. Pero la realidad impuesta, la sensatez oficial y la miopía política que cada día abraza más de lleno el pensamiento único llevan directamente a la marginación de quien ose apartarse de tales principios. El progreso determinado exclusivamente por el crecimiento económico ha constreñido el pensamiento y la hegemonía del mercado se superpone a cualquier otro modelo. La rentabilidad y la trampa de las ganancias han colapsado la imaginación y la entrega a la emoción. El culto cuantitativo. La humanidad como mercado. Hablar de cultura en el sentido de desarrollo humano, cargar las tintas en el bienestar social fuera de la autoridad del mercado, produce recelo y no pocas sonrisas irónicas. Tal actitud te coloca fuera de la realidad, de una realidad que solo ve posibles bajo las rúbricas de la bolsa. Sin embargo, el gestor, más el gestor público no puede abandonar el fundamento político y social de la cultura porque con la gestión se construye un modelo, se genera una sociedad determinada. Y es desde la rugosidad y lo fragmentado, posiblemente, desde donde se debe enfocar el perfil correcto de la cultura. Porque es fractalidad, porque son infinitas microculturas.

No hay comunidad humana sin cultura aunque ésta esté fuera de los márgenes de lo oficial, de lo vendible, de lo rentable y una minoría no puede otorgarse el poder de su significación. La comunidad hace la cultura y esa no es únicamente la que se cuelga en los museos sino la que se representa en la calle, en el espacio público. No puede construirse colectividad sin contar con la función política de la cultura y los considerados gestores de cultura no son sino transcriptores de la realidad. Por ello las administraciones no deberían ser otra cosa que un interface. Aún así, el estamento burocrático se hace con las ordenanzas y se olvida de su función canalizadora actuando, en demasiadas ocasiones, a través de la dominación por el monopolio. El estado de derecho cultural se reduce muy a menudo a proponer la elección entre tal o cual oferta, una rutina higienista. Lo secundario de la cultura.

Non serviam. Los caminos de la cultura los habita el pensamiento

[#843] (2012-03-12 12:45)

La cooperación cultural desde las instituciones se fundamenta sobre el principio que obliga a los estados a facilitar la participación en la vida cultural de los ciudadanos: la cultura como derecho. Un principio que profundiza sus raíces para ampliar el conocimiento y la reflexión, para generar la necesidad de un compromiso cotidiano y una implicación activa de las comunidades en el desarrollo amplio de las sociedades. En este sentido los estados no son productores sino facilitadores y renovar el concepto de la cooperación supone en primer lugar renovar el concepto de la gestión: avanzar de una gestión distributiva (en ocasiones reactiva) a la gestión proactiva.

Porque la vida cultural camina por senderos que no puede estar dirigidos de modo exclusivo por departamentos, áreas, ministerios... que más bien convocan una cultura higienista carente de conflicto, compromiso y acciones constituyentes. En ello la cooperación no puede ceñirse a un intercambio de pro-ductos o de apoyos a la producción sino que debe orientarse hacia la ampliación de la visión conjuntista de las políticas de cultura viva. El acercamiento a la complejidad de la cultura como sistema. A la superación del esquema clásico de cooperador-cooperado se impone aquel otro que la nutre de conocimiento. Así pues, según los principios del Informe Pérez de Cuellar, la cooperación cultural debe trabajar para alcanzar la libertad cultural como acto colectivo, es decir, para satisfacer las necesidades de participación en la vida social plena. La creación simbólica. Y es evidente que estas necesidades no puede ser tipificadas ni normalizadas desde ningún estamento institucional, ni público ni privado, sino que deben alcanzarse desde una dimensión colectiva.

Porque la cultura va mucho más allá de la oferta que cualquier institución pueda generar, por muy activa y rica que sea, y esa complejidad es la que debe comprender de lleno cualquier propuesta actual de cooperación, es decir, integrarla en esos canales abiertos de los sistemas culturales globales. La cooperación cultural es más que nunca una inversión en energía y las instituciones públicas deben convertirse en el interface que la facilite. Una especie de equilibrio entre las posibilidades departamentales que las hacen funcionar en lo cotidiano y las estructuras sistémicas que las sostienen en lo ontológico. La lógica del sistema cultural contemporáneo entra en una especie de enfrentamiento abierto con las lógicas estructuralistas de las instituciones.

La cooperación se convierte así en parte fundamental del sistema, no de la estrategia. La cooperación es la acción en la complejidad. La canalización de las energías sociales. La contratendencia de mercado, la contratendencia estructural. Si se parte de pensar la cultura en términos de derecho la dimensión de la cooperación cambia radicalmente. Inteligencia colectiva. No puede haber cooperación sin una canalización de la cultura como concepto político.

[#844] (2012-03-13 12:06)

No necesitamos peces: sabemos pescar y tenemos barca. Queremos el mar. Lo digo pensando en la próxima convocatoria de +cultura.[8] Y también en que la acción cultural nunca debió abandonarse al control predominante de las instituciones. Ha sido un error que ha conducido a una evidente desmovilización, a una cierta parálisis y al control unidireccional de lo producido. El consumo cultural a partir de fastos está terminado, el paraguas cultural que pretendía una cultura universal se ha cerrado. La búsqueda de paraísos culturales se ha tornado un galimatías desposeído y ha hecho desaparecer el sueño emancipador en función de diversas rentabilidades: se ha neutralizado la participación democrática y horizontal en la creación de sociedades cultas. Todo ello a partir de organizaciones centralizadas y jerárquicas que han distribuido el producto pretendiendo conocer necesidades y conveniencias. El bienestar de la cultura se ha dejado en manos de una representación administrativa en la que los sucesivos partidos han priorizado objetivos propios y en la que la representación técnica institucional ha actuado bajo normativas burocráticas y funcionariales poco consecuentes con las realidades de la calle (no es lo mismo gestionar el agua, la luz, los transportes… que la cultura y la educación).

Lo de +cultura debe ser, bajo mi punto de vista, una auténtica acción política (¿por qué limitamos la política a los partidos?) o de lo contrario quedará en una reivindicación sectorial para alcanzar ciertos remiendos. Ni siquiera, y esto puede parecer insolente, debería plantearse como objetivo la generación de una estrategia de cultura. ¿Que es, de verdad, una estrategia? La estrategia pueden ser los peces, la caña o la barca (depende de la intención, la habilidad, el conocimiento y las intenciones poli-técnicas) y no se trata de eso, se trata del mar y el mar no se encierra en un marco de intenciones. (¿Quién revisa las estrategias, quién las valora, las evalúa, las redirige? Las estrategias suelen nacer para olvidarse).

Por eso me viene a la cabeza el "formato anonymous" y rescatar de su filosofía la frescura, la eficacia y el compromiso íntimo: ni colectivo ni red tal y como los conocemos. Aunque por otra parte, asumo la contradicción, es bien difícil el cambio y la adaptación de modelos. Cooperación flexible en un espacio colectivo que marca tránsitos para ejercer el derecho a

---

8   Aragón Comunidad Cultural. http://mascultura.org/web/

la cultura, mapas comunitarios sin direccionalidad predeterminada, ni horizontes (porque siempre se alejan). Un espacio para postear emociones. Para alcanzar cartografías por donde los ciudadanos puedan desplegarse.

Nuevos modelos que deben incorporarse a los procesos de la gestión pública de la cultura, a su canalización a través de las instituciones ¿Como lo hacemos? Está en nuestras manos ese cambio exploratorio. Y aquí vuelvo con una obsesión, pido disculpas, hoy por hoy los documentos estratégicos no son sino el síntoma de una incapacidad.

[#845] (2012-03-21 10:22)
El discurso político es engañoso. El de las políticas de cultura no lo es menos. ¿A quién le interesa la cultura?.

La política consiste hoy en crear ficciones y comprometer en ellas al máximo número posible de incautos. Actúa bajo guiones premeditados y alcanza oídos poco entrenados para la critica y la reflexión, las cadenas físicas se sustituyen por mitos creados para organizar una sociedad que sustituye el compromiso por las prácticas preformativas. Las nuevas élites ya no solo esperan acumular riquezas sino acaparar los campos simbólicos.

Las políticas culturales también son una narración engañosa en la que entran en juego dos factores fundamentales: el desconocimiento (ni les interesa ni saben qué es eso de la cultura más allá de los fastos) y la codicia (la acumulación de poder por encima de cualquier planteamiento ético)

Ha ocurrido así que la cultura deliberativa se ha sustituido por una cultura cautiva en la que nada tiene que ver la comunidad. Ni siquiera la comunidad creativa. La cultura se pretende una ficción en la que se nos ofrece un mundo construido para la pervivencia de los privilegios.

La desmovilización ciudadana, también desde la cultura, necesitará de tiempo y esfuerzo para ser neutralizada.

La cultura contranarrativa, aquella que se opone a formatear ciudadanos.

[#846] (2012-03-27 10:32)
Más allá de las grandes teorías, la cultura reside en los ciudadanos. Solo hay que salir para comprobarlo. Pasear por la realidad, la física o aquella que se vive en las redes y comprobar

cómo somos y cómo queremos ser. Algo que se aprecia más allá de las programaciones, que se percibe en los comportamientos, en los usos, en las rutinas...

Por ello hoy ya no se puede pretender que las instituciones sean las que reflejen de forma unilateral la realidad, quizá que la complementen pero nunca que la sustituyan o se "hagan cargo". Y pretender regular las relaciones con ellas a partir de modelos del pasado es un error que trae frustraciones y pérdida de energía, una obsesión inútil. Se necesita una especie de vocación de disidencia, una disidencia que se aparte de los gestos y que tome la regularidad, la reciprocidad y el hábito como escenarios. Tomar a la administración como un agente más es derivar las relaciones hacia una situación horizontal en la que también se debe enterrar el fantasma de la superioridad: si el otro no es más ni menos la relación se normaliza, se equilibran los discursos y las exigencias. Evidentemente este es un camino de doble vía: la amenaza no está en el otro, sea quien sea éste, sino en el modelo que adoptamos para establecer nuestras relaciones.

Y es que la cultura no reside en nadie sino que forma parte de un sentido total de la humanidad. A partir de aquí se conforman relaciones de poder en las que también entran en juego las artimañas para apropiarse de la explotación de sus productos. Sin embargo una apreciación de la cultura como un espacio de comunicación anula la autoridad reguladora venga de donde venga y tenga los objetivos que tenga. Puede que la mayor revolución en los procesos de la cultura local venga por revisar los modelos de comunicación y relación entre sus diferentes agentes. Si las administraciones públicas no venden coches no sé por qué tienen que vender cultura, quizá su misión sea la de facilitar el tránsito, la investigación, la apuesta. Lo que es necesario es un verdadero cambio de actitud en los planeamientos políticos y abordar la cultura como un derecho más que como un servicio.

Porque, en definitiva, como decía al principio, la cultura somos nosotros. Y porque no puede convertirse en un acto invasivo. Quizá los ciudadanos hayamos esperado demasiado de las instituciones. Quizá las instituciones hayamos abarcado en exceso (nótese una esquizofrenia bastante común entre quienes nos movemos en territorios fronterizos). Esto quizá haya creado también lagunas, espacios muertos de comunicación donde no han crecido sino vacíos a partir de reproches. La cultura real se truncaba y evolucionaba, parecía evolucionar a remolque de lo que se convertía en espectáculo. No creo que sirvan para nada las estrategias y los planes si antes no cambiamos nuestras mentes, nuestras actitudes. Conocerse es la mejor manera. Saber cómo funcionan las cosas en los diferentes escenarios, en los distintos espacios, saber las necesidades y limitaciones de cada cual para algo tremendamente importante: no juzgar desde el desconocimiento y caer en la prepotencia de la Verdad. La cultura somos nosotros porque la sociedad somos nosotros, aunque suene a perogrullo.

Por eso el equilibrio nunca lo puede marcar la cultura oficial porque esta misma es una tendencia que sufre derivaciones. La gestión de la cultura debe cambiar de modelo más en sus relaciones que en los contenidos.

[#847] (2012-03-30 12:55)
La cultura como sistema inestable. La capacidad simbólica de la cultura es, con frecuencia, algo que suele quedar al margen de los análisis a la hora de establecer marcos de programación y ejecución de sus políticas. Es como si se actuara de modo automático atendiendo exclusivamente a las señales del entorno inmediato: las tendencias, los resultados cuantitativos predecibles, las oportunidades de negocio político... en cierto modo modelos más bien cerrados y deterministas, una especie de estructuralismo inconsciente que no casa mucho con la trandiversidad esencial de la cultura.

Sin embargo, esa capacidad simbólica hace que cualquiera de los productos culturales sean portadores de significado y por lo tanto tengan una influencia, de un signo u otro, en la evolución de las sociedades. Esta simple percepción nos permitiría fundamentar los procesos programáticos sobre cuestiones que van más allá de las circunstanciales y comprender que unas acciones culturales son generadores y otras portadoras. Unas más orientadas hacia la expresión y otras hacia el contenido. Unas expansivas y otras acumulativas.

Evidentemente la fantasía de trabajar sobre "sistemas equilibrados" no coincide con un modelo de sociedad heterogéneo y ultradinámico. La cultura permanece bien lejos también de un supuesto equilibrio: predomina su carácter inestable con lo que no existen evoluciones lineales sobre las que se pueda ejercer control ni previsión, más bien al contrario. Así el mecanicismo, producto de un pensamiento cartesiano (considerando un escenario benévolo para quien define las políticas culturales) y la instrumentalización que de él deriva no garantizan de ningún modo la solidez de los modelos actuales de política cultural.

Esta característica dinámica no lineal, entre otras, hace que la cultura deba ser tomada más como catalizador que como motor (argumento este último utilizado desde las posiciones economicistas) y con ello la interpretación de la complejidad y el entrelazamiento como una oportuna práctica para la operatividad de sus programas y políticas.

En cualquier caso la cultura de ningún modo puede concebirse únicamente en su forma abstracta y simbólica sino que deben armonizarse sus aspectos especulativos con los empíricos. De ahí la necesidad de organizar laboratorios que analicen esa concordancia para alcanzar representaciones materiales de producción y codificación. Se trata de repensar la cultura desde las grandes líneas de organización social, económica y política de las sociedades y asegurar que la comunidad tiene acceso a ellas como instrumento de intervención sobre la realidad. Se supera así la clásica jerarquización que hasta ahora concede a las iglesias, los estados y los medios de comunicación el ordenamiento de la vida cultural de las sociedades. Una verdadera heterogeneización de las sensibilidades.

Una razón más para comprender la cultura como ese sistema inestable del que hablaba al principio y tomarla como un proceso no finalizado de transformación continua. Un proceso perturbador de las costumbres.

[#848] (2012-04-12 11:42)
El tremendo error es querer hacerse cargo de la cultura de los otros. Desde lo público y lo privado se ha caído en esa arrogancia.

[#849] (2012-04-13 11:49)
Conoces un melocotón cuando alguien te lo ha enseñado y te lo ha hecho probar. Es, si ustedes quieren, una tontería. Pero básica. Luego sabrás que lo que pruebas y ves es un melocotón y sabes distinguirlo de entre la fruta. Sabes distinguirlo de entre todo el resto de alimentos. Y, si me apuran, de entre el resto de las cosas. Apreciarás o no el melocotón pero sólo podrás hacerlo en función de ese conocimiento básico previo. La cultura no es otra cosa que aprender a ver el mundo. Este sencillo principio bastaría para marcar las líneas de su gestión. Lo que ocurre es que pareciera que pocos han probado el melocotón. Que no demasiados responsables públicos o privados conocen el principio básico de la cultura.

[#850] (2012-04-17 09:28)
¿Y si hablásemos de la cultura atonal? Una aproximación al concepto desde la crisis de la tonalidad en la música podría servirnos para establecer esas necesarias "metástasis" conceptuales entre diversas disciplinas.

Ferruccio Busoni nos definió la música atonal como aquella que surge debido al "agotamiento del sistema de claves mayores y menores". ¿Alta y baja cultura? Aunque en principio pareciera superada esta dicotomía, comentarios y análisis últimos nos devuelven un discurso que considerábamos terminado. No es nada nuevo ya que en momentos sociales como los que estamos atravesando las ideologías totalitarias recuperan posiciones y con ellas cualquiera de los sentidos clasistas que manejan se ven reforzados.

Sin embargo y a la par observamos que ese sistema "tonal" de la cultura cada vez es más incapaz de articular una sociedad diversa y heterogénea. Esta situación se incrementa cuando se ponen en situación modelos emergentes de comunicación y relación. Modelos que también buscan una interacción inusual e incompatible con estructuras conglomerado.

La distinción entre las diferentes realidades de interpretar y vivir la cultura difumina por completo y se rompen los vínculos que hasta bien reciente marcaban los lazos de unos modelos con otros. Un modelo que no se adapta a las jerarquías habituales.

¿Se interpreta la cultura desde los "registros" tonales? ¿Se compone la cultura desde esa ortodoxia? Si y no porque basta con asomarnos la realidad no oficial para descubrir modelos de pensamiento, criterios de interpretación, colectivos activos... que incluyen inflexiones armónicas poco probables, ambiguas, inusuales para el estilo acostumbrado. Entonces ¿dónde quedan? El sistema tonal los desdibuja. Y no solo eso. Los desconoce cuando no menosprecia. Ni los programadores ni los públicos se acostumbran a melodías discordantes.

[#851] (2012-04-27 10:15)
Conceder la importancia oportuna a la cultura supone entender a fondo lo que significa y cuál es su estructura. De ello depende la forma de tratarla, de difundirla, de programarla, de apoyarla, de financiarla. También la manera en la que el ciudadano se enfrenta a ella. La cultura posee una estructura anárquica radical y eso no concuerda con los modos de gestionarla venimos observando. Quizá será otra cosa pero la gestión, tal y como la conocemos, no va con ella: se gestionan los espectáculos, los espacios, los pre-supuestos dedicados, la asistencia... La cultura puede convertirse en rutina desde esta perspectiva. ¿Crear un método puede llegar a domesticarla? Sin embargo, otro modo de contemplarla inquieta. Incomoda a los poderes ya sean políticos, técnicos o industriales.

Quizá lo que se necesita es asomarse a la cultura excéntrica. Y eso no parece que sea algo que se propicia dentro procesos formales que siempre actúan dentro de los principios de la corrección. Se echa de menos una visión de conjunto clara y liberada. Es posible que exista la necesidad de entrenarse para pensar de una forma abstracta. Que se deba dar rienda suelta a la imaginación y que esta permita tener y abrigar ideas extrañas. No en vano se ha perdido de vista la necesidad de armonizar, de concordar la investigación con la gestión, los grandes eventos con la proximidad... La sensatez hace mucho daño al progreso, es conservadora en el peor sentido. A la cultura también se lo hace. ¿Podríamos pues trabajar sobre una teoría estructural sistémica de la cultura? La cultura es de naturaleza tan marcadamente irracional que es absurdo etiquetarla mediante estrategias. No podemos actuar desde lo que se desconoce.

[#852] (2012-05-02 10:29)

La sociedad hiperracionalizada, la que toma la regulación como procedimiento primordial para el control formal e instrumental a través de la normativa, moldea los hábitos sociales a través de estructuras que sirven fundamentalmente para la propia supervivencia de las instituciones y de las oligarquías. Aparatos jurídicos, ideológicos, religiosos, financieros... sirven a la causa de los poderes para dotar de eficiencia a sus métodos de formalización. Los expertos configuran estrategias y desde esferas aisladas de la realidad apuntalan una difícil interpretación de la complejidad cotidiana.

La cultura se desarrolla en un cosmos social amplio que no soporta fácilmente estos procesos de tipificación y formalización que sostienen las instituciones y los mercados. Se provoca así un natural desencantamiento fruto de la desconexión de canales de comunicación, intereses y de expectativas.

Existe pues una vertiente inequívocamente ideológica a la hora de plantear una acción hacia la cultura. Una visión que hoy está tomada por las corrientes político-económicas que inclinan la balanza hacia la regulación absoluta de las sociedades en función de un desarrollo financiero propio de las teorías del fundamentalismo capitalista, por una parte. Por otra la de aquellas que pretenden una trivialización absoluta del papel ciudadano en la construcción de las sociedades. Esta postura acaba con la posibilidad de una ciudadana activa. Primero se desactiva al individuo y luego se interviene para salvarlo.

Estas regulaciones desestructuran la cultura, es evidente y provocan una auténtica disfunción entre su uso y su valor. Algo que deviene también de una dictadura de la linealidad como modelo de explotación y conduce a una visión simplista y reducida de los procesos.

Desengancharse de esta lógica puede ser un buen camino para reorientar y recuperar una cultura coherente con la humanidad y recuperarla de la ideología de lo limitado.

[#853] (2012-05-31 11:02)

Cuando se pide "algo concreto" desde la gestión política de la cultura a menudo es que no se sabe qué pedir, que se menosprecian las labores de investigación, reflexión, conocimiento, cooperación... consideradas habitualmente como "no hacer nada". Cuando esto ocurre es que no se comprende el entorno y el alcance amplio de la cultura. Como en educación cuando corren malos tiempos y se eluden todos los campos que no son instrucción para el mercado laboral, un mundo laboral, por cierto, limitado. La mediocridad de lo instantáneo.

Sin embargo nada es más necesario que abordar una cultura que centre la atención en, digamos, los aspectos socráticos de la cultura, la que la hacen argumentativa y compiladora.

Porque la cultura no se dirige a una ciudadanía de ignorantes, al contrario, muchas veces sabe más que el técnico o el político. En este sentido el modelo de crecimiento cultural por incremento de oferta de productos no puede sustentarse en un mundo en el que el conocimiento es cada vez más amplio, cada vez más instalado en los comunes.

Ese "algo concreto", actividades muchas de las veces programadas sin encuadre reflexivos supone la expresión de una decadencia intelectual de las políticas públicas de cultura. La ignorancia específica.

Quizá sea necesario perseguir escenarios de gestión culturalmente más capacitados.

[#854] (2012-06-01 12:27)
Existen muy diferentes campos semánticos para abrazar el concepto de cultura. Uno son tomados desde el ámbito teórico-racional y otros desde el ámbito empírico. La necesidad de una convergencia entre ambos es absoluta para crear espacios de responsabilidad pública. En periodos de recesión como el actual se produce también una paradoja: se busca una especie de movimiento perpetuo en el que se intenta dar apariencia de normalidad a través de hinchar programas de modo demasiado artificial. Este encadenamiento de eventos continuos supone más una metáfora de la intencionalidad de representaciones que de una ejecución de procesos de construcción de cultura. Estaría bien aprovechar la situación para detenerse mínimamente y reflexionar. Sin embargo, construir un corpus teórico en las administraciones es una auténtica quimera que continuamente se tumba desde criterios economicistas e hiperactividad programática. Sin una perspectiva de futuro amplio se gestiona desde la inercia y en ocasiones desde la ocurrencia, una subjetividad hipertrofiada que no es sino el reflejo de una interpretación parcial de la realidad circundante. Estas posiciones de "seguridad" eximen de seguir pensando y es una posible causa de que la cultura local no siga avanzando en la misma proporción que avanza la calle. Unas posiciones que se aferran a una especie de "política de la intrascendencia" preocupada por intereses limitados a las lógicas del poder.

Es necesario pues saber de muchas más cosas que de política de partido y de economía para gestionar la cultura. No es suficiente, todo esto se queda pequeño porque, sobre todo, es un mundo cerrado en interpretaciones restringidas. Por ello cuando la base económica se desmorona, todo se cae. No hay una estructura reflexiva. Cualquiera, con perdón, puede gestionar con dinero una agencia de espectáculos (eso parece que han sido los gobiernos locales) y ahora la paranoia radica en dónde conseguirlo. ¿Para qué? ¿Para hacer más de lo mismo?. Enrocarse en el error. Caemos en un efecto bucle en el que continuamente nos proponemos los mismos objetivos para adentrarnos en asuntos que no hemos solucionado.

La función de la cultura pública no es generar mercado sino estructura cultural que pueda evolucionar de forma independiente. De lo contrario se desarticula la participación creativa y se genera una macroestructura de consumo al modo de los centros comerciales que aglutinan la socialización en torno a formatos de masivos: la caverna platónica que, además de cegar desprecia a quienes señalan otras alternativas. Todo se evalúa en función de la magnitud cuantificable del evento, la megalomanía de la programación. En definitiva la escenografía del comercio en la que los flujos continuos son los que importan para mantener una continua marea de acciones nada simbólicas y aferradas a una desfiguración de las necesidades. La permanente huida hacia las sensaciones efímeras.

Esta cultura flujo implica que su gestión no busca un encuentro sino una continua circulación de contenidos, no busca el contacto sino una distribución continua de paquetes. Por eso la cultura pública no cuenta sino en cuanto al valor asociado de esas circulaciones. Producción y consumo sin socialización. Algo que la desvaloriza y la proyecta hacia una circulación sin rumbo y la aprecia únicamente por la velocidad. Se olvida que la cultura también es un espacio para la felicidad y que esta la trae no solo la contemplación sino también la acción y la expresión, la posibilidad de compartir. Se cae en una especie de culturización desposeída en la que el ciudadano no tiene nada que hacer sino consumir lo que se le ofrece. Los excesos evénticos fruto del desconocimiento de los fundamentos de la cultura. Esta tiranía de la programación distribuida merma la capacidad creativa y abandona los procesos de cultura deliberativa y generativa en función de unos métodos que confunden el mercado con los asuntos públicos. Acorralar la idea de cultura.

Así, más allá de las funciones estéticas de la cultura local, debemos comprender que la cultura es un entorno complejo por el que evoluciona la simbología social. Por ello debería contemplarse como un laboratorio que supere los contenidos programáticos. Un laboratorio generado por los ciudadanos a través de sus hábitos y comportamientos, a través de sus derechos participativos.

La cultura debe en todo caso constituirse como un elemento discursivo, no cerrado en el que la ciudadanía se convierta en un elemento confabulado con sus tramas. De ahí la necesidad de no sustentarla de modo exclusivo en un proceso de distribución de eventos que acepta o no las propuestas. El ciudadano/a debe sentirse parte, observar, imaginar y fabular las propuestas, crearlas, integrarlas. Porque la cultura es un lugar de puesta en escena en la que las huellas son el acto de interpretación de esas relaciones múltiples y complejas. Un lugar para la implementación de valores. De ello que sea necesaria no tanto la noción de ciudadano-usuario sino la de un ciudadano cooperativo y confabulado que se comprometa en el mayor número de macronarraciones posibles.

Hay que hablar pues de la cultura de lo posible tomada ésta en cuanto a vislumbrar lo que vamos a ser capaces de crear si cambiamos la estructura de pensamiento. Por ello, la cultura de lo posible es aquella que genera posibilidades de placer, de felicidad y de espíritu crítico.

[#855] (2012-06-05 09:44)
El pensamiento huye de los espacios de gestión pública de la cultura porque se trabaja desde la tiranía de la emergencia. Una especie de teorema de la provisionalidad. Pensar y trabajar una cultura para generar ideas, para generar sociedad no está muy presente en el campo de la mayoría de los gestores públicos. No digamos nada de los responsables políticos, sabida es su insensibilidad hacia estas orientaciones. La cultura como laboratorio de lo social, como espacio público para la expresión de los comportamientos, de producción y reproducción de sistemas sociales, de articulación de relaciones y de los efectos que esto produce. Contrarrestar la tendencia a magnificar la cultura programática, fundamentada hoy bajo el prima de la eficiencia financiera, frente a la social provoca la atrofia de esta última y se produce una apropiación y una mutilación de los hechos culturales por parte de la administración. Del mismo modo que existe una desnaturalización de lo colectivo cuando se abandona la colectivización de las expresiones y la simbología. Es necesario entender la necesidad de una recodificación de la cultura a partir del conocimiento y de la participación social.

Porque no se puede clausurar el pensamiento en función de una obsesión programadora que, en todo caso y en las circunstancias actuales marcadas por la inoperancia disfrazada de positivismo mercantil, nos lleva a la gestión excel de la cultura. El pensamiento queda acorralado ante la necesidad de administrar contenidos que cubran, en muchos casos, la fiebre contenedora que nos ha consumido. La ciudad necesita ciudadanos, no simples pobladores. La comunidad tampoco necesita simples consumidores aunque todo haya sido orientado hacia la conversión de las personas en mecanismos de reciclaje de todo tipo de productos, también los culturales.

Entender la cultura como un proyecto de sociedad también incluye comprender a los creadores y a los gestores privados como algo más allá de simples piezas en un engranaje de las ocurrencias políticas.

[#856] (2012-06-28 12:43)
La emergencia de resultados (qué resultados) pone cada vez más en clara evidencia ciertos modelos de gestión política de la cultura local. Incluso ahora, con una extraordinaria

oportunidad para reorientar los planteamientos desde la reflexión y el análisis se pervierte la cultura local desde la urgencia de la visibilidad. "La teoría y los congresos no tienen presencia mediática", escuché recientemente poniendo énfasis en que lo que de verdad cotiza son aquellas acciones que tienen eco en prensa. La fobia al pensamiento y una ignorancia creciente nos está enterrando en un fondo cada vez más profundo desde las paranoias del "no perder el tiempo" para "hacer cosas concretas". Las políticas de cultura local vienen infectadas irremediablemente por la norma de la urgencia y de la rentabilidad de partido. Imagen de consumo.

Sin embargo no podemos olvidar que el compromiso de reflexión, más si cabe en este campo de la cultura, es ineludible. Puede con ello que desde los ámbitos técnicos tengamos que hacer valer ese compromiso y, si es necesario, hacerlo desde la desobediencia. Debemos terminar de una vez con la sumisión absoluta a aquellos dirigentes políticos que ignoran la esencia de la cultura, que desconocen absolutamente la profundidad del concepto y que no son capaces sino de manejar terminologías huecas en discursos vacíos, que su interpretación de este mundo no va más allá de la idea de unas áreas de cultura comprendidas como agencias de espectáculos.

La necesidad de consolidar unidades de pensamiento esta evidentemente bien lejos de sus intenciones. Y es así que nos vemos condenados a la inmediatez, al capricho, a la premura... consiguiendo que la cultura local se destroce desde modelos totalmente irreflexivos y anclados en unos patrones de mercado propio de las épocas de bonanza. Y lo malo es que en las condiciones actuales, en las condiciones en las que se ha dejado el tejido creativo de las ciudades, ni siquiera el modelo de agencia de espectáculos sirve.

Huir de la reflexión en función de la acción concreta, abandonar las necesidades de generación de conocimiento, rompe los moldes con los que debiera componerse la cultura local: trabajarla para construir una sociedad emocionalmente rica y acomodada en la sensibilidad y en la crítica. Cuidar la cultura para consolidar sociedades comprometidas no es asunto baladí porque, insisto, la cultura construye las sociedades y determina su modelo. Sin embargo ese significativo desprecio por el pensamiento nos conduce sin remedio a unos modelos de cultura de consumo poco o nada aptos para generar la sociedad que necesitamos.

Estoy convencido de que es urgente poner en evidencia estos comportamientos, alejarnos de un mal entendido respeto (nunca de doble vía, por cierto) que nos ha llevado a los técnicos a ocultar o disimular comportamientos absurdos y, en demasiadas ocasiones, incoherentes, desproporcionados o carentes de toda lógica. Porque no sé si se puede admitir que quien tiene responsabilidad pública sobre cualquier asunto lo desconozca de modo tan tajante.

Bien claro queda ahora cuando la cultura es víctima del deterioro impuesto por las políticas de austeridad y comprobamos que la única facultad de gestión provenía de unas arcas bien llenas. Todavía ignoro, tal es mi ingenuidad a semejantes años, de dónde le llega la ciencia infusa a un político para hacerse cargo de asuntos que desconoce por completo. Por ello quizá antes de repensar la cultura deberíamos repensar la función que la clase política cumple en la gestión de la misma.

[#857] (2012-07-03 11:51)

De la cultura de mercado a la cultura social. Parece que va tomando cuerpo, me alegro, en el subconsciente de la cultura el reconocimiento de la desmoronadora sumisión de ésta a las dictaduras del mercado. Falta hacía. Sin embargo también comienza a hacer falta que esta reflexión se expanda y vaya algo más allá. Y me refiero al análisis de otra sumisión: al abandono de la cultura en manos de las decisiones egóticas de la política (aunque me niego a desvirtuar el término política y reducirlo a las circunstancias limitadas del corporativismo de los partidos). Una miopía subjetiva que abunda en el confinamiento de ésta a una reducida interpretación de la misma. Desprenderse del mercado es necesario como lo es también hacerlo de la tiranía de una clase política que toma decisiones desde una pretendida autoridad incuestionable.

La autoridad de la cultura local no puede ni debe provenir sino del reflejo de las decisiones del procomún y éstas no pueden delegarse del mismo modo que se delega la gestión del agua o los vertidos. Porque la base de una nueva cultura social no puede construirse desde las mismas lógicas de producción ni de distribución a las que se nos ha acostumbrado. Por supuesto ni desde de la tragedia de las decisiones políticas que nos han conducido hasta donde nos encontramos. El espacio agónico de la cultura.

En este momento menos recursos no pueden implicar directamente menos capacidad si la lógica de la energía (ciudadana y social) se revierte. Y precisamente por esto no podemos caer en un hiperactivismo oficial que oculta de modo artificial una auténtica ignorancia sobre las nuevas necesidades y los nuevos procesos. La inercia programática, heredera de las épocas de bonanza y de la falta de reflexión, no puede ocultar la urgencia de modelos deliberativos. Es necesario socializar la cultura desde el conocimiento y la producción comunitaria. Nuevas instituciones que permitan internalizar la inteligencia local y que terminen con la feudalización de la cultura ciudadana.

Desinstitucionalizar la cultura supone abrirla a la sociedad mediante procesos colaborativos, bajo la lógica de la demanda más allá de la oferta, bajo la lógica del diseño abierto, bajo la lógica de la estructura rizomática. Conocimiento, código y diseño.

Quizá la responsabilidad de las instituciones recaiga más en la cogestión del conocimiento, del intelecto y minimizar los procesos de "fabricación" a los que estábamos acostumbrados. Crear valor para la cultura de un modo distinto, abierto, colaborativo, bien alejado de la realidad subjetiva de las administraciones.

La cultura solo puede generar capacidad colectiva si es social.

[#858] (2012-07-06 10:50)
Me da la sensación de que la política es hoy a los partidos lo que la economía a los mercados. Un profundo despropósito. Nada que ver con la esencia ninguna de las dos. A la estrategia de los partidos por mantener sus objetivos corporativos por encima de cualquier otra visión cívica se une el autismo déspota con el que día a día nos regalan sus representantes. Otorgándose una soberanía absoluta y mal entendida que sustituye a la representatividad y el encargo de gestión que realmente se les otorga en las urnas. La deriva del autoritarismo es una constante cada vez más acuartelada en las mentes de quienes acceden a los cargos públicos.

La sociedad, también la cultura por supuesto, sufren por esta distorsión. Quizá la anorexia intelectual se haya instalado en el comportamiento general y nos ha lanzado a un modelo de pasividad acrítica, de aceptación de lo inaceptable. Nos tutela un Estado neutralizador de la individualidad comprometida.

Por ello es fundamentalmente desde dentro de las instituciones públicas desde donde debemos desmontar con nuestros comportamientos la aquiescencia y la obediencia ciega. Dejar de aceptar decisiones y prácticas de unos dirigentes políticos que se otorgan la infalibilidad.

El imperio de lo efímero, de las apariencias, de los grandes eventos supone una huida hacia adelante que oculta y camufla la incompetencia política. Mitificar la autoridad supone reforzar estos comportamientos y puede que venga siendo hora de poner en tela de juicio y de sacar a la luz las prácticas abusivas de una jerarquía vacía.

[#859] (2012-07-25 12:17)
La cultura unidimensional. Una alegoría de Marcuse. Parece que la cultura solo es racional si es productiva. En cualquiera de sus términos y en función de ser incluida en la maquinaria económica y política. Si no es así es olvidada, relegada. Se productiviza cualquier asunto siempre que sea rentable para los sistemas. La obediencia intelectual. Lo substancial se desvanece en función de una cultura utilitaria que se convierte en factor de producción a partir de políticos estrella que procuran una continua rentabilización del espectáculo por cualquier

medio. El ruido es el que manda porque provoca efectos de virtud en el gerente-empleador-distribuidor. Todo se desliza hacia un espejismo listo para iluminar de forma épica toda la envoltura de unas políticas culturales de superficie.

Muere así la cultura en su más digna acepción por "muerte matada" que no por "muerte morida" (como dicen los maestros gallegos de sus excuelas).Y la mata el econoteísmo que, como cualquier religión, obliga a no pensar para asumir humildemente sus preceptos. Simplificar y obedecer. Paralizar la crítica y anular la ética. Su relato se convierte en una imposición totalizadora. Como todos los lenguajes sacros, el econoteísta no está creado para que se comprenda sino para actuar como mantra narcotizante. Para crear un halo de ascetismo que no es necesario entender sino acatar. En este sistema todo lo que pierde la cultura (entendimiento, sensibilidad, inteligencia) lo gana el oscurantismo (enfrentamiento, embrutecimiento, instrumentalización). Inteligencia paleolítica al servicio de la política para manufacturar ciudadanos. No hay nada, en todo caso, que no entre dentro de una intencionada estrategia de anulación. La administración de la ciudadanía como nuevo sistema a través de dos niveles: el afianzamiento de la dependencia (a partir de la consolidación de sus deudas) y la anulación del espíritu crítico (a partir del vaciado de sus esencias culturales). Los ciudadanos pasan a convertirse en figurantes de un plan establecido por la oligarquía y disfrazado con aparentes, aleatorios y sucesivos procesos de participación.

En este escenario pocas cuestiones se han convertido en algo tan falso como el interés político por la cultura en su amplia extensión. La clase política lleva demasiado tiempo siendo los monaguillos de la economía. Hacen sonar sus campanillas para atraer la atención de los feligreses y llaman al recogimiento mientras el sacerdote levanta la hostia sagrada del algoritmo. El clero dogmático de siempre. El econoteísmo. Otra patología extrema (como suelen ser las iglesias) que impide a sus fieles seguidores el acercamiento a cualquier tipo de conocimiento, argumento o experiencia si no sirve para mantener el dogma. Ignorancia y obediencia. Algo que nos ha llevado al punto en el que nos encontramos: una clase política con licencia absoluta para cometer todo tipo de atropellos desde la más despreciable impunidad, una clase política a la que no se le puede contestar ni replicar porque se ha hecho fuerte en un sistema bastardo. La autocomplacencia y la vanidad son comportamientos bien instalados que ni siquiera se reconocen como no se reconocen las adicciones patológicas. Un autismo evidente que ha colaborado a desmantelar la cultura desde una incapacidad intelectual y operativa únicamente entrenada (como mucho) para la especulación corporativista, el desarrollismo dialéctico, la paranoia contratista, la distribución de espectáculos... Que además no se les pueda increpar es intolerable, que además nos quieran hacer creer que todo esto ni va ni ha ido con ellos es insultante. El rey está desnudo y es necesario poner en evidencia lo evidente (menuda paradoja).

La cultura y sus protagonistas se han convertido en figurantes, en piezas de una estructura escénica que se transforma en juguete para el fortalecimiento de una nueva sociedad-marca, de una nueva sociedad señoreada. Así, los exiliados de la cultura no son sólo los ciudadanos sino ahora también los creadores y los empresarios que buscan un hueco en la maquina fordista del entretenimiento. Y lo son porque, desde este sistema perverso que se ha ido creando de ningún modo pueden trabajar si no están ligados a la Administración y al capricho del correturnos que hace tiempo se apropio de una estructura que definitivamente no le correspondía. Por ello para reorganizar el discurso de la cultura y devolverle la credibilidad debemos, entre otras cosas, abandonar la obsesión la culturometría, una nueva estupidez como modelo, esa ortodoxia y que han contribuido tanto a crear los despropósitos que hoy sufrimos.. Disculpen pero la cultura no contabiliza, relata.

[#860] (2012-07-25 12:18)

Decía Einstein que "la teoría decide lo que nosotros observamos". En las políticas de cultura también. Según lo que conozcamos acerca de una materia así actuamos. ¿Qué conocen de ella nuestros responsables políticos? Disculpen lo retórico de la pregunta. La teoría de la cultura es un instrumento fundamental que modela cualquier intervención hacia ella. En todo caso más bien estamos ante la gestión de la casualidad en la que la corriente empuja sin que haya remansos. Hoy por hoy la ortodoxia econoteísta, la religión obligatoria, es la que crea las verdades sobre las que se fundamentan los criterios de una gestión cultural de algoritmo. Unos criterios que llevan a acciones en el mejor de los casos inútiles, en otros perjudiciales. La insolencia de lo pomposo y el grosero "ande o no ande" dominan desde hace demasiado tiempo y se refuerza la hostilidad hacia el pensamiento. "No es hora de pensar sino de hacer". Horror vacui. El refuerzo de la ignorancia. Del activismo ciego. Ora et labora. No existe el tiempo para otros asuntos que los de dios. De una estructura mental autista es difícil que se generen ideas comunitaristas. En realidad poco interesa la función de la cultura, la función que provee, que significa... lo que interesa es ese movimiento ficción. Que parezca. La escenografía de las políticas, la excrecencia de los mecanismos. La interpretación de las políticas de cultura como un espacio de transacciones. La repetición de letanías en forma de festivales de todos los ríos para aumentar un espejismo de que ni siquiera sirve en si mismo para fortalecer un sector que se ha esquilmado a fuerza de crear factorías ficticias y planes estratégicos forzados. Las políticas públicas de cultura se convirtieron hace mucho tiempo en una disciplina teológica destinada a sostener un armazón industrial para el entretenimiento. La especulación simbólica. Desobediencia política. Desobediencia de sistema.

[#861] (2012-09-04 11:42)

Supongo, desde una cierta desesperanza lo admito, que un problema grave dentro de este mundo nuestro de la cultura es el de la investigación. Cuestión de maniobra, supongo también, o de ignorancia no sé o de inoperancia ya no me cuadra nada. Porque la misma tendencia que conduce a despreciar el pensamiento y la ciencia ("muera la intelectualidad traidora") nos ha conducido a una cultura empaquetada en la que si se investiga se hace en lo que se refiere a producto (por parte de los creadores) y distribución (por parte de empresas). Nada que objetar porque está dentro de su naturaleza, funciones y competencias. Pero ¿y las políticas públicas?. En un país en el que la investigación científica se desprecia en función de otras "necesidades", en el mundo de la cultura pública ni siquiera se ha llegado a plantear ese escenario. El reduccionismo de explotación industrial al que viene siendo sometida desde décadas no parece un buen contexto. ¿Desconocimiento sobre su esencia? Lo no observable: vemos caer la manzana pero no nos preguntamos qué fuerza es la que la atrae hasta el suelo, no nos preguntamos por las causas. Reparamos en el cuerpo y en la materia pero ignoramos su entidad substancial.

Sin embargo comprender que la evolución de las sociedades se produce incuestionablemente por cambios culturales nos ayudaría a meditar sobre los procesos que envuelven la gestión de la cultura. Que esta evolución no es algo aleatorio y que se produce por razones profundas, que las mutaciones no son espontáneas. Que la cultura es aquello que crea la coherencia necesaria para ese cambio congruente. Pero más bien parece que estamos en un mundo intelectual secuestrado.

Quizá esta carencia de investigación (de compresión esencial) nos haya conducido a este colapso. Un colapso que no solo afecta a la cultura pública sino que repercute directamente en el ecosistema de empresas y organizaciones atrapadas en un modelo de explotación impropio, como poco, y que se ven abocadas, demasiadas, a la incertidumbre cuando no a la desaparición. ¿Podemos como sociedad permitirnos un modelo de desarrollo que limite nuestra esencia? De la parálisis a la implosión no va demasiado y la involución también puede ser una función constante. Un bucle del que no saldremos con más de lo mismo. Del que no saldremos sin procesos de reflexión radical.

Toca armonizar. Porque no digo que todo se haga mal, hay encomiables ejemplos dentro y fuera, solo faltaría, pero la cultura no puede evolucionar alrededor de una "teoría gravitacional" única, no puede girar de modo único alrededor de las Administraciones como si de un sistema heliocéntrico se tratase. Existen dimensiones adicionales que quizá no las tratamos con la suficiente atención.

Por ello, las políticas de cultura, empezando como no por las locales, deberían constituir "unidades de pensamiento" (por favor, más allá de las paralizantes mesas y consejos de cultura) que trabajasen desde la simbiosis para adentrarse en eso que mencionaba como "lo no observable". Que diesen coherencia a sus clásicas unidades de programación y que canalizasen las acciones en función de provocar efectos pretendidos no circunstanciales. Pero soy bien consciente de que nada de esto es viable sin conseguir verdaderos cambios en propios y extraños, dentro y fuera. De actitudes, de procesos, de formas, de condiciones, de estilos, de formalidades, de conocimientos, de intenciones, de celos, de composturas, de esfuerzos, de anhelos... Dónde está el liderazgo político y social...no se puede liderar lo que se desconoce.

Posiblemente la verdadera misión de las políticas locales de cultura sea la de crear un clima intelectual y creativo que permita generar esos campos de coherencia. Posiblemente metacultura.

[#862] (2012-10-10 11:20)
La crisis de la cultura pública local. La tiranía de la inmediatez y la cultura transitoria, dos modelos siempre dependientes de los poderes, parecen ser las únicas pautas que son capaces de seguir las políticas institucionales de la cultura local. El tiempo para el pensamiento y la reflexión no cotizan en esta bolsa política que alterna partidos y gestiona vanidades. Por lo demás nada nuevo si consideramos que su razón de ser, la razón de ser de todas las políticas de partido, no es sino la de incrementar sus beneficios corporativos.

Pocas razones que no vayan más allá de la espectacularidad y el escaparatismo. Pocas que tengan que ver con la solidez de los proyectos a largo plazo y la creación de sociedades críticas y emancipadas. La cultura como stock que distribuye paquetes cada vez más prefabricados. La cultura dispensario, la cultura franquicia. Para esto no hace falta la reflexión sino el manejo de unas mínimas artimañas comerciales. ¿Cómo esperar así que el ciudadano se sienta comprometido? La cultura local, hoy por hoy, difícilmente reporta recompensas sociales y el crecimiento de los espectáculos rara vez coincide con una sociedad más brillante.

El político se ha convertido en el comercial de las culturas y los técnicos, cuando no conniventes, se encuentran atados a la administración de sus grandes ocurrencias. El pensamiento y la reflexión como carburante hace tiempo que parece estar agotado y poco a poco la precariedad perseguida de los trabajadores públicos va a conseguir que los técnicos no sean sino repartidores de entretenimiento. Non olet.

A la degradación de la situación financiera se le añade esa degradación intelectual, más triste si cabe, y es la suprema unión de estos dos factores lo que nos empuja a una situación de difícil salida. Si no hay tiempo para pensar másfácilmente nos hundimos y másfácilmente accede al podio una gestión mediocre y cretina.

¿Para qué puede servir la cultura? En este contexto para bien poco. Ni siquiera para aportar una mínima coherencia a la cacareada y desfigurada transversalidad de las políticas locales.

Mucho menos para la manoseada sostenibilidad. Y nada para el hipervacio discurso de motor de la economía.

Olvidado queda aquello de comprender y pensar ponderadamente nuestro entorno, identificar las identidades emergentes, neutralizar la depredación de los poderes, intervenir las resignaciones, reivindicar las nuevas relaciones con la economía, reforzar el comunitarismo...

[#863] (2012-10-17 19:34)
Tendemos a creer que la cultura no existe si no la gestionamos. Sin embargo deberíamos observar los procesos mínimos, aquellos que a los ojos de las políticas dinámicas permanecen ocultos, aquellos que parecen intrascendentes o que no están dentro de los campos especulativos de la gestión, de nuestra tutela. O, como ya he dicho en otras ocasiones, que pertenecen a esas culturas tímidas que no cotizan en bolsa.

Quizá volver de algún modo a interpretar la cultura comunitaria, aquella que pone las bases, sería una salida impecable. Porque estos procesos mínimos de la cultura son indudablemente los únicos que pueden permitir cimentar. Luego construir. Más tarde enriquecer. Un simple principio de superposición formalizadora de la cultura. Abandonar la pretendida generación espontánea del interés. Una actitud que parece provenir de cierto aislamiento de la realidad y que permanece en los altos niveles de la gestión pública e industrial de lo que hoy se entiende por cultura. Una cultura, en cierto modo, impuesta bajo intereses claros de rentabilidad política y financiera.

El mercantilismo cultural está muy lejos de los principios básicos del procomún, de la comunidad que decide. Se han generado estructuras que dominan los expertos y que, bajo la paranoia de la excelencia, subvierten los procesos de participación e implicación ciudadana. ¿Expertos en qué? Habitualmente en gestión administrativa.

Esto significa que hemos alcanzado un déficit cultural que se manifiesta por la diferencia que existe entre la oferta oficial y las necesidades y sensibilidades de la sociedad. Una cultura especulativa que las administraciones y las industrias consideran legítima. Una cultura impuesta que solo beneficia a un determinado grupo de población.

Por ello una acción cultural comprometida no puede desarrollarse desde la direccionalidad de las autoridades sino que tiene que acompañarse de inmersiones más que de inversiones. Una nueva articulación política que refuerce la base ciudadana más allá del consumo, que genere espacios de convergencia. Posiblemente así nos alejemos de ese canto de sirena que encumbra a la cultura como motor de la economía. Posiblemente la coloquemos en el lugar que le corresponde: como motor de la humanidad.

Una ciudadanía inactiva culturalmente (consumir no significa estar activo) configura una sociedad paralizada en sus esencias.

[#864] (2012-10-19 11:14)
A vueltas con las culturas quizá podríamos hablar también de culturas "ocultas". Un territorio desconocido que compone el núcleo de la cultura como soporte social, culturas que difícilmente pueden contemplarse porque no afloran, que no lo hacen porque no aportan esa espectacularidad que hoy parece necesaria. Y porque solemos prestar atención únicamente a lo que se nos presenta perdiendo poco a poco la curiosidad por lo que está detrás, por lo no visible. Actuamos como si no existiese. Nos cuesta descubrir.

Pero indagar también debería ser una actitud relevante en los modelos de gestión de las políticas públicas de cultura. Y hacerlo no para localizar aquello que puede constituir un éxito sino para escudriñar el fondo. Para componer una estructura narrativa liberada del argumento (¿demasiados planes estratégicos?) que pueda fluir más libremente, que permita crear espacios que el ciudadano ocupe sin tutela.

La gestión pública de la cultura no puede falsear la realidad y la realidad es que esas culturas ocultas no son meros peones en el entramado ciudadano. La realidad es que pertenecen al paisaje humano.

Construir una ciudad de fachadas utilizando la cultura, determinada cultura, como referencia y marca (odio con todas mis fuerzas ese concepto) deshabilita y coloca a los ciudadanos como meros figurantes.

[#865] (2012-10-24 09:36)
La cultura va mucho más allá de lo que suponen sus manifestaciones. Supone la incidencia directa en el corpus humano de las sociedades. En la configuración del modo de ser y del comportamiento de éstas. Esta referencia básica se olvida a menudo y se centran las políticas públicas en la promoción y el desarrollo de los procesos expositivos en cualquiera de sus múltiples facetas. En el impuso de industrias de todos los tamaños y en la protección de sus productos.

También la cooperación cultural parece reducirse a ello, al intercambio de mercancía. No se comprende muy bien que exista otro modelo cooperativo que no esté marcado por este prisma utilitarista. Sin embargo la cooperación para la investigación debería ser uno de los pilares fundamentales para las políticas públicas de cultura. Se debería reforzar la reflexión conjunta para proponer mecanismos que permitan consolidar la generación de sociedades completas, modelos que, además de la estabilidad suficiente para garantizar el bienestar económico de la ciudadanía, pudiesen garantizar su bienestar intelectual y humano. Las cuentas de resultados de las políticas públicas de cultura debe medirse por la multiplicación de esos valores. Es bien necesaria la puesta en marcha de programas públicos de cooperación cultural fundamentados sobre la investigación.

Insisto, la cooperación va mucho más allá del intercambio de productos y de la convencional transferencia de ayudas económicas. El reto va a ser integrar modelos que permitan ir más allá del diseño de productos, va a ser iniciar procesos que permitan aportar conocimiento para encontrar nuevas respuestas. Va a ser abrir los canales para transferir inteligencia. La cooperación para el conocimiento supone superar la focalización de la acción cultural.

[#866] (2012-10-25 09:45)
En todo caso, insisto, el desafío actual de la cultura pública pasa por la investigación. Por una propuesta que integre la enorme cantidad de vida cultural que existe fuera de las administraciones (acudan aunque sólo sea a twitter) y la escasa capacidad histórica de éstas para adaptarse a las realidades externas. Producir herramientas para que esta conexión se dé y permitir a organizaciones, instituciones, agentes, creadores y ciudadanos evolucionar en un escenario múltiple, emprender acciones integradas.

No hablo de arrinconar las unidades de programación sino de armonizarlas con unidades de pensamiento que sean capaces de permeabilizar los conocimientos adquiridos y generados. Tener una visión integrada del sistema cultural y su relación con las sociedades, dejar apartados los tiempos en los que los poderes públicos locales se otorgaban el privilegio de diseñar unilateralmente los modelos ciudadanos de cultura.

El desafío es integrar la información y el conocimiento que permanece en la sociedad y ser capaces de acoplar las mutaciones continuas que genera la inteligencia activa. Una especie de gestión regenerativa que sea capaz de enfrentarse al reto de reprogramar modelos y activar espacios muertos. Que aporte conocimiento a un sector cultural en forma de mecanismos integrados, que potencie imaginaciones, que favorezca nuevas concepciones del trabajo en cultura.

[#867] (2012-10-25 12:04)

No quiero ocultar, me traicionaría y les traicionaría, que no creo en los resultados reales de los Planes Estratégicos. Para mí no constituyen, la mayor parte de las veces, sino un ejercicio literario que insiste más bien en un catálogo de tendencias con mayor o menor acierto. Que pueden ser fácilmente exportados porque valen sus conceptos para cualquier ciudad del entorno que conocemos. Que difícilmente se dirigen hacia objetivos revisables y verificables (o que raramente se verifican y revisan) y tratan de encapsular modelos que casi automáticamente se autodestruyen en una realidad que se reproduce y recontextualiza a velocidades mayores de la que ellos soportan. Que constituyen, quizá, una teatralización de la realidad cultural de las sociedades.

En todo caso no dejo de aceptar que en algunas ocasiones sus conformación deja más mella que sus aplicaciones con lo que más bien deberían constituir un compendio de preguntas, una tratado para la provocación y la controversia. Un breviario de señales. Un esquema que determine la cultura como transcurso más que como acceso. Que valoren el excedente cultural de las comunidades, incluso de aquellas que permanecen ocultas.

Quizá confundamos cultura con estructura cultural y ello nos lleve a esos contrasentidos. Que estemos trabajando con modelos y recursos reflexivos caducos y que les exceda la realidad. Que, ya lo he mencionado en otras ocasiones, todo esto no sea sino un ejercicio de paleofuturismo porque el presente que vivimos ya ha superado las expectativas de futuro que en él se plantean. Diseñar lo que vendrá con el pensamiento ya caducado.

O con un pensamiento focalizado que pone el énfasis en el consumo y distribución de los productos culturales confundiendo la aspirina con la sanidad. O un discurso contradictorio que no coincide de ningún modo con las prácticas políticas de quienes lo proponen.

Me canso.

[#868] (2012-11-01 20:21)

¿Nos planteamos cómo afecta la cultura al cerebro? ¿Sólo sabemos hablar de cómo afecta al bolsillo? También hay activos tóxicos.

[#869] (2012-11-01 20:22)

Las estrategias deberían ser cuadernos en blanco para comenzar con procesos de habilitación y rehabilitación. Cuando todo ha sido institucionalizado en procesos planificados desde una concepcióntécnica y aséptica cualquier reflexión de la ciudadanía pasa por aceptar y considerar normal que existan instituciones que definan y determinen de modo unilateral los recorridos de la sociedad. El valor de la sociedad culta se da entonces por la capacidad de ésta para consumir. La combinación de una ciudadanía apartada de su devenir y la consideración de esta como meros usuarios no deja límites para la usurpación de los poderes.

[#870] (2012-11-01 20:24)
Posiblemente la cultura haya perdido su hegemonía sobre el pensamiento. Ha dejado de ser el cerebro de la humanidad. O ha cambiado ese cerebro, como hacen los cerebros, según el contexto. Ha mutado.

[#871] (2012-11-01 20:24)
La cultura oficial obligatoria. Aquello que las instituciones proveen. Profilaxis social. Los rituales de participación. Siguiendo la reflexión de Ivan Illych, de cultura para todos deberíamos pasar a cultura por todos. Las instituciones se han apropiado de la responsabilidad y el derecho que todo ciudadano tiene a elaborar su acceso y producción de la cultura. Se provoca la experiencia de una cultura preparada configurada por intermediarios expertos. La cultura parece estar demasiado oficializada, excesivamente administrada y centrada en modelos que confunden los criterios públicos con los de partido. La visión institucional del mundo. Las burocracias del bienestar cultural.

[#872] (2012-11-01 20:28)
Los modos de hacer el pan también son manifestaciones de un hecho cultural. Y el despreciable toro de la vega.

[#873] (2012-11-01 20:29)
No sé si hemos sabido transmitir correctamente la idea de transversalidad de la cultura. Incluso creo que la idea misma no es correcta. Me parece más apropiada la de cultura como concepto sistémico. Puede que no haya una diferencia demasiado clara pero a mí me parecen cuestiones con matices. En todo caso esa idea de la cultura como impregnadora de las políticas públicas es algo que no se entiende. Y no se entiende porque ha quedado relegada más bien al conjunto de sus productos. No me extraña en este caso que quien tiene la responsabilidad de planificar las políticas se pregunte qué hace un titiritero planificando la ciudad en la misma mesa que los urbanistas. La cultura que se comprende queda corta y se queda en una simple teatralización de la realidad porque se ha confundido el continente con el contenido, proceso con esencia. Este reduccionismo impide alejarse de los modelos distributivos habituales. Y sobre todo de procesos que investiguen mas allá de las disciplinas impuestas, que investiguen las anomalías desde una perspectiva abierta (sistémica decía).

[#874] (2012-11-01 20:30)

Los serios siempre han despreciado a los iluminados. La cultura local es seria y no permite demasiadas alegrías. Comprender la cultura, desde las administraciones, como manifestación y no como abstracción es uno de los factores que la limitan, que limitan su práctica y su investigación.

[#875] (2012-11-01 20:31)

El espacio tridimensional que hemos heredado (mercado-estado-iglesia) es una traba enorme para el desarrollo completo de la cultura. Un espacio caducado sobre el que nos empeñamos en incidir para buscar nuevas respuestas. No existe coherencia. El pensamiento crítico no tiene cabida en ninguna de esas tres estructuras.

[#876] (2012-11-01 20:32)

El universo euclidiano de la cultura. Los límites de nuestro pensamiento no son los límites del pensamiento. En eso radican muchas aberraciones. Atrofia del órgano.

[#877] (2012-11-01 20:33)

La gestión estándar. No existe ninguna sustancia en el universo que sea constante. Lo contrario es una anomalía. ¿Por qué se pretende constante la cultura? ¿Por qué se pretende su gestión desde comportamientos uniformes? Una institución que solo "hace" se ve abocada a una inercia de rumbos dispersos.

[#878] (2012-11-01 20:34)

La energía invisible. Efectos inducidos en un supuesto vacío. En un aparente estado de "cultura cero". Todo parte de ese error que comentaba de comprender la cultura como manifestación. De comprender la cultura como un estado de producción y consumo. Es evidente que en ello se fundamentan, en su mayor parte, las políticas públicas de cultura. Se olvidan esas energías ocultas. Pero toda cultura es el resultado de la intersección de sistemas mentales más allá de sus efectos materiales. Porque la cultura no es únicamente la materia visible sino todo aquello que nos empuja a determinados comportamientos. Y también es evidente que la materia no visible es mucho más densa e importante que la manifiesta. Inmersión en el prevacío. Una especie de metáfora de lo que ocurre en el universo, entre la materia visible y la oscura tan solo ocupan algo así como el 30 %. El resto es "energía perdida". Algo así como las culturas ocultas o perdidas. La teoría de las culturas ocultas. La potencialidad de estas sugiere el surgimiento de las culturas observables. El orden implícito y el orden explícito.

[#879] (2012-11-01 20:35)
La cultura es la unidad básica de información para el desarrollo de la humanidad. La nanocultura memética.

[#880] (2012-11-01 20:36)
Para el núcleo duro de las policías culturales y su gestión cualquier apreciación sobre modelos que no tengan una resolución matérica son directamente inadmisibles. Como si desde las políticas solo se pudiese emprender lo concreto sin investigar en procesos. Desde las viejas estructuras mentales mal se pueden emprender nuevos modelos de construir. El universo no es plano, la cultura tampoco. Pero es muy cómodo y más fácil actuar como si así fuese. Aquí parece que nos hemos quedado.

[#881] (2012-11-01 20:37)
La densidad critica de la cultura. Si hay más densidad cultural fuera del campo de dominio de las AAPP la fuerza provocada por esta empuja a las instituciones al colapso. Si la densidad crítica se encuentra por debajo, la fuerza de expansión de las instituciones aumenta y se desarrolla de un modo más, digamos, hipertrófico. Si la densidad esta en equilibrio encontramos un universo cultural que se mantiene en equilibrio entre las fuerzas de expansión y las de contracción. Una institución en expansión constante es tan perjudicial como aquella que experimenta contracción continua.

[#882] (2012-11-01 20:39)
La coherencia de un sistema complejo nos indica que no existen partes controladas ni controladoras sino que están en un proceso continuo y abierto de información y contacto. La cultura es un sistema complejo. La armonía depende del ritmo y la cadencia que le infunden todos sus actores. Todos los ejecutantes en una interpretación desde la máxima libertad. Una orquesta de jazz dispuesta a la improvisación, a la creación de melodías que no se paralizan. Un nivel de coherencia que se da en los procesos mínimos, en las frecuencias compatibles.

[#883] (2012-11-01 20:40)
La resolución de lo íntimo en los procesos de cultura digital comunitaria

Generosidad intelectual. Aproximación crítica a las tecnologías. Cultura digital-cultura libre-cultura comunitaria. Cooperaciones. Comunitarismo tecnológico. Meta-tecnología. Nuevos imaginarios sobre la solidaridad. La cultura hojaldre. La cultura no especulativa. La cultura no propietaria. La cohabitación digital. Una alegoría a los espacios públicos físicos. Apropiación espacial. Ecología digital comunitaria. Permeabilidad no participante. La conciencia de lo digital. Lo que queda cuando nos vamos. La lógica del control aplicado. Las brechas de acceso. Las brechas de educación. Las brechas de creación.

[#884] (2012-11-06 10:10)
El viejo modelo de la gestión de la cultura local debe revisarse desde los soportes mentales más que desde las estructuras. Aunque estas últimas sean las que van a ser el soporte "físico" del cambio, nada conseguimos si con ello no viene una más que necesaria oxigenación de los cerebros.

La gestión euclidiana, la administración en su vertiente más dura e inflexible (inflexible no sólo en proceso sino en alma) no hace sino transmitir sus patrones a cualquiera de los posibles planes e intenciones apuntados en el formato que sea.

La decadencia de la cultura local no es otra que el enroque en los modelos de conservación y distribución, en la dificultad de contaminación, de permeabilización. En la todavía actitud soberanista de unas instituciones que confunden delegación (la encomienda de los ciudadanos para la gestión de los asuntos públicos) con apropiación (la usurpación de las decisiones)

Los flujos de conocimiento son los verdaderos y únicos mimbres pasa construir una cultura local sana.

[#885] (2012-11-13 11:09)
Deconstrucción y políticas públicas de cultura. Si todo va bien y esta situación crítica por la que estamos atravesando sirve para algo, además de para apuntalar al poder económico, las relaciones sociales, en su más amplio sentido, están destinadas a transformarse. Lo bueno es comenzar con una deconstrucción planificada y fundamentada sobre la conexión ética entra las partes que la componen de un modo fluido y libre de ese aglutinante espeso e hipercalórico que siempre han utilizado las excentricidades corporativistas de unos poderes cada vez más alejados de la calle.

La cultura también forma parte de esta necesidad deconstructora. Por supuesto. Y forma parte porque es la esencia aglutinante que crea coherencia y explica por qué nos comportamos de un modo u otro, que explica por qué nos transformamos y evolucionamos, que participa, además, de esos comportamientos, transformaciones y evoluciones. En definitiva que estimula, provoca y relata. Y porque quizá la cultura sea también ese campo akásico del que nos habla Ervin Laszlo y está implicada, mucho más allá de lo que al parecer se llega a entender en la evolución de las sociedades. Y lo está porque es la contenedora y portadora de toda la información necesaria para generar y regenerar universos (¿multiversos? ¿metaversos?), para reorganizar nuestra estructura de lo no observable: aquello que desde una reducida visión cortoplacista se desprecia. Y quizá allá esté el quid de este asunto, quizá las políticas públicas de cultura deban orientarse hacia eso mismo: la interpretación de lo no observable. Algo que supera el concepto limitado y grotesco de la cultura como mercancía. Y ¿qué es lo no observable?: las fuerzas que producen los efectos, todo aquello que realmente mueve, aquella fuerza que no vemos pero hace que la manzana caiga. Quizá las políticas públicas de cultura deba dedicarse más bien a eso, a pensar en esas fuerzas que dirigen los efectos, a pensar en las dimensiones provocadoras.

Deconstruir, como primera medida, un "econoteismo" en el que se han instalado todas las fuerzas públicas para vaciar de contenido social cualquier intervención y centrarse en mercadear con la vida y ofrecerla sin salida a clientes-feligreses en sus más variadas tipologías. ¿Por pereza intelectual? Más que posible. Es algo que siento se ha instalado en el comportamiento de nuestras políticas, de todas en general y particularmente desastroso en las de cultura. Porque quizá el pensamiento es un escollo insalvable para quien tiene como referencia la osadía del "desprecio lo que ignoro". El discurso político es engañoso. El de las políticas de cultura no lo es menos. ¿A quién le interesa la cultura?

Y es que esa pereza intelectual es caldo de cultivo para un perfecto modelo de censura. La que se genera evitando que otras voces entren con la consecuente degradación del espacio público. Degradación que, evidentemente y además, abre el camino a comportamientos y escenificaciones cargadas de un autoritarismo desatinado que se adjudica el conocimiento absoluto sobre las necesidades de la ciudadanía.

Por ello es posible también que buena parte de los planes estratégicos de cultura entren en este escenario de la pereza intelectual y nazcan ante la necesidad narrativa como excusa, ante la necesidad de un ropaje consistente con el que vestir galas porque, en realidad, no se entiende de verdad en lo que se está trabajando. Que modifiquen las ideas en ocurrencias, en meras alucinaciones transitorias que nunca sirven como hilo argumental aunque pretendan serlo... ensayos para canalizar la oficialidad de un discurso que intenta ablandar la cultura, hacerla útil para menesteres de posibilismo político. ¿Escepticismo ante los planes estratégicos? Escepticismo ante los discursos. No sé si llegaré a apearme de la idea de que las estrategias en cultura no son sino profecías del pasado, una especie de paleofuturismo mal condensado.

Artículo completo en: http://revistas.uca.es/index.php/periferica/article/view/1861

[#856] (2012-11-20 11:31)

El permiso para trazar acciones socioeconómicas desde la cultura de modo que exista una comunicación multidireccional para el avance. La interconexión de un triangulo compilador que permita mezclar, desordenar y perturbar las acciones "tradicionales" de la cultura local, que permita superar los discursos de PIB y canalizar un razonamiento desde el IDH. Emprendimiento heterodoxo.

La cultura no solo se promueve y organiza desde las lógicas de la distribución. O al menos así debería interpretarse. Sencillamente porque, volvemos al germen, la cultura supone la configuración de modelos de sociedad, de modelos relacionales y comportamentales. La esencia ciudadana.

Debe existir una correlación entre la cultura analítica, la cultura experimental y la cultura aplicada. No se puede ser demasiado optimista en cuanto a futuro de nuestras sociedades si no existe una revisión drástica de los procesos y las prácticas culturales desde el entorno local. La implicación de los esfuerzos intelectuales, los de gestión y los de suministro una visión y un posicionamiento sistémico y holístico que debe incorporar líneas de pensamiento y acción confluyentes entre las diferentes realidades, necesidades y sensibilidades.

Espacios conectados. Enlazar los vértices de este triangulo conformador mediante vínculos que se entrecrucen, que se confundan, que se complementen... puede generar un campo de energía cultural propicio y adecuado para el logro de sociedades criticas y comprometidas.

El potencial cultural de las sociedades, de las comunidades es infinito si se desbloquean esas parcelas estancas en las que parecen estar ancladas las políticas públicas de cultura. Si conservamos los valores obsoletos de una cultura local fragmentada los resultados también serán rancios, inmóviles, ineficaces. Más allá de la cultura del acontecimiento se necesita una cultura social cooperativa que evolucione hacia modelos que eliminen las paradojas del bloqueo por competencias, un círculo vicioso que impide la flexibilidad y la concatenación necesarias para destruir esa inmovilidad administrativa que todavía nos caracteriza.

Señalar rutas abiertas y confluyentes que permitan un sistema interconectado, que funcione a partir de la contaminación, de la transmisión. Una estructura de comportamientos que se une en un ecosistema coherente que deje sus huellas en el resto de los componentes.

Nada es casual, coevolución, diseño progresivo. Quizá es un error creer que la cultura es materia y gestionarla como tal. La cultura es energía.

Y bien pensado, quizá más que un triángulo deberíamos pensar en un cuadrado en el que la educación, es decir, la acción desde los primeros momentos de la vida ciudadana, tome un valor importante en la orientación que contextualice lo emocional y lo social dentro de la formación integral de los individuos. La formación, más bien instrumentalización según lo observado en los últimos tiempos, no obedece a la torpe tarea de llenar los cerebros humanos con datos sino de vitalizar las estructuras de pensamiento para alcanzar un grado de conocimiento tal que conduzca a una verdadera vida en libertad crítica. ¿Cuál sería el camino para que se tomara conciencia de esta necesidad? ¿Por qué "todos" aman el fútbol? Es evidente que las estrategias educativas adolecen de sentido de cultura.

En todo caso la cultura no permanece en departamentos estancos sino en las mentes burocráticas

[#857] (2012-12-20 13:55)
Puede que sea necesario iniciar una etapa que modifique nuestros modelos de reflexión sobre la cultura, nuestros enfoques. Lo hemos dicho a menudo, si, pero más bien me parece que no hemos sabido salir de un circulo vicioso que, a mi parecer, nos ha llevado a sucumbir ante un mantra adormecedor que desposee a la cultura de sus principios humanos, civilizatorios. Una actitud que difumina el sentido de profundidad necesaria y se aparta de la complejidad en una especie de fast food conceptual para facilitar la ingesta: sin contemplaciones, sin matices, sin esencias… una ingesta intelectual desposeída de sutilezas para satisfacer las necesidades del vacío. El expolio de lo complejo. Quizá porque la aristocracia de la economía soporta mal que existan consideraciones amplias que la aparten de los parámetros del privilegio.

Una cultura así se reduce a la generación de mitos sagrados sobre los que engendrar tabúes: la sospechosa adoración del beneficio, de las cuentas de resultado, de la acumulación contable, en definitiva y una vez más del refuerzo de las desigualdades. Ya he dicho en algunas ocasiones que la cultura es energía y que como tal la tendríamos que contemplar para abordarla convenientemente. Porque en ese, en apariencia insignificante, detalle podríamos encontrar un punto de apoyo para enfocar nuestras reflexiones. El monopolio de la mecánica sobre la inteligencia (nunca hasta ahora hemos tenido a nuestro alcance tantos productos culturales pero cuántos de ellos nos sirven en realidad de alimento).

Y así, una vez enrocada la cultura en sus manifestaciones espectaculares y financieras, desposeída de su esencia, es fácil desprestigiarla y ridiculizarla. Porque la economía capitalista no tiene alma y el valor mercantil de la cultura es como cualquier otro: explotable. ¿Qué puede importar la cultura en un escenario en el que solo interesa el dividendo? Subir la cultura al carro de la inversión y el emprendimiento para adornarla y "dignificarla" es mayor pena si los gestores, los creadores, los agentes… no sabemos crear otro discurso. Quizá sea conveniente menos comercio y más talento, o armonizar ambos. Seguramente esto responda a una cuestión bien sencilla: un cerebro simple transmite mensajes más rápidamente (no hace falta proceso) y por ello estemos acotando el discurso a al denominador común del dinero. Incluso cuando nos dirigimos al peor preparado este lenguaje se entiende.

En todo caso más que lamentar el abandono de la cultura deberíamos buscar y alcanzar los medios para abandonar a estos sacerdotes, para hacerlos inútiles ¿podemos imaginar todo lo que nos hemos tenido que degradar para entrar en sus templos? Puede que esos templos no sean los benefactores inocentes de la cultura sino los reproductores de modelos a su imagen y semejanza, lugares donde se aplican los filtros necesarios para modificar las funciones liberadoras de la cultura.

Quizá un paso sea forzar a las instituciones a dar un salto y pensar la cultura desde su esencia ¿cómo? También esto es un ejercicio de reflexión y yo, lo siento, todavía no tengo una respuesta clara. La respuesta está en la inteligencia colectiva, en una mutación colectiva que reprograme los órganos vitales de la cultura. Saquear esa lógica que la encierra dentro de unos muros construidos con bloques de obscena arrogancia, de mantras ineficaces.

Alcanzar, en fin, una especie de reestructuración mental y orgánica que nos haga crecer branquias, en el sentido que Alessandro Barrico le da en su "Los bárbaros. Ensayos sobre la mutación" para poder desarrollarnos en otro medio.

[#858] (2012-12-27 11:26)
Estoy por decir que temo el momento en el que las políticas de cultura quieren ir más allá. Y lo temo porque se convierten en una especie de parcheadores que buscan soluciones inmediatas y estridentes a cuestiones que requieren largo recorrido. Una combinación entre desconocimiento y ambición que llena nuestras ciudades de fuegos de artificio en forma de planes, guías, modelos y estrategias de todo tipo a las que se juntan las inevitables pompas en formatos inimaginables. Reforzar el conocimiento y tapar las fugas de inteligencia es algo inimaginable para esta cultura local de galas y solemnidades. Los políticos han tomado las riendas y se ha eludido su razón profunda. Se valora la superestructura y se industrializa la sensibilidad: la cultura ha entrado en catálogo de expendeduría, una especie de inventario ikeaiano del breviario del buen político.

Porque la cultura comenzó a equivocar sus tiros cuando pretendió ser parte del establishment y avanzó una disidencia intelectual que ha devenido en esta borrachera histórica de parafernalia vacía, de buenismo empalagoso en los casos más agradables. Másaún cuando se la ha dignificado desde los relatos del pensamiento económico dominante. Pero la "cultura de consumo", lo siento, no es el remedio para el consumo de cultura si esta es la línea que se pretende. El equívoco sobre la esencia. También la cultura se ha dejado en manos de quien ha hundido todo y pagaremos durante mucho tiempo esta sumisión institucional a la que nos hemos sometido, esta entrega a la indigencia intelectual de quienes gobierna la cultura desde la obediencia a las corporaciones políticas que los admiten. La docilidad está reñida con la crítica. La cultura local como performance política. ¿El desahucio del pensamiento? Puede que en algunos casos también. Conozco una gran cantidad de profesionales a los que se les ha privado y se les priva de sus capacidades: el techo de las instituciones lo señala el nivel intelectual de sus autoridades ya sean técnicas o políticas y en la cultura, vaya paradoja, es tremendamente bajo.

Aparece un escenario que bien podrá identificarse como la "soledad de la cultura", aquella que transita por caminos que no aceptan los cánones. Una especie de anomalía que no se deja tabular ni estabular, que no busca la normalización, los lugares comunes, los artefactos narrativos sin argumento. Una especie de anomalía que no pretende ser codificada ni embalsamada con las estrategias sociomercantiles de las corporaciones políticas que nos gobiernan. Porque la cultura convertida en intendencia no tiene salida. Y porque esa especie de consenso dócil y acrítico en torno a la cultura como bien de consumo ha hecho más daño que cualquier crisis económica que tengamos que soportar: cuando la estructura intelectual se desmorona en favor de la eficiencia y la oficialización surge el artífico.

Quizá la redistribución de la cultura no sea sino la redistribución del conocimiento.

*2013

[#859] (2013-01-05 20:32)

Destruir la linealidad del progreso, buscar la lateralidad. El dictado del desarrollo puede que sea uno de los temas a tratar de forma intensiva en los debates sobre el futuro de la cultura. La capacidad para dotarnos de un pensamiento lateral que pueda ofrecer una diferencia tan substancial como para liberarnos de esta inercia que mueve a la civilización hacia una pereza que parece no tener remedio. ¿No es saltar las barreras lo que buscamos? Ya no parece estar la salida en alcanzar algo diferente sino en merecer algo discordante. Nada fácil. Pero es posible que haya que cambiar los pasos para inventar el foxtrot, para contactar con todos los desapegos. Si no ¿qué es lo que buscamos? El modelo ha muerto y no podemos resucitarlo. Quizá usar alguna de sus piezas todavía sanas. Pero no todos los órganos son compatibles con los cuerpos receptores. Sustituir ese camino de superficie y probar inmersiones para buscar en otros espacios quizá más profundos.

Los lugares donde hervían nuestras ideas ya no existen. Han sucumbido, han sido definitivamente abordados, conquistados y saqueados. No podemos vivir en ellos sin plantear una resistencia perdida de antemano, ellos tienen las armas necesarias para ese campo. ¿Dónde nos colocamos? Todos sus caminos conducen a los mismos principios y cualquier contradirección termina siendo reconducida, cualquier contratendencia dominada por la doctrina que transmiten y retransmiten sus medios, esos medios que custodian los valores (no nos olvidemos que la escuela y el resto de los niveles de la educación también forma parte de esa estructura protectora). Y nos domina la esquizofrenia mientras razonamos, mientras vemos como la cultura de mercadillo nunca ha conocido una forma tan masiva de consumo, cuando las fuentes de formación producen una apariencia de total escolarización. Sospechoso. ¿Es posible que se haya entregado todo con tanta venia?

Quizá la cultura tenga que refutar a la cultura. Comprender que se ha alcanzado un sedentarismo intelectual sin haber aprendido a dominar los territorios de cultivo, sin haber construido un espacio mental por donde se pueda circular con absoluta libertad, sin haber construido un hábitat propio para sobrevivir a la tiranía de quien ha parcelado y arrendado las tierras para ese cultivo. Aunque quizá, solo quizá como siempre, esta apertura de espacios pase por una actitud mental previa que cargue de una energía anímica diferente. Porque todo es siempre y únicamente una sucesión de consecuencias. Y también porque el resto es quedarse en una reparación de superficie que hace ya demasiado tiempo que no admite más apaños. Nuevos escenarios que coloquen el foco y apunten hacia otros territorios intelectuales y prácticos, que permitan desmantelar buena parte de las herramientas mentales que impiden la incorporación de otras nuevas.

La cultura es mutante y no es posible que su entorno permanezca en el más absoluto inmovilismo. Por eso me resulta tan grotesca la actitud de determinados personajes amarrados unos pesados privilegios, tan cuestionados como cuestionables, que nos hunden sin remedio. Que nos arrastran hacia el fondo. No es posible una verdadera reforma sin contravenir las normas existentes.

[#860] (2013-01-10 12:32)

Una forma coherente de ver las políticas de cultura nos debería llevar a abandonar el fetiche de la partici-pación, una participación que, entiéndase, ha sido analizada siempre más bien desde la perspectiva de la "presencia". Posiblemente haya sucedido por la combinación de imperativos económicos mezclados con las peculiaridades políticas. En este momento cualquier planteamiento de renovación se bloquea por esta misma tendencia conceptual y se obstaculiza con las añadidas dificultades económicas por las que pasamos. Parece que desde aquí de ninguna manera podemos alcanzar el valor intrínseco de esa renovación tan deseada.

Siendo así la parálisis por esa falta de recursos, esa falta de dinero, lo que nos señala es que, en realidad ha habido, en general, muy poco fondo. Además de demostrar que esos grandes eventos a los que nos fuimos acostumbrando nada o en bien poco han contribuido a una sociedad ávida de cultura. Como bien poco o nada han contribuido a consolidar un tejido de empresas culturales sólido y autónomo. Y otra triste paradoja: nos fuimos abandonando en las manos del mercado sin saber usar sus reglas. Hasta un lego absoluto como yo en esos menesteres comprende que sin crear una necesidad (real o ficticia) malamente puede haber demanda.

La reflexión, la teoría, el pensamiento crítico y constructivo que tanto se ha denostado y despreciado desde la tiranía de la inmediatez y la cultura transitoria mientras el dinero fluía sin aparente final ha conducido a una cultura pública sin fondo y sin consistencia. Estar sereno y ser radical no es incompatible sino necesario para enfrentar los nuevos escenarios. En todo caso, el poder, político y técnico (o politécnico que es más peligroso), nunca se planteará este estado porque sus intereses corporativos no lo contemplan.

En algún momento, hace tiempo, dije que la evolución natural de las áreas, servicios, unidades… de cultura debería de ser la autoextinción si su labor se realizara convenientemente. En fin, el objetivo de alcanzar una sociedad libre y comprometida, una sociedad sin tutelas. Cada día lo veo más lejos y, por supuesto, cada vez que vuelvo a afirmarlo me siguen soltando los perros.

Y no sé si me salgo del tiesto pero tengo la impresión de que un cierto postestructuralismo nos ha sorbido las mentes y ese individualismo intelectual y práctico que ha marcado el pensamiento en las últimas décadas a calado también en el modo en el que nos planteamos las luchas de la cultura. También nos individualizamos, en ciertos modos y momentos, del resto de las realidades para reivindicar "lo nuestro". Y esas castañas que queremos sacar del fuego no son mías, ni tuyas ni tan siquiera nuestras.

Y me da la impresión de que no repensamos la cultura sino que nos pensamos y repensamos a nosotros mismos sin que nada de lo que decimos salga al exterior, a la ciudadanía que, en definitiva, es la que debe recibir esos productos que decimos son tan importantes y que, por otra parte, debe compartir y comprender nuestras aspiraciones.

¿No será que hemos caído en un proceso de autoenamoramiento? Siento que en ocasiones hay de-masiado narcisismo también en nuestras filas, que ese acercamiento al ciudadano, que ese discurso tiene más de retórica que de compromiso. Que hay una justificación exagerada en la búsqueda de culpables al otro lado. Seguro que me equivoco pero algo hay que hacer también para pensar las cosas desde fuera y desintelectualizar los discursos para que se nos entienda. Empezando por mí mismo.

Deberían terminar los tiempos de cultura simulada.

[#861] (2013-01-30 11:06)
Quizá la cooperación no haya sido para algunos sino una farsa ritual, una ceremonia que podía proporcionar, como mucho, aire para inflar egos. Quizá no haya sido sino un fenómeno más de esa política-parafernalia que hemos vivido en la cultura.

Es posible también que cayese en el error de entenderse como un camino alternativo para comercializar los productos culturales, por una parte, o para regularizar nuestros "modelos" de gestión y ponentes estrella. Algo, en definitiva, bien unido a ese catálogo de dogmas econoteístas que ensalzaban las maravillas del desarrollo infinito a través de la cultura.

El guiñol de la cooperación también ha demostrado tener los hilos muy débiles. Su dialéctica se ha quedado sin mensaje ahora que los principios infalibles del mercado han quedado en nada, en estafa. Ahora la cooperación cultural ya ni siquiera se tolera (tolerancia escéptica, en todo caso, si la hubo) sino que se desprecia.

Sacrificar la cooperación es otro componente más de esa renuncia colectiva que ha exigido el dios mercado. Y sus sacerdotes tecno-políticos administran bien cualquier expiación. La esencia de la cooperación siempre ha molestado como molestan los heterodoxos.

Porque, aunque se le busquen justificaciones laterales, la cooperación cultural no es otra cosa que responsabilidad compartida para el bien común (o global), para la transferencia de conocimiento, para el refuerzo de la conciencia social. Dar sentido al mundo. Eso nunca se entendió ni se quiso entender. Así nos ha ido.

Si la cultura es comunicación de significados para dar sentido al mundo y la cooperación cultural uno de los mecanismos más potentes para su amplificación, ¿podemos dejarlas en manos de cualquiera?, ¿en cualquiera que se atribuya el cometido de representarnos?

*BONUS TRACKS

Artículos publicados en #Temptatives como okupa. Gracias.

12/02/2013

Las relaciones (y no voy a decir nuevas) con la cultura.

Como en otras tantas cuestiones, quizá esta con más sentido, la necesidad de refrescar los diálogos y de generar discursos que engarcen con los nuevos contextos socio-políticos, económicos y, sobre todo, experienciales y vitales, se presenta como objeto de emergencia. La humanidad (la que nosotros vivimos desde ese pedestal que demasiadas veces ignora lo que tiene debajo) se ha convertido en una especie de migración de modelos. Ni la apreciación de las sensibilidades ni la más absoluta cotidianeidad prosaica la podemos analizar con ojos pretéritos. La rapidez con la que mutan conceptos y modos de percibir nos señala una grave dificultad para las personas que dicen gestionar eso tan ingestionable como es la cultura. Las dinastías culturales también mutan y reconocernos como sociedad requiere de una trayectoria intelectual que muchos no desean emprender y otros tantos no están preparados.

Quien juega con la cultura se enfrenta a una inestabilidad no solo conceptual, como se creía hasta hace bien poco, sino a aquella que parte de la necesidad de deconstruir los principios y fascinaciones sobre los que se habían fundado los edificios de una modernidad supuestamente dinamizada y perfectamente amarrada en sólidas instituciones.

La cultura parece haberse quedado hoy en una cantinela que acompaña las explicaciones de una perturbadora forma de sociedad difusa. Algo poco inocente si se va hasta el fondo, sobre todo cuando lo que mueve las obsesiones de esas políticas es el ir haciendo sin solidez ni rudimento. (Por eso no quiero que me rescaten, añado). O lo que es lo mismo, quizá la cuestión sea que nos preocupamos por ciertas manifestaciones externas de la cultura mientras olvidamos su esencia

El carácter reconstituyente y vitalista de la cultura permanece oculto en una amalgama de propuestas eclécticas que se pierden en un mercadillo de materiales sueltos. Ante esta realidad no podemos dejar de constatar que muchas instituciones (contando en ellas no sólo a los políticos que las manosean sino a los técnicos que las dirigen) están muy rancias en sus axiomas. Una especie de instituciones bloatware que sólo generan código muerto. Algo polémico y difícil porque requiere, sobre todo, una decidida regeneración de actitudes más que de aptitudes.

En todo caso, es mi sensación, estamos pasando por un periodo de anormalidad intelectual en la interpretación de la cultura. Además de por un evidente estancamiento operativo fruto no cabe duda de una ausencia total de relevo generacional en las instituciones públicas (y no hablo sólo de edad sino de esencia intuitiva y especulativa). Evocamos más que creamos y, lo peor, balbuceamos la "necesidad de cultura" deslumbrados por modelos que ya no existen, por ese oropel en la que la convertimos durante las últimas décadas.

Parece que abrazamos ahora el amor y el desdén en una especie de vacío, en una especie de nostalgia que no podemos evitar. Porque quizá todavía seamos herederos de la dialéctica alta-baja cultura a pesar de haber transitado por un periodo de aparente compromiso. Y porque en ese impase, la mercadotecnia terminó de encandilarnos. Hoy nos dolemos de esas anomalías. Porque la cultura no es un lugar donde quedarte a vivir sino la lanzadera para ir emprendiendo viajes. No estoy muy seguro de que la realidad actual reconozca ese fundamento. Debemos pensar los tránsitos quizá más que las estancias.

22/02/2013

El sentido cambia cuando cambian los contextos

No existe ningún tipo de desarrollo que no provenga de los espacios mínimos. Ni la cultura ni ninguna de las cuestiones que permiten y provocan el desarrollo humano es capaz de emerger sin que provenga de la misma esencia.

Hemos sido capaces de enmascarar la realidad con infinitas acciones en un eventismo industrializado que concatenó de modo ininterrumpido la actividad y la distribución de productos y expresiones culturales de la más diversa índole. No estoy seguro de que ese sistema se haya ido derivando de procesos y métodos reflexivos concretos y contundentes, ni siquiera, miren, los que hubieran correspondido a la mercadotecnia. Dudo que haya habido una intención progresiva desde la cultura especulativa, reflexiva y teórica hacia la cultura aplicada. Más bien diría yo que esa tendencia a la investigación y la teorización se ha ido relegando y en algunos casos despreciando.

¿Corresponde a la cultura pública un comportamiento semejante? No corresponde, es evidente pero la triste realidad constata que sí, que se toma como referencia el interés del corto plazo político, de partido. Porque la política, lamentablemente, ha sido secuestrada por los partidos y enajenada de toda participación fuera de estas estructuras corporativas. La demostración reside ya no solo en la sospecha sino en la confrontación de datos. No dejan de ser estructuras cuyo interés primordial es el máximo beneficio gremial. Sin embargo la cultura no puede aplicar ninguna acción sin que exista una reflexión coherente y sólida. Aunque su planteamiento final operativo venga determinado por la programación en sus diferentes modalidades es absolutamente nocivo que no exista un consistente fundamento reflexivo. Es incoherente, además, si lo que se desea es devolverla a sus raíces sociales.

Y estos espacios mínimos también corresponden a aquellos que conectan directamente con la ciudadanía. Porque generar cultura no es únicamente reproducir producto sino, creo lo más importante, actitud, comportamiento, conocimiento. Y, lo crean o no, el sentido cambia cuando cambian los contextos y el nuestro ha cambiado mucho. Y ya no volveremos, ojalá, a ser como antes. Porque tampoco vamos a poder consumir cultura (me pongo en la cabeza de los que entienden este término, yo, disculpen, no puedo) como pretendían que la consumíamos antes de esta trampa en la que hemos caído. ¿Volveremos a las marcas blancas también aquí? ¿Y qué son las marcas blancas en cultura? ¿Están dentro de esos espacios mínimos?

El capitalismo industrial sigue perdiendo posiciones mientras desde ciertos frentes continúa el empeño por la industria cultural. Quizá porque la pereza intelectual nos conduce a la inercia. Y porque aunque no se haya querido ver desde nuestro torreón y faro (decir esto en los tiempos de gloria ha sido anatema) ahora comprobamos que la dificultad de consumo relega a la cultura, a la cultura tomada como eso, a un plano subsidiario. Y nos extraña! No sé qué es lo que esperábamos cuando estábamos generando ciudadanos consumidores. Si hemos provocado semejante situación mal podemos sorprendernos. En todo caso, me da la impresión de que seguimos sin entrar todavía en el fondo del asunto. Y aunque no quito ni una pizca de gravedad al asunto del 21% del IVA seguimos fomentando los discursos monetaristas.

11/07/2013

Sentir la cultura local como la historia de un fracaso

Disculpen pero, ya me conocen, prefiero partir de estos máximos por si hubiese hueco para consensos medios. Un regateo conceptual que acerque un precio conveniente para ambas partes. No quiero pues entrar en el consabido "estamos mejor que antes", sólo faltaría, ni en la mención de las notables experiencias y personas excepcionales que trabajan en entornos poco favorables. Estamos mejor que antes, puede que sí en sus aspectos mecánicos, en obviedades, pero no sé si de verdad en sus fundamentos evolutivos, intelectuales. Por similitud: una especie de analfabetismo funcional que ha atacado a la cultura. Una especie de cultura disfuncional.

Voy a pensar en términos locales por razones evidentes, trabajo en el entorno local (aunque bien expandido) y creo firmemente que éste es el gérmen para cualquier progreso, por una parte, y el mejor caldo de cultivo, por otra, para las extravagancias de los iluminados: por eso afirmaré, también parecerá exagerado, que la gestión de la cultura ha hecho mucho daño a la Cultura. Mucho daño porque desde una gravísima miopía (en el mejor de los casos y sin suponer maldad) se ha reducido el concepto a su aspecto más mecánico. "Somos más de hacer que de pensar" ha sido el precinto de garantía más habitual. Y digo precinto con toda la intención: aquello que impide la apertura, que impide que nada entre ni salga.

La gestión de la cultura local ha sido enfocada como un dispensario. Así, lamentablemente, sin más. Y no voy ni siquiera a mencionar cuánta responsabilidad tiene la mediocre casta política, ni la servidumbre de los niveles poli-técnicos. No merece la pena.

Todo se ha invertido en los fastos del presente mientras se ha menospreciado la investigación hasta extremos vergonzantes. Indiferencia, en el mejor de los casos, y sospecha para cualquiera que haya osado esclarecer con la reflexión ese oscuro escenario de la cultura local. He conocido y conozco, quizá con mayor fanatismo ahora, muchos destierros. La ignorancia se trastorna y encoleriza cuando tiene poder.

Esta es la lectura del fracaso: el mundo de la cultura esta atrapado entre la ignorancia y la falta de liquidez. Las administraciones locales se han convertido en máquinas expendedoras y poco más. Con mayor o menor éxito dependiendo de la capacidad de sus comerciales o del saldo de sus arcas. Con mayor o menor aceptación según el brillo de sus festivales de verano o de sus celebraciones patronales. El error de haberse abandonado en manos de feriantes.

Pocas instituciones locales de cultura son capaces de generar conocimiento, de ir mas allá de esas funcionalidades básicas que se quieren etiquetar como cultura. Ni saber leer es suficiente para comprender un texto ni llenar festivales implica una ciudadanía culta. Todo se mide por las interpretaciones absurdas, livianas, falsas y estúpidas de los porcentajes y los productos interiores brutos o salvajes. La disfunción de la cultura ni siquiera supone un mal sueño porque ni siquiera son conscientes de haberse dormido. Mal se puede despertar.

30/08/2013

Cuando la cultura es instrumento económico y político, el sueño se rompe.

La cultura sufre aquí una expropiación que la aparta de sus espacios naturales para empaquetarla y distribuir sus residuos. Nos hemos, se han preguntado quienes deben hacerlo, cuánto evolucionan y en qué las ciudades, sus habitantes, después de esos grandes eventos con los que les obsequiamos cada cierto tiempo. No hay nada que deseen observar a posteriori que no se pueda reflejar en cifras de consumo-gasto-ingreso, no existe un felizómetro, ni un civilizómetro... No interesan estos últimos índices tanto como saber si se van a ganar las próximas elecciones, si se ha ingresado suficiente dinero o las veces que he salido en prensa y cómo ha evolucionado mi cotización. Esta urgencia de resultados quizá se corresponda con desintegración de la cultura. La urgencia del rédito en cualquiera de sus vertientes política, financiera, personal... ¿Qué cultura perdemos con el espectáculo, qué espectáculo perdemos con la industria?

Y nosotros, los de cultura, seguimos amplificando un discurso perverso. Todo ello, eso sí revestido de mucho boato: a través de innumerables ceremonias básicas en forma de seminarios, congresos y másteres varios, nuestras particulares misas dominicales, nuestros particulares cuatro evangelios, nuestros ritos que, como todos, más se preocupan que se ocupan, tal que las iglesias con los pobres.

La función balsámica como práctica, la función mercantilista como dominio. Todo se ha convertido en la triste tarea de administrar egos y cuentas de resultado. Pero todo lo que se pueda explicar con festivales va a ser decepcionante para la cultura. Una persistente insatisfacción intelectual. Un juego que no alcanza su fin porque sus reglas esta planteadas para no tenerlo, un juego de la oca circular y recurrente en el que después del subidón que te manda de una oca a otra, caes en el retraso de la posada o el pozo, en la confusión del laberinto... o con suerte, en la obligación de volver a empezar.

La cultura, la práctica de la política cultural digan lo que digan, es un instrumento que poco tiene que ver hoy con el desarrollo intelectual y emocional del ser humano. La correspondencia con su aspecto instrumental (como mucho disciplinario) es la que mueve realmente los hilos bajo el gran discurso desarrollista. Difícilmente se invierte la energía necesaria como para generar pensamiento y comportamiento críticos (no es algo rápido) y alcanzar esa emancipación intelectual necesaria. Lo demás, como he dicho en multitud de ocasiones, es bálsamo. Como lo es el deporte, otro gran instrumento. La industrialización del conocimiento no es sino una de las fases del neoliberalismo y del pensamiento monótono que lo protege.

Estamos, a mi parecer, en un callejón sin salida en el que todo circula entre nosotros, que no trasciende ni llega a una ciudadanía que comprende la cultura como actividad ociosa, digna de alabanza pero lejana y sin demasiado provecho, algo propio de una clase de personas distanciadas y distantes, algo, como mucho, que entretiene... Un callejón sin salida, como digo, en el que hemos cumplido un papel poco eficaz, poco expansivo, conservador en muchos aspectos y tremendamente tópico y lleno de tautologías en otros. La cultura a través de los dogmas. Por eso, lo que predomina en la esfera de la gestión cultural es el modelo de reproducción de mercado, de creencia y sometimiento a una autoridad que marca los discursos y las tendencias, que nos dice cómo es la cultura y hacia dónde debemos dirigirla. Pocas voces se escuchan (desde los ámbitos oficiales) que quieran devolverla a la colectividad y cuando se hace se trata desde una especie de "teoría general de las bondades de la cultura", algo que de ninguna manera desafía el discurso dominante. Que de ninguna manera desafía a un poder local con ilustres mediocridades donde la cultura, más allá de aquellos grandes eventos y la profusión de contenedores con el que se nos entretuvo en anteriores décadas, no deja de ser el servicio florero. Que de ninguna manera desafía, en su más general de los casos, el servilismo de técnicos y politécnicos que propician la "cultura al peso".

Por eso la cultura "aplicada" tiene que convivir con la cultura "teórica". Libre de la vanidad ignorante de los cazadores de titular y del conservadurismo cultural bien encarrilado. Por ello es necesaria la idea, la especulación teórica que dude, que cuestione y que pueda liberarse de ese miedo a la propuesta, de ese temor a la controversia, al análisis "fuera de contexto". Si los modelos de economía neoliberal nos han traído hasta donde estamos, mal le tiene que ir a la cultura si se empeña en seguir su camino como única vía para la "dignificación".

Puede que llevemos demasiadas décadas sin cultura precisamente porque se ha renegado de su misión fundamental: construir espacios simbólicos. Porque se ha sometido también a la política, a esa política frívola y superficial que sale de parlamentos, hemiciclos y salones municipales; esa política que ha perdido la esencia y se ha convertido en un circo más de supervivencia y privilegios, en un espacio extractivo de casta. Los vasallos sirven a su señor y como pleitesía los afiliados defienden a modo feudal a aquellos a los que reverencian. No hay otra lectura: los señores son sostenidos por la plebe que, desde la ignorancia sumisa, ni critica, ni cuestiona, ni reprocha. Defiende sin grietas. Los dos partidos mayoritarios funcionan como una estructura caciquil consolidada por un comportamiento ciudadano fuertemente servil y arraigado y bien consolidado en el imaginario por la dictadura y la débil transición.

La cultura sometida a las políticas surgidas de ese escenario no puede ser sino una triste referencia del colapso, algo fuera de la realidad, fuera de los ideales colectivos. Y se convierte así, desnaturalizada, es un juguete sin peligro, sin muchas aristas, agradecido y que, en última instancia ni quita ni pone. No tiene efectos secundarios para una clase política que ni siquiera por los grandes desastres responde ni se hace cargo. En alguna otra ocasión lo he mencionado pero lo repito, la cultura como generador de energías renovables, no funciona porque se prefieren las energías fósiles (véase cómo se ha aplicado un impuesto al sol)

En todo caso, estoy de acuerdo con ciertos avances, sólo faltaría, pero decir que estamos mejor que antes es un axioma con muy poco sentido, molesto incluso. Evidentemente. Solo que deberíamos analizar este "estar mejor que antes" con referencias comparativas de cierta solvencia, tomarlas desde lo relativo o desde lo absoluto nos conducen a resultados distintos.

Es simple: Proporcionalmente, la cultura, su falta, hace hoy más daño que en el pasado porque sus consecuencias se amplifican con una rapidez, eficacia, alcance y consecuencia desconocidas en tiempos anteriores.

En todo caso, el hecho es que las políticas culturales (una política se hace "por fas o por nefas") parecen muy alejadas de ofrecer ese escenario de agitación que sería bien necesario. No estoy seguro de que las sociedades actuales sean más cultas; sí, en general, están más formadas pero eso es una cuestión de instrucción en la que demasiadas veces se observa un auténtico analfabetismo funcional que crece. Suena exagerado, sí, como siempre que se vive en un estado de contemplación buenista.

La cultura se secuestra, se simplifica, se modera y se transgeniza como herramienta disciplinaria. La fragilidad de la cultura, en su acepción más extensa y diversa, es hoy extraordinaria, puede que en términos comparativos no hayamos avanzado demasiado o más bien al contrario. Acceso a la cultura, hemos dicho, después de hacernos modernos y superar esas antiguas ingenuidades socioculturales. Pero sigo sin saber a ciencia cierta a qué cultura.

*Y OTROS TEXTOS...

...que me apetece poner, también, de ese periodo.

Ni de planes, ni de estrategias. Merece la pena detenernos. Parar por un momento y reflexionar sobre la dinámica y el ecosistema cultural en los que hoy nos movemos, sobre la sociedad en la que estamos viviendo y, por supuesto, construyendo. No se trata, en definitiva, de concretar qué hacemos o qué podemos hacer sino más bien hacia dónde debemos dirigir nuestros argumentos. Esta es la intención. Ni proponer ni disponer sino señalar. Más me interesa, lo he dicho en otras ocasiones, activar la reflexión que garantizar certezas. Porque la cultura que necesitamos no es, seguramente, la que conocemos [10]sino que introduce una nueva categoría de relaciones, comportamientos y pensamiento que hay que considerar. La pregunta es si estamos dispuestos o preparados para, como mínimo, reconocer esa realidad, si estamos dispuestos a aceptar que la cultura es algo que, de verdad, transforma la esencia de las sociedades. Este es pues un documento abierto, inacabado, incompleto, proyectivo, en beta. Un documento con la voluntad de ser compartido y conectivo.

Así pues, para comenzar con un ejercicio de resumen analítico, estamos ante los siguientes escenarios esenciales: en primer lugar el señalado por un nuevo paradigma relacional imbuido por la dicotomía presencialidad/distancialidad y sustentado sobre los modelos tecnológicos que remueven, entre otros asuntos, los hábitos de producción y consumo cultural conocidos. Por otra parte, y en momentos de revisión no solo estructural sino también conceptual y ontológica, se nos presenta el esfuerzo añadido de pensar en una cultura que evolucione más allá de la lógica de un crecimiento, tan insostenible como rebatible, visto y vivido durante los últimos años. Y no olvidemos otro paradigma no menos importante e influyente: la

---

9   Documento complementario elaborado dentro del proceso de reflexión de la Estrategia Zaragoza 2020 para Ebrópolis

10   "Lo más propio de lo que hoy se designa con el vocablo de "cultura" es ser una esfera en expansión permanente: los vinos de Burdeos y las obras de arte expuestas en el Louvre, las series de televisión, las carreras de caballos, los cruceros por el Mediterráneo, la gastronomía, los peregrinajes a Santiago de Compostela y los cursos de tango. [...] Lo que se llama comúnmente cultura tiene en ese sentido la apariencia de uno de esos almacenes donde los anticuarios hacen coexistir los objetos más heteróclitos. "La cultura se ha convertido en una fábrica de entretenimiento" (Alain Brossat en http://salonkritik.net/08-09/2009/07/_alain_brossat_la_cultura_se_h.php)

descompensación evolutiva que se produce entre una sociedad de rápida adaptabilidad y la consabida pesadez con la que las instituciones se van incorporando a esa realidad. Añadamos para cerrar este cuadrado reflexivo la actitud de unos mercados que intentan por todos los medios sostener procesos de consumo cultural anclados en modelos industriales más propios de sociedades pretéritas.

Pero detengámonos por un momento en analizar cómo hemos llegado hasta aquí. Veamos. La cultura irrumpe a partir de los noventa en el panorama sociopolítico con un discurso mercantilizado[11] y, poco a poco, va calando hasta ser elevada al tótem que protegerá y garantizará el desarrollo de los pueblos. Desde la teoría tradicional de la cultura [12](fundamentada sobre la humanización paulatina de una especie que rompe con la metafísica del cosmos[13] y se libra de la tiranía de la naturaleza[14] a través de la estética de lo bello) hasta la teoría critica (que ve en ella un entramado de relaciones de poder para el control social de los significados y un espacio político de lucha de intereses[15]), pasando por las teorías poscoloniales[16] (donde la cultura es un campo de batalla ideológico) y, por supuesto, por la lógica cultural del capitalismo[17] (mercantilización del simbolo) hemos visto como la retórica de la cultura va evolucionado para, en gran parte de los casos, cubrir bajo su manto grandes proyectos de especulación urbanística y privatización de derechos.[18] Por otra parte, y ya en el discurso político, la cultura es descrita y utilizada como paradigma inequívoco para el desarrollo local y nacional[19] mientras es utilizada en este momento como una referencia para la comparación y validación de sus políticas de desarrollo.

En todo caso, a mi modo de ver, la gestión pública de la cultura ha trabajado menos de lo

---

11   "...a la culturización de la economía y a la consecuente economización de la cultura...." como nos señala Marion von Osten en Salidas incalculables

12   Horkheimer establece una clara distinción entre estos los conceptos teoría tradicional y teoría crítica.

13   Durante los siglos XVIII y XIX comienza a consolidarse la idea de la cultura. Antes era imposible encontrar la cultura como concepto sencillamente porque todo lo relacionado con la humanidad era considerado como un simple corolario del ordenamiento cosmológico.

14   Bacon, Descartes, Kant, Hegel, Herder, Rousseau,... comienzan a estructurar desde sus diferentes teorías lo que se podría denominar la "objetivación de la cultura"

15   No es baladí mencionar la Escuela de Frankfurt como bastión más notable de esta teoría http://es.wikipedia.org/wiki/Escuela_de_Fr%C3%A1ncfort

16   Wallerstein acuña la categoría sistema-mundo que más tarde Zizek, Dussel y otros seguirían ampliamente

17   Jameson, Baudrillard.

18   Las industrias culturales: Más allá de la lógica puramente económica, el aporte social. George Yúdice. http://www.oei.es/pensariberoamerica/ric01a02.htm

19   Sería bueno, para una interpretación quizá menos triunfalista de la influencia de la cultura en la economía (y al margen de los discutibles indicadores utilizados para las medidas) revisar Producción cultural y prácticas instituyentes. Líneas de ruptura en la crítica institucional. Madrid 2008. Traficantes de sueños.

necesario, durante las últimas décadas, para alcanzar un auténtico estimulo intelectual. Una reflexión que, aunque pudiese parecer extrema, parte de la constatación de las siguientes actitudes:

Los esfuerzos de gestión han estado orientados hacia la promoción de ocio y de espectáculo como paradigma de sociedad culta[20] e intervenida[21]

El argumento de dignificación de la cultura se ha apoyado en el discurso mercantilista como evidencia de una sociedad desarrollada[22]

¿Cómo romper con esta espiral? ¿Asistimos a una especie de agotamiento de la cultura? Depende de lo que entendamos por cultura[23]. Depende de lo que queramos entender por cultura. En todo caso, los planteamientos que discurren al margen de este discurso dominante lo tienen muy difícil. La cultura se ha convertido en un paradigma de desarrollo a través de estructuras potentes siempre en manos de los grandes medios de comunicación de masas y de las colosales industrias del entretenimiento. (La industrialización de la cultura). ¿Cuál es la estrategia para devolverle su carácter social? Recuperar la cultura como un proyecto colectivo. Creo firmemente que en primer lugar es absolutamente necesario abandonar esa premisa reduccionista la "cultura acontecimiento". Es evidente que este planteamiento, vacío de contenido conceptual, nos aboca a no pocas confusiones y a falsos paradigmas ¿Han muerto los valores utópicos de la cultura? Entre todos la hemos llevado a un territorio en el que su sentido deviene de su utilidad. El paradigma disciplinario de la cultura. Sin embargo no podemos ni debemos olvidar que la cultura se vuelve totalitaria[24] cuando provoca la ausencia de pensamiento.

---

20   La cultura oficial parece estar atrapada entre la distribución masiva del espectáculo (economía de la producción), la rentabilización de los contenedores (economía del stock) y el turismo cultural (economía del flujo).

21   La biopolítica como modo de poder, que nos planteaba Foucault puede tranquilamente derivarse a la biocultura. Es tremendamente difícil escapar de los marcos simbólicos que homogeneizan los comportamientos. Véase Foucault, M, "Nacimiento de la biopolítica" en Estética, ética y hermenéutica, Obras Esenciales, Volumen III, Barcelona, Paidos, 1999. También una última y sugerente recopilación de ensayos de Mendiola Gonzalo, I. "Rastros y rostros de la biopolítica". Anthropos. Barcelona 2009

22   En realidad no existe ningún problema en que la cultura se relacione con la economía, ninguno. El problema es que la confianza ciega en el mercado como único regulador de la sociedad nos condena a colocar el beneficio en el eje del ordenamiento de la cultura. Hay que alcanzar una lógica de la convergencia. La cultura con calculadora es un peligro.

23   La cultura, siguiendo el parangón metafórico de Gastón Bachelard en su "poética del espacio", suena diferente según dónde se pronuncie. Si lo hacemos en la planta baja, suena a cotidiano, a corriente, a rutinario. Si la pronunciamos en el desván suena a poesía, a pasión, puede que incluso a locura. Si lo hacemos en el sótano es reflexión, filosofía, subversión, desorden.

24   "La cultura del futuro no será nuestra cultura. La cultura elitista y humanista que conocemos sólo pertenece a unos cuantos. Recuerde que voy a cumplir ochenta años y empecé antes de cumplir los veinte a publicar artículos sobre por qué la cultura no se enfrentaba al fascismo o a los nazis. ¿Qué ocurrió? Aquí tenemos países con culturas supe-

Quizá por ello se haga necesaria una "nueva cultura de la cultura" y que ésta se genere tanto desde lo local como desde los principios de recuperación de lo social ¿O no son realmente los factores culturales los que generan ciudadanía? Es evidente que una ciudadanía culta (por favor distingámosla de una vez de una ciudadanía alfabeta) es una ciudadanía crítica (y por favor, tampoco la confundamos con una ciudadanía encrispada) que reivindica, exige y participa, de verdad, en la creación de ciudad. Una ciudad culta no es una ciudad espectáculo sino aquella que alberga una ciudadanía responsable y comprometida. La cultura cambia la ciudad no solo a partir de los productos culturales sino a través de los comportamientos. Sobre todo porque quien provoca el desarrollo no es otro que el ciudadano. La cultura local, en este sentido, tiene la misión de encauzar el espíritu crítico de la ciudadanía, la misión de facilitar el pensamiento, de apoyar ejercicios de reflexión[25]. La cultura local debe de hacerse consciente de su papel catalizador y minimizar en lo posible su tendencia a servir de amplificador de las tendencias uniformizadoras y domesticadoras que amenazar con la anulación del espíritu critico, subversivo.

Porque tampoco debemos olvidar que la cultura no refleja la realidad sino que la interpreta. El conocimiento que tenemos de nuestro mundo, la actitud hacia él, nuestro comportamiento, es en realidad una traducción de lo que percibimos a través de nuestra cultura. La cultura, se puede decir, crea espacios de relación donde nos movemos como seres sociales. Por eso es importante construir impulsos que actúen sobre ella de forma que el individuo tenga un modelo para interpretar la realidad y aportar comportamientos. La traducción de señales, símbolos y signos.

En definitiva se trata de pensar y abordar una cultura que transmita la idea de construcción social completa más allá de las retóricas economicistas a las que se nos ha acostumbrado en las últimas décadas. Pensar la cultura en tiempos complejos supone imaginar escenarios múltiples que impidan su colapso por hipertelia[26], su parálisis por homogeneización[27] o su agotamiento

---

riores, tenemos las mejores escuelas, el mejor teatro, la mejor música. Y estos países nuestros se han convertido en infiernos. Y no sólo los países, sino que hay artistas grandes que se unen al fascismo. Nunca he dejado de hacerme esta pregunta, y aunque no tenga la respuesta, sí puedo decir que la cultura y el humanismo no son enteramente inocentes ni positivos. Walter Benjamin decía que toda gran obra está colocada encima de una montaña de inhumanidad. Es una verdad incómoda". George Steiner. Escritor, crítico y teórico de la literatura y de la cultura Premio Principe de Asturias 2001

25   Desideologización de las sociedades. En este marco la cultura es un bien inútil. Si la cultura no provoca pensamiento, si la cultura no evoluciona en un caldo crítico, ¿para qué sirve?

26   Todo es cultura. Un efecto hipertélico en el que el excesivo desarrollo de un órgano logra anular su función. Cuando todo es cultura nada es cultura...

27   Grado Xerox de la cultura: reproducción de patrones hasta el infinito. Todas las ciudades reproducen los mismos esquemas. Lo único que las diferenciará será, sin duda, su pensamiento.

por sobreexplotación[28]. Pensarla así es redirigirla hacia una estética del conocimiento, hacia la articulación de trayectorias.

En cualquier caso debemos convenir que la cultura "habita en lugares", como nos diría Arturo Escobar[29]. Que es una actividad anclada en un territorio y que en él experimenta, en el máximo grado, todas sus potencialidades sociales y simbólicas: El escenario metropolitano. Un escenario que es necesario comprender y apreciar desde las nuevas teorías de una "antropología del lugar"[30] que busca referencias desde la doble perspectiva de lo local y lo global y que nos señala que las personas siguen construyendo "la cultura" y "su cultura" dentro de los entornos geográficos que las acogen[31].

Así pues, la metrópolis contemporánea contiene una interfrontera de acción ciudadana que va a quedarse entre nosotros durante mucho tiempo. Porque las grandes fronteras hoy no están lejos, las tenemos en nuestras propias calles y se convierten en estratégicas no por sus características geopolíticas sino para conseguir el entendimiento y la estructuración de las culturas que en lo local se desarrollan. Lo que urge ahora es enfrentarse a esos nuevos modos de entender este proceso, lo que es estrictamente necesario es avanzar en modelos coherentes con las sociedades emergentes.

En todo caso el ámbito metropolitano constituye un espacio crucial para completar y dar sentido completo a la sociedad. En palabras de Borja[32] "Los nuevos territorios urbanos ya no se reducen a la ciudad central y a su entorno más o menos aglomerado, lo que se llamó el «área metropolitana», es decir, el modelo de ciudad de la sociedad industrial. El territorio urbano-regional es discontinuo, una mezcla de zonas compactas con otras difusas, de centralidades diversas y áreas marginales, de espacios urbanizados y otros preservados o expectantes. Una ciudad de ciudades en su versión optimista o una combinación perversa entre enclaves globalizados de excelencia y fragmentos urbanos de bajo perfil ciudadano"[33]. En este sentido el elemento regulador que necesita un entorno metropolitano contemporáneo no puede proceder

28   En todo caso, preguntarnos si este modelo de "cultura industrial" para el consumo de bienes estandarizados es el que necesitamos.

29   Escobar, A. Más allá del Tercer Mundo. Globalización y diferencia. Instituto Colombiano de Antropología e Historia. Bogotá. 2005

30   Sobre todo a partir de la segunda mitad del siglo XX se ha ido desarrollando, desde la antropología teórica, un concepto que trata de explicar los procesos contemporáneos de globalización cultural y corrientes de cultura transnacional.

31   Innerarity, D. El nuevo espacio público. Madrid. Espasa-calpe 2006

32   Jordi Borja. "Revolución y contrarrevolución en la ciudad global". http://macba.cat/PDFs/jordi_borja_capital_cas.pdf

33   Borja, J. Op. Cit.

de otro lugar que de la cultura[34]. Siempre, eso sí, si comprendemos la esencia de la cultura como algo que va más allá del acontecimiento, como espacio social, como único elemento que nos permite "humanizar la humanidad". Un espacio empático en el que el individuo y la comunidad reportan un entente mutuo. Recuperar la cultura para fortalecer la esencia humana.

Por ello la reconfiguración de los espacios metropolitanos desde la óptica cultural y culturalista [35]debe suponer la elaboración (o recuperación diría yo más a gusto) de una cultura vinculativa que reintegre a la comunidad en todos los procesos. Nuevas formas de actuar que hagan de la cultura un campo para el entendimiento y la creación de sociedad, que la liberen de las exigencias restringidas y excluyentes del mercado retomando al ciudadano como la parte esencial del proyecto, desligándolo de una vez de la tan nefasta categoría de "cliente" orientado hacia una forma ultrapasiva de consumo cultural[36]. La reconfiguración de los espacios metropolitanos desde esta óptica supone consolidar al "ciudadano transformador" como protagonista autónomo, con responsabilidad creadora, ausente de ataduras dominantes, con porosidad contagiosa, con presencia palpable, con verdadero poder político. Una acción cultural que recupere los espacios mínimos y las culturas tímidas, que permita el resurgir de los campos abiertos al intercambio, reconfigurar las jerarquías, subvertir los mecanismos de control, multiplicar la participación... una acción cultural que reincorpora al individuo como actor y coloca a las Instituciones en su papel mediador.

La cultura se convierte desde esta perspectiva en un espacio por donde circulan símbolos, imágenes, valores, creencias, ideologías... un espacio por donde circula la humanidad en su más amplio sentido. Que no desea como principio cardinal "mejorar las condiciones materiales en un barrio, sino transformar la mentalidad de los individuos"[37] Un espacio que es creado por cada uno de los ciudadanos a partir la interpretación y la reinterpretación de códigos y costumbres[38]. Algo que va mucho más allá de la distribución de sus productos (hay que tener

---

34   La cultura como creadora de identidad, como generadora de inclusión social, como aglutinadora y catalizadora de diversidad, como generadora de especificidades locales, propiciadora de redes sociales, promotora de participación, es central en la estrategia integral de desarrollo local. Si la cultura es un eje transversal del desarrollo local, el Municipio es fundamental en el desarrollo cultural de su territorio. Es transcendental la necesidad de implementar políticas culturales para promover el desarrollo de cada territorio. Erick Solera Mata

35   "...como catalizadores de espacios de integración más democráticos y como generadores de un ambiente multiplicador de las relaciones entre sociedades civiles de los países integrados..." Declaración de Montevideo. 2006. http://www.oei.es/xvicie.htm

36   Horkheimer, M y Adorno, T, Dialéctica de la Ilustración. Fragmentos filosóficos. Madrid. Trotta 1994

37   David Casacuberta. "Los 2 caminos" en Redesearte Paz. Un proyecto para el desarrollo de la cooperación cultural comunitaria. Barcelona 2010

38   Richard Florida. Las ciudades creativas, Por qué donde vives puede ser la decisión más importante de tu vida Paidos Ibérica. Barcelona 2009

valentía y decir que gran parte de la llamada cultura no es sino una actividad industrial ligada a determinadas condiciones de producción taylorista[39].). Porque en una sociedad culturalmente estructurada un individuo no es simplemente un habitante, ni siquiera únicamente un ciudadano; es un activo que aporta valores, emociones, sentimientos y fundamentalmente criterios. Retomar los espacios de pensamiento donde la complejidad es el escenario que hay que abordar para atender las nuevas necesidades de convivencia. Subvertir los canales de decisión y convertir a la inmensa mayoría en comunidad generadora[40]. En definitiva la cultura metropolitana no es la conjunción de actos y acciones sino algo que forma parte del comportamiento de todos sus ciudadanos[41]. La cultura debe considerarse como el centro de creación de lo que Ulrich Beck[42] llama el "nuevo cosmopolitismo". O lo que es lo mismo, la creación de nuevas sociedades cosmopolitas de interdependencia multicultural.

Para ello es necesario comprender y asumir que el diseño de la cultura es el diseño de la sociedad, que la cultura no es algo inocuo y que cada uno de estos tres actores, sociedad-estado-mercado, tiene una responsabilidad concreta en la configuración de esa sociedad deseada. El desequilibrio del sistema hacia alguno de los componentes de ese triangulo mencionado provoca una disfunción evidente. La vulnerabilidad de la cultura es un hecho y lo es porque existe hoy por hoy un triste desequilibrio en el que el ciudadano, en líneas generales, se ha ido posicionando en el papel de consumidor pasivo, las instituciones locales han tomado el de distribuidores y el mercado el de generadores de necesidades temporales.

Porque no puede haber cultura sin "conciencia de cultura" a no ser que caigamos en un descaro demagógico que nos llene de ceremonias, exhibiciones y monumentalidades varias, ritos en definitiva[43], en lo que Touraine denomina "el fin de lo social": una escalada por llenar las ciudades de productos culturales que obtienen su fuerza en su "carácter masivo".[44] Quizá habría que reclamar aquí una migración desde la cultura hacia los movimientos culturales. Porque, más preguntas, ¿en que contribuye la distribución indiscriminada de espectáculos a

---

39   ¿Es la cultura y la economía un matrimonio de conveniencia?

40   Las políticas culturales deben encontrar un punto de equilibrio entre el interés público y privado, vocación pública e institucionalización de la cultura. Una excesiva institucionalización o la excesiva prevalencia del mercado como único distribuidor de recursos culturales comporta riesgos y levanta obstáculos al desarrollo dinámico de los sistemas culturales. La iniciativa autónoma de los ciudadanos, individualmente o reunidos en entidades y movimientos sociales, es la base de la libertad cultural. Agenda 21 de la cultura http://www.agenda21culture.net/

41   Esa es la esencia de la cultura por lo que en muchas ocasiones tiendo a dudar de que la política contemporánea sea capaz de gestionar las estructuras del imaginario

42   Ulrich Beck, La mirada cosmopolita o la guerra es paz, Barcelona, Paidos, 2005

43   El rito es un acto cultural por excelencia que nace cuando los gestos no pueden convertirse en actos.

44   Touraine, A. La mirada social. Paidos. Barcelona 2009.

generar una sociedad culta? En todo caso construiremos una sociedad consumista[45]. ¿En qué contribuye esta distribución a crear una sociedad crítica y reflexiva? En todo caso será una sociedad selectiva. La tendencia es dignificar la cultura subiéndola al Olimpo de la economía. Cuando esto ocurre de un modo tan apabullante algo va mal. Algo va mal porque tiene todo el aspecto de un artificio[46]: La cultura industrializada como mercancía absoluta. Pero cuestionar este principio es hoy anatema. ¿Por qué utilizamos para valorar la cultura indicadores económicos ortodoxos? ¿Por qué no abandonamos el PIB y utilizamos el IDH[47]? Amartya Sen[48], entre otros economistas de prestigio, señalan nuevos modelos de valoración.

En todo caso la forma de entender la cultura debe recuperar aquellos principios de reivindicación y de construcción de pensamiento. Tan solo es necesario un pequeño ejercicio de rebeldía para desatarnos de los discursos "hipercapitalistas"[49]. Y recuperar la calle, ocuparla desde la participación, usarla, entenderla como un espacio de una vida contemporánea que puede ir más allá del uso individual del lugar público y entenderla como un entorno para la interactuación permanente, para la optimización de los flujos de creación desde los ciudadanos[50]. Un reto que va más allá de la mera ocupación espectacular y escaparatista de uno pocos que deciden qué enseñar al resto. Hacer de ella lugares de cultura ciudadana abiertos al entusiasmo. Sacar los despachos a la calle.

¿Podemos pues hablar de la cultura como ideología?[51] Posiblemente deberíamos. Pero "... la practica cultural ha perdido gran parte de su tradicional relevancia social y ha sido degradada, por así decirlo, la una rama de la producción general de mercancías..." afirma Eagleton. La cultura como objeto destituye y desplaza desde esta perspectiva a la cultura como metafísica. Sin embargo maridar la cultura con la ideología es algo que hoy ha devenido chocante. No se entiende en incluso se desprecia. Ya se ha domesticado[52]. El inconformismo y la disidencia

---

45   Charla de Carlos Taibo... Decrecimiento. http://www.youtube.com/watch?v=GzUO0_18uEE&feature=player_
      embedded#! y http://www.decrecimiento.info/

46   La economía y la cultura son dos movimientos de ninguna manera simétricos. No podemos someter a esta últi-
      ma a los principios de la primera sin alcanzar un evidente desajuste.

47   "El Desarrollo Humano es un paradigma de desarrollo que va mucho más allá del aumento o la disminución
      de los ingresos de un país. Comprende la creación de un entorno en el que las personas puedan desarrollar su
      máximo potencial y llevar adelante una vida productiva y creativa de acuerdo con sus necesidades e intereses."
      Mahbub ul Haq. http://hdr.undp.org/es/

48   Premio Nobel de Economía en 1998

49   Baudrillard, Lipovetsky

50   Existe una diferencia sustancial entre la cultura que sucede y la cultura que cotiza en bolsa.

51   En el sentido que propone Terry Eagleton en su obra "La estética como ideología" Trotta. Madrid 2006

52   Podríamos recordar a Baudrillard y pensar que la tarea fundamental de la cultura institucional es justificar su
      propia existencia y que para ello, es evidente, debe anular la capacidad de reacción de las sociedades.

critica han sido "normalizados" y fagocitados a favor de una tendencia universal a la uniformización. Una tremenda ironía. Si la cultura constituye el fundamento de las sociedades, desprenderla de ideología supone un paso avanzado hacia la desestructuración completa. No solo no se necesita el pensamiento (más bien molesta) sino que el creador comienza a ser considerado como un productor de mercancías sujetas a complicados criterios de rentabilidad. Aun más, en un sentido kantiano, la cultura y la política están fuertemente alejadas debido a la motivación instrumental de sus fines. Mientras que la política esta sustentada por unos fines utilitarios de integración normativa, la cultura promueve una subjetividad alejada de intereses prácticos. La cultura es absorbida y no sorprende observar las fases por las que ha pasado: negación-asimilación-instrumentalización. Nos advierte Touraine: "...los regímenes políticos parecen completamente ajenos a este universo intelectual..."[53]

Entonces ¿podríamos hablar de nuevas culturas postcapitalistas? Ciñéndonos a las estructuras que han marcado la evolución social en los pasados siglos (marxismo y liberalismo) podemos afirmar que las implicaciones para la cultura, para las determinadas visiones de la cultura, han sido determinantes. No solo en cuanto a los productos sino en cuanto a los intereses y a los modos de apropiación de sus símbolos y contenidos. Desbancadas casi por completo las teorías marxistas, o edulcoradas hasta el máximo, y reforzada la estructura liberal en marcos neocon de alta influencia, están surgiendo modelos de pensamiento sustentado en las teorías de la complejidad (autoorganización, no-linealidad, caos...) como nuevos modelos de acercarse a las sociedades, a las culturas. Estas formas de pensamiento[54] cuentan con el apoyo incuestionable de las tecnologías digitales y los modelos de pensamiento sustentados sobre el copyleft y el software libre. Pero estos mundos tecnológicos van más allá, mucho más allá del simple aparejo instrumental. Y mucho más allá de las lógicas de distribución de la llamada nueva economía. El sistema resultante nos proporciona un potencial incalculable para la generación de modelos culturales que traspasan las lógicas centralizadas y jerárquicas. La "arquitectura fluida"[55] de este espacio, de este nuevo espacio de relación, permite la irrupción e modelos de comportamiento que incide de forma directa y decisiva en el modo de relacionarse, de interpretar la realidad y de alcanzar estrategias de intervención cultural: nuevos modelos de cultura, de pensamiento, un espacio siginificativo que provoca la conversión de los entornos físicos y que los orienta a la estructuración rizomática[56] más allá de aquellos que los consideran como elementos para el consumo masivo de información y mercancía. Las cultura híbridas, no solo en el sentido multicultural que nos pudiese proponer Canclini[57], sino en el que nos representa la dicotomía

---

53   Touraine, A. Op.cit.

54   No del todo novedosas ya que siempre han estado presentes en los movimientos de carácter anarquista

55   A modo de Bauman

56   Deleuze y Guattari

57   García Canclini, H, Culturas híbridas: Estrategias para entrar y salir de la modernidad. Paidos Ibérica , Buenos Aires 2001

digital/analógico. Esto evidentemente esta mucho más allá de las practicas institucionales a las que estamos acostumbrados ya que, en general, la inmersión en el mundo digital todavía se ciñe a la generación páginas web para comunicar productos o actividades, en definitiva, una simple sustitución del cartel en las paredes o de los anuncios en prensa por la pantalla. Es evidente que estos movimientos de la nueva cultura van mucho más allá. Y es evidente que no solo hay que repensar los contenidos a la hora de plantearnos la cultura que viene: lo importante de verdad es reestructurar el pensamiento institucional.

¿Podríamos, pues hablar de la necesidad de una Teoría armonizada de la cultura? Como ven, más preguntas. En todo caso se hace imprescindible plantearnos la cultura desde una nueva perspectiva urgida de una nueva "caja de herramientas" conceptuales que nos permita abandonar las tendencias posibilistas[58] y escaparatistas. Renunciar al conformismo en el que nos hemos instalado y abrazar la imaginación. Estamos ante la necesidad de una reformulación de la cultura. Pero, como toda reforma práctica tiene que venir precedida por una reforma del pensamiento, veamos algunos conceptos, sin pretender ser exhaustivo ni definitivo, que es necesario para pensar la cultura 2020. No son todos los que están ni están todos los que son pero si que conforman un registro de aquellas idea que debemos incorporar a nuestro pensamiento para la cultura.

Armonización

Es necesario redirigir nuestros discursos y nuestros planteamientos hacia un equilibrio que haga de contrapeso entre el discurso económico y el social. La cultura hoy esta valorada casi exclusivamente por su influencia en el desarrollo económico y en la creación de empleo. Pero debemos hacer un análisis bien certero sobre el asunto y comprender, por poner sólo un caso, qué tipos de empleo crea y dónde, es decir, qué sectores son los que realmente enriquece (YProductions han hecho un estupendo estudio sobre el asunto) No quiero decir que no sea necesaria una lectura económica, lo que mantengo es que debe existir un equilibrio critico y comprender que no es tolerable que el desarrollo se mida exclusivamente desde el prisma económico. En realidad no existe ningún problema en que la cultura se relacione con la economía, ninguno. El problema es que la confianza ciega en el mercado como único regulador de la sociedad nos condena a colocar el beneficio en el eje del ordenamiento de la cultura. Hay que alcanzar una lógica de la convergencia. Podríamos hablar de una evolución desde la Teoría crítica[59] hacia la Teoría armonizada.

---

58   Sin nombrar casos, que los hay y no tan lejanos, todos conocemos ejemplos de suspensión de actividades, de retirada de obra... con el fin de no arriesgarse a reacciones negativas de las autoridades. Un gesto evidentemente político.

59   Escuela de Frankfurt

Autoorganización

O ciudadanía participativa autónoma que generen procesos de producción experimental. Recuperar el tejido asociativo como elemento de producción cultural básica es fundamental para la supervivencia de expresiones culturales y artísticas "fuera del mercado". Recuperar la calle y los espacios autoorganizados en una intención de superar la tendencia subvencionista. Construir estrategias alternativas desde el discurso colectivo[60].

Ciudad transmedia

La ciudad es un todo generado como un espacio-red. Los cambios en las metodologías de intervención cultural ciudadana promueven un espíritu transversal, flexible y abierto derivado de la evolución en la sociedad y la cultura contemporánea en entornos urbanos transdisciplinares. Un enfoque sustentado sobre el informe "Hacia las sociedades del conocimiento" elaborado por la UNESCO Hipermedia e intervención urbana.

Complejidad.

En primer lugar acercarse hoy a la cultura nos obliga a pensar más allá de los lugares comunes planteados durante los siglos XIX y XX (sin querer entrar en ellos, todavía escuchamos argumentos que giran en torno a los conceptos de alta y baja cultura[61]) y hacerlo desde la perspectiva de la complejidad. Una complejidad que no parte, aunque así lo queramos abreviar, de la diversidad absoluta de etnias, razas y culturas que se reúnen en nuestros entornos urbanos sino de las innumerables posibilidades de interacción y de combinación de opuestos que pueden permitir la generación de un entorno cultural absolutamente novedoso. La complejidad como característica generativa mucho más allá de la diversidad como exigencia multicultural.

Conocimiento compartido

Si la capacidad para generar conocimiento es la mayor riqueza de una sociedad como la nuestra, la creación colaborativa como contribución al bien común supone que la cultura pueda crecer como un campo para la generación de pensamiento. Los modelos wiki para la creación y la difusión de la cultura como método para la revisión del conocimiento propietario. O lo que es lo mismo, trasladando el concepto desde su fuente educativa, el conocimiento compartido es una estupenda manera de armar un andamio cognitivo[62].

---

60   O bien utilizar el término activismo cultural según Brian Wallis "como la utilización de medios culturales que traten de promover cambios sociales"

61   Ver, por poner un ejemplo, el artículo de Umberto Eco en http://www.revistaenie.clarin.com/notas/2010/08/16/_-02207363.htm

62   http://sgpwe.izt.uam.mx/files/users/virtuami/file/int/miplan_impacto_actv.pdf

Cooperación

O la fuerza del poder colaborativo que intuye una linealidad multidireccional en los procesos de desarrollo. La cooperación en materia de cultura supone el compromiso entre muchos sin necesidad de una valoración cuantitativa. La sociedad del don. Cooperación para la producción de contenidos, para el intercambio, para el reconocimiento, para la generación de pensamiento, para la generación de vínculos. Cooperación estructural, cooperación para el conocimiento.

Creación colectiva

El fin de la cultura distribuida. Un espacio de horizontalidad en el que la creación no es privilegio de unos pocos elegidos y se multiplica a partir de la ética del desarrollo. Algo así como si hablásemos de las "multitudes inteligentes"[63] y trasladásemos la creación desde los expertos hasta la comunidad. Al fin y al cabo el valor de la cooperación no es nuevo[64]. En todo caso los sistemas económicos siempre han preferido la competición a la cooperación. Posiblemente haya que replantearse el modelo si queremos pasar de una cultura lucrativa a una cultura libre.

Cultura especular.

¿Por qué aprendemos y actuamos, en el sentido literal, como reflejo de lo que sienten los demás? Podríamos interpretar y adaptar para la cultura la teoría de las "neuronas espejo"[65] ¿No puede aplicarse esta teoría de aprendizaje a la cultura? Estimulación cultural como técnica: estrategias especulares. Si la imitación es la base de la relación de las relaciones humanas[66] puede ser esta una importante manera de extender la cultura. Lo que vemos y experimentamos determinan la manera en la que nos comportamos. Sabemos que las emociones son contagiosas, podemos utilizar esa base neurológica para adaptar nuestras estrategias para la cultura.

Cultura expandida.

La cultura no se ciñe a un espacio único, a un territorio acotado, esta se compone de una

---

63   El término fue acuñado por Howard Rheingold en su libro Smart Mobs: La Próxima Revolución Social. Gedisa. Barcelona 2004

64   Kropotkin, Piotr. La selección natural y el apoyo mutuo. Consejo Superior de Investigaciones Científicas. Madrid 2009

65   Marco Iacoboni. "Las neuronas espejo. Empatía, neuropolítica, autismo, imitación, o de cómo entendemos a los otros" Katz. Madrid 2009

66   Marco Iacoboni.

amalgama de capas a modo de hojaldre[67] en la que se intercalan todas las realidades. Asistimos a la contextualización de un espacio híbrido y multidemiensional, hiper-realista. Los puntos de producción de comunicación y bienes culturales no pueden estar centralizados ni en las administraciones públicas ni en las industrias del entretenimiento. El empeño por parte de cualquiera de éstas por ejercer el control no es sino intentar mantener un modelo de acción y relación que no tiene ya mucho sentido. Los gobiernos locales no pueden pretender mantenerse como filtros de la cultura digital. Va a ser, simplemente, un empeño inabarcable.

Decrecimiento[68]

La lógica de la superabundancia que caracteriza a la era moderna asalta también al concepto que tenemos de cultura, a la idea de progreso cultural y la introduce en el culto al crecimiento permanente. Es necesario traspasar el concepto de cultura productivista. El sistema cultural actual genera una sobreexplotación de productos, también culturales, que de ninguna manera puede llegar a consumirse. El efecto conseguido es la sensación, por una parte, de que se hacen muchas cosas y, por otra, que los ciudadanos no participan. Este es el modelo de sobreexplotación de mercado que también la cultura ha adoptado. En todo caso es bueno preguntarse si este modelo de "cultura industrial" para el consumo de bienes estandarizados es el que necesitamos. La cultura orientada al producto como paradigma de desarrollo. El consumo de cultura, de lo que hoy pensamos que es cultura, no hace una humanidad culta sino consumista.

Derechos culturales

La cultura no es algo que suponga un aditamento superficial y desligado de la vida completa de los ciudadanos. Todo lo contrario, supone la estructuración básica de las sociedades a través de la conformación de mapas de pensamiento y comportamientos básicos. En este sentido decir que la cultura es un derecho va mucho mas allá de la necesidad de distribución de ocio y entretenimiento. Los derechos culturales son derechos, comprendidos en un sentido holístico y que son "promovidos para garantizar que las personas y las comunidades tengan acceso a la cultura y puedan participar en aquella que sea de su elección"[69]. La Declaración de Fribourg

---

67 Término tomado de "Ciudad hojaldre. Visiones urbanas del siglo XXI" Carlos García Vázquez Gustavo Gili. Barcelona 2006

68 "...para que una comunidad goce de un bienestar sostenible debe ejercer su derecho a la autonomía cultural y a diseñar las prioridades para sus practicas expresivas y creativas, sean esta públicas o privadas, individuales o colectivas. En este sentido, podemos definir a una colectividad humana como sustentable mientras sea capaz de desarrollar en sus propios términos un entorno cultural que le permita identificarse, utilizar códigos comunes de estructuración simbólica y producir autónomamente nuevos lenguajes..." Proyecto ICSI. Informe sobre Cultura y Sustentabilidad en Iberoamérica. http://www.oei.es/icsi/

69 http://www.culturalrights.net/es/principal.php?c=1

sobre Derechos Culturales[70], fundamentada sobre la Declaración Universal de los Derechos Humanos, supone una acción decidida y tajante para promover, a través de la diversidad que toda persona, de forma individual o colectiva, integre la dimensión cultural como algo fundamental para el desarrollo completo.

Economía de la contribución

O financiación distribuida, o crowdfunding[71]... en todo caso, fuera de las estructuras de financiación tradicionales, deberemos mirar hacia otros lados. Hacia una corresponsabilización de las economías y la implicación colectiva en los procesos de creación. La red y los Social Media ofrecen una oportunidad para transacciones de bajo coste. Microfinanciación y distribución de recursos para el sector creativo a través de la implementación de estrategias en red. Michael Sullivan, de Fundvlog, acuña en 2006 este concepto para poner en marcha usos cooperativos para las iniciativas creativas.

Espacio público.

Una ciudad es el máximo contenedor de cultura que existe, el máximo generador de cultura entendida en el sentido de excelencia humana. Cuando las ciudades se estructuran según modelos "de paso" que impiden la relación cotidiana, la cultura sufre una modificación absoluta. Por ello el espacio público ha dejado de ser un espacio para la colectividad" y evidentemente para la cultura como medio de interacción social. Podríamos referirnos a las "ciudades de código abierto"[72] y plantear la necesidad de una apertura activa. Recuperar la calle en contra de la urbanización[73].

Espacios de creación.

Nuestras ciudades han vivido en los últimos años la explosión de centros culturales de todo tipo como elementos de renovación urbanística y de marketing de ciudad. Pero estos han tenido casi siempre una orientación museística y expositiva destinada a "consumidores culturales" que han relegado la participación social directa. En paralelo, determinados centros, se han enfocado casi exclusivamente a proporcionar medios materiales a los usuarios y, como mucho, a ofrecer formación instrumental. Se necesitan nuevos modelos de espacios[74] para

70   http://www.culturalrights.net/descargas/drets_culturals239.pdf
71   http://www.delicious.com/platoniq/goteo
72   Michael Moradiellos en http://www.laciudadviva.org/blogs/?p=1849
73   Muñoz, Francesc. Urbanalización: paisajes comunes, lugares globales. Gustavo Gili. Barcelona 2008. Ver también http://rsalas.webs.ull.es/rsalas/materiales/at%20Mu%C3%B1oz,%20F.%20Urbanalizaci%C3%B3n.pdf
74   http://www.stepienybarno.es/blog/2010/12/01/heterotopias-urbanismo-y-participacion/

la creatividad y la innovación dedicados a la producción colaborativa donde se ofrezcan metodologías y recursos para que los ciudadanos puedan desarrollar proyectos propios, sean estos empresariales, artísticos o culturales[75].

Hibridación

La recombinación de prácticas culturales es lago que viene determinándose desde la concreción de nuevos modelos de comunicación y desde los paradigmas contemporáneos de la movilidad y la transacción de pensamiento y conocimiento. Entender y aplicar esta situación en los espacios territoriales puede suponer un enriquecimiento pleno de las estructuras y de los contenidos siendo desde ella desde donde se podrán plantear futuros modelos de complementación y de desarrollo social estructurado. La interacción compleja como nos diría Canclini[76]

Hiperlocal

La cultura comunitaria combinada con las TIC. Supone la posibilidad de alcanzar nuevas fronteras para las propuestas microlocales a través de la combinación de las redes físicas con las digitales. Espacios y modelos para que la cultura vecinal, a través de plataformas tecnológicas, tomen el protagonismo necesario dentro de una arquitectura cultural participativa. Crear espacios públicos híbridos anclados en las estructuras de barrio. Se trata de generar un tejido social sólido y critico en torno a la cultura local.

Innovación

Mas allá del concepto de innovación como creación de valor, la innovación no puede ser otra cuestión que la organización abierta centrada en las practicas DIY (Do It Yourself)[77]. A partir de proyectos colaborativos y la apertura de los espacios institucionales las prácticas colaborativas van a facilitar la apertura a nuevos modelos, a nuevas narrativas culturales que recojan una realidad abierta a las expectativas y necesidades de comunicación y creación de los ciudadanos.

Inteligencia conectiva

De la colectividad a la conectividad. Y, una vez más, no estamos hablando únicamente de máquinas, sino de una conectividad simultánea que permite aflorar nuevas formas de

75   https://www.amsterdam.nl/gemeente/organisaties/organisaties/bureau-broedplaatsen/

76   Culturas híbridas. Estrategias para entrar y salir de la modernidad, Grijalbo, México, 1990

77   www.zemos98.org/festivales/zemos987/pack/pdf/karlabrunet.pdf

pensamiento y de conciencia compartida. En palabras de George Siemens[78] "la gente no piensa junta para llegar a determinadas conclusiones, sino que más bien cada uno de nosotros piensa por su cuenta y obtiene valor colaborativo de la conexión y la combinación de ideas". En definitiva se resalta el trabajo colaborativo, más allá de la colectividad "tradicional" como fundamento esencial del desarrollo. Kewrckhove[79] la determina como el cerebro social.

Laboratorio

La investigación, también en cultura, es uno de los pilares clave para alcanzar procesos de mejora continua en cualquiera de los ámbitos que propician el desarrollo social integrado. La innovación en cultura a través de la creación de espacios "Think Cult" debe propiciar la producción de experiencias culturales avanzadas con la intención de completar un ecosistema cultural equilibrado.

Memética

Según Susan Blackmore el concepto de meme es cualquier tipo de información que se reproduce de una persona a otra por imitación, enseñanza u otros métodos. El neologismo memes[80] fue creado por Dawkins en una asimilación fonética al término genes y su tesis propone que los rasgos culturales también se replican de esta misma manera. Junto con la teoría de la viralidad[81] resulta un extraordinario concepto que implica la reconfiguración de las idead desde una mente a otra tomando el cerebro como replicante de ideas y comportamientos. La tradición de la cultura local, en este sentido, ha revisado más bien poco estos procedimientos. Sin embargo la concepción de los nuevos modelos de difusión y la convicción de la cultura como generadora debe ser un aliciente para investigar sobre estos modelos de multiplicación de actitudes.

Nomadismo

De la interculturalidad al nomadismo cultural[82]. Este nomadismo es el que nos va a permitir atravesar diferentes categorías para añadir experiencias a nuestra existencia. A liberarnos de la pesadez de los principios inamovibles que propone la cultura sedentaria. La diversidad eterna

78   George Siemens. "Conociendo el conocimiento". Nodos Ele, 2010

79   De Kerckhove, Derrick. Inteligencia conectada y mente colectiva. En: Revista de Occidente Nº 206. Madrid. Junio de 1998.

80   ¿Qué son los memes? Introducción general a la teoría de memes. Jordi Cortés Morató http://biblioweb.sindominio.net/memetica/memes.html

81   Viralidad, teoría de redes y psicología de la influencia. http://www.dreig.eu/caparazon/2010/02/15/viralidad-influencia-nuevas-y-viejas-claves/

82   http://www.edicionessimbioticas.info/Nomadismo-cultural

es el concepto de una recontextualización de la cultura en los nuevos modelos relacionales. Es desde este nomadismo desde donde fortalecemos nuestra existencia por la hibridación.

Procesos abiertos

Siguiendo como referencia los modelos de programación Open Source se trata de alcanzar estados que permitan la participación activa de los ciudadanos en un proceso de modificación y mejora continua. La adaptación a las necesidades de creación y recreación de proyectos culturales de modo que el desarrollo colectivo perfecciona y evoluciona en una acción de beneficio mutuo. La oposición a la cultura privativa desde las generaciones horizontales supone una apertura a los derechos culturales y a la lógica de la distribución

Procomún

Los bienes que son de todos y de nadie al mismo tiempo[83]. La cultura es un referente estupendo para este espacio mas allá de las enormes multinacionales que la controlan para su propio beneficio. En todo caso deberíamos entender claramente que no hay que confundir lo público (que plantea una forma de privacidad colectiva) con lo procomún (que se genera desde la ausencia total de privacidad). De este modo nos podríamos colocar en un escenario entre el estado y el mercado en el que la producción colectiva y la reapropiación y autoapropiación de contenidos culturales elaborados por los ciudadanos como creadores. "el procomún redime a los públicos de su condición de súbditos/consumidores"[84]

Prototipado

Hacer para aprender, aprender como investigación, experimentar para investigar, lo efímero como esencia del experimento...[85]. No existe una forma más adecuada de incorporarse a la estructuras de la complejidad que la actitud de entrega hacia modelos de experimentación continua. La iniciativa como tendencia y la inclinación hacia el riesgo. El movimiento en la generación de relaciones en los sistemas hipersociales en los que nuestras acciones, cualquiera de ellas y aunque no nos lo parezca, influye de forma activa en el resto. El objetivo de la búsqueda en sí mismo ya es un factor de cambio activo. No se busca el producto final sino que lo que mueve es la acción por el proceso. Una forma de producción de pensamientos que, no olvidemos, es la materia prima de la cultura.

83   EOI. Jornada sobre empresas del procomún. http://www.eoi.es/mediateca/video.php?videoid=544

84   Antonio Lafuente. Laboratorio del procomún http://medialab-prado.es/article/laboratorio_sin_muros

85   Juan Freire. Somos máquinas sensibles al prototipado. http://nomada.blogs.com/jfreire/2010/11/somos-mquinas-sensibles-de-prototipado.html

Prosumo

La participación en los proceso de creación y comunicación desde las tecnologías ha propiciado la generación de un nuevo prototipo de usuario que no se limita a consumir información y contenidos sino que también se involucra en su producción. El término prosumer o prosumidor (pro-ductor + con-sumidor) es acuñado por Alvin Toffle en 1980 con la publicación de su libro "La tercera ola"[86] y evoluciona hasta convertirse en la actualidad como uno de los paradigmas de crecimiento de la cultura digital. Es evidente que estos nuevos modelos y comportamientos ciudadanos tienen que ser incluidos en las lógicas de la gestión y de la producción de contenidos culturales. La actitud colaborativa de las sociedades contemporáneas pasa por incorporar procedimientos que impliquen desde la ubicuidad y la distancialidad como complemento a las prácticas.[87]

Proxicuidad

Dos lógicas complementarias, la proximidad y la ubicuidad. Dos realidades, lo global y lo local, que obligan a mantener un equilibrio entre el contacto de cercanía y la demanda de dispersión. Porque las ciudades componen un entramado muy apropiado para una cultura de la diferencia y la multiplicidad. Y también porque nuestros espacios físicos están cada vez más interconectados, sin determinismo territorial y requieren de modelos que permitan reestructurar los conceptos de cercanía y distancia. Cuando todas las culturas están en todas partes la implicación de los gobiernos locales cambia, cada acción es un nodo que implica relaciones múltiples. Fuera y dentro, como conceptos de habitación ciudadana, cambian.

Redes

No podemos seguir pensando en las redes sin hacer una inclusión mínima en lo que podríamos llamar geopolítica de la cultura. No se trata de hacer un análisis exhaustivo de la llamada globalización sino de comprender que las redes de cultura están participando en un juego del que debemos ser conscientes. Ciudadanía, cultura[88] y mundo globalizado son conceptos que hoy se entremezclan para crear un nuevo fenómeno que no se limita a un territorio geográfico sino que se conjuga con una inevitable orientación hacia lo externo como significado y como filosofía. Las redes deben convertirse en espacios para la generación de conocimiento. No debemos conformarnos con almacenar sino que tenemos la obligación de producir y reproducir. Debemos convertirnos en espacios abiertos a la experimentación y al contagio. Diplomacia horizontal.

86   Libro en línea. http://www.scribd.com/doc/2911053/Toffler-Alvin-La-tercera-ola

87   Del público al prosumidor. Nuevos retos para los estudios de consumo cultural. Ana Rosas Mantecón. http://www.uis.edu.co/webUIS/es/catedraLowMaus/lowMauss12_2/doceavaSesion/Nuevos%20Retos%20 para%20los%20Estudios%20de%20Consumo%20Cultural.pdf

88   Recordemos que el concepto de cultura que estamos utilizando es aquel que nos indica el mapa mental y la guía de comportamiento de cada individuo en el sentido que nos propone José Herrero en http://pnglanguages.org/ training/capacitar/antro/cultura.pdf

Rizoma

Un modelo de relación y de creación en el que la organización, según las teorías de Deleuze y Guattari[89], no se regula mediante líneas de subordinación jerárquica sino que cualquier elemento incide en el otro. Es un modelo de implicación que procura una cultura no anclada en estructuras sino que esta conectada de forma horizontal y que genera elementos de multiplicidad autónoma. "Un rizoma no comienza ni termina, siempre está en el medio, entre las cosas, es un ser-entre, un intermezzo. (…) no designa una relación localizable y que va de uno a otro, y recíprocamente, sino una dirección perpendicular, un movimiento transversal que lleva uno al otro, arroyo sin comienzo ni fin, que corroe sus orillas y toma velocidad entre las dos". [90] Una estructura, en definitiva, que no busca un centro de dependencia sino que todo se mueve por una influencia interconectada. Se aprende y se genera desde todos los puntos.

Simetría

Más allá del mero reconocimiento de la diferencia entre culturas (no olvidemos que en una sociedad globalizada puede habrá más diferencias entre personas del mismo barrio que entre otras de ciudades alejadas) y observando la necesidad de reconocer y valorar productivamente estas diferencias, el respeto por la diversidad se orienta hacia el enriquecimiento mutuo que debe incidir en la eliminación de las condiciones que generan desigualdad, discriminación y exclusión. Podríamos hablar en este sentido de una especie de simetría dinámica en el sentido de Fibonacci en los que cada número es la suma de los dos anteriores: 2, que es 1+1; 3 que es 2 + 1; 3+2 es 5; y 5+3 es 8 y así sucesivamente, consiguiendo que cada cultura sea la suma de las anteriores. L proporción áurea, la cultura áurea.

Social media

La participación se amplía, se modifica, se expande. La participación, más allá de los análisis de mercado y lo que suponen las "redes sociales" las formas de distribución de conocimiento y de creación se dirigen hacia estructuras móviles, difusas y aumentadas. Internet es algo más que una simple extensión de "nuestros cuerpos institucionales", se convierte en una plataforma de cooperación y organización que todavía debe ser comprendida correctamente. No se trata de digitalizar los comportamientos analógicos. La filosofía, los procesos, los objetivos son otros. Su poder de transformación es enorme si se gestiona desde sus principios. No se trata de pasar a la red la comunicación corporativa tradicional, no se trata de sustituir los carteles, los boletines, los folletos por páginas web, blogs, twitters y facebooks

---

89   DELEUZE, G. y Félix Guattari 'Introducción: Rizoma' en Mil mesetas. Ed. Pre-textos, Valencia, España, 1997

90   Op. Cit.

varios. El desconocimiento impide que este cambio se pueda salir de los intercambios lineales habituales.

Transgenización.

La transgenización de la cultura[91] viene dada por la postura dominante de las grandes industrias que fuerzan a una comercialización competitiva cerrado las ideas y las expresiones culturales y acotándolas a un entorno de rentabilidad. ¿No debería ser el estado quien garantizase un espacio cultural público, un espacio creativo público? Son tiempos en que cultura transgénica, esta compuesta 'clones' a la medida, sin personalidad, sin ideas propias, homogeneizados. Con ingeniería financiera se les han suprimido los genes conflictivos, como el gen crítico, el de la conciencia, y los han modificado por genes pragmáticos... y al igual que las semillas han de producir pensamiento cautivo y son instrumento del poder económico. Reproducen los valores preexistentes y han dejado de tener conexión con el mundo social. No sería bueno comenzar a oír hablar de transgenización de la cultura.

Valga una especie de nube de tags a modo de glosario en el que aparecen algunas de las tratadas y otras no y que, en definitiva puede considerarse como una pequeña aproximación de la terminología contemporánea mas allá, yo lo he dicho más arriba pero insisto, de lo que son las lógicas de la cultura centrada en la estrategia capitalista. De todo ello y de algunas cuestiones más que se escapan, hay que hablar cuando se habla de cultura de territorio. Y tomen, por favor, los tamaños tan solo como referencia de lo que sería una nube en un entorno web.

En este contexto híbrido en el que nos encontramos (proximidad/conectividad - presencialidad/distancialidad - localidad/globalidad - identidad/diversidad...) aparecen, hace ya tiempo, unos modelos en los que se entremezclan sensibilidades, se descubren comportamientos, se interactúa con otras realidades. La apreciación de la cultura a través de esta perspectiva de ecosistema híbrido supone un verdadero aumento de la heterogeneidad creativa, una multiplicación de las visiones a partir de la disparidad social, un crecimiento exponencial de los modelos de participación. Las múltiples capas que se interrelacionan y se confunden dentro de este paradigma hacen que su gestión se funda en un concepto que va más allá de lo que la presencia física pueda alcanzar. La gestión polimórfica de la cultura también nos lleva a la aplicación de ceros y unos en un entorno en el que los productos se convierten en una membrana permeable que amplifica las nuevas realidades y permite reemplazar las partes gastadas de la cultura analógica. La cartografía actual de la cultura requiere de una revisión minuciosa que actualice sus coordenadas.

91   Véase la teoría del pensamiento transgénico de Antonio Gramsci

Enfrentarnos al paradigma de los nuevos ecosistemas culturales conlleva un cambio de actitudes y pensamientos más que la dotación de infraestructura y maquinaria. Los territorios tienen que modificar sustancialmente su pensamiento. Se necesita una actitud a la que bien podríamos denominar Geekcultura siguiendo la línea de pensamiento de Hugo Pardo Kuklinski[92]

Vayamos con algunas orientaciones, no necesariamente por este orden de importancia ni tomándola, evidentemente, como lista cerrada

1. En primer lugar y para abordar ese conveniente cambio estructural y de pensamiento es necesario internalizar: incorporar cerebros, ideas, pensamientos, criterios... colaborar. No confundir con externalizar. Este es un proceder recurrente que viene sin duda inspirado y determinado por los modelos de desarrollo neoliberal que pretenden privatizar cualquier asomo de interés público.

2. En segundo lugar colocar la cultura local en la nube (cloud computing) como identidad abierta y usar las redes

- para potenciar al máximo la distribución de conocimiento, los modelos organizativos y los procesos de creación. La misma razón de la nube
- para que los ciudadanos puedan satisfacer sus necesidades creativas de una manera "no intrusiva".

3. Al hilo de lo anterior: en la nueva ecología de la cultura las políticas públicas deberían abordar una especie de "desinstitucionalización" de la cultura (ojo, no confundir con privatización). O si se prefiere desocuparla de las instituciones como referencia sine qua non en una intención clara de cultura-metrópolis. En todo caso tratar de evitar los procesos de neutralización que, en palabras de Marina Garcés[93] "siempre se dan por medio de las dinámicas, los procedimientos y la financiación".

4. Gestionarla desde los conceptos de la economía de la abundancia vs economía de la escasez. Es decir utilizar los medios de producción colectiva y de colaboración horizontal de modo que se integre en los contextos sociales la creatividad, la producción y la transmisión frente al consumo acrítico de productos limitados

---

92   En un ejercicio de remix, como corresponde al paradigma de cultura digital, el término parte del acuñado por Hugo Pardo Kuklinski "Geekonomía" y procuro su metástasis al de "Geekcultura"

93   "Dar que pensar" http://www.zemos98.org/simposio/spip.php?article147

5. Investigar, investigar, investigar. Más allá de los observatorios como referentes de lo sucedido se deben habilitar laboratorios que funcionen como provocatorios. Desde los que proponer modelos y aplicar tendencias. La investigación sin acción no lleva a ningún lugar. Hay que provocar

6. Conformar plataformas abiertas y distribuidas que abandonen tendencias "portal" (tanto en el ámbito digital como en el físico, en el que los despachos de ciertos responsables se convierten en centros de peregrinación a los que acudir para rogar atención) Una Cultura abierta (open culture) que permita la interconexión entre la administración, los creadores y los ciudadanos. La cultura y la creación comunitaria. Transferir el poder desde las instituciones como propietarias de los contenedores y por tanto dueñas de lo que allá se programa.

7. Convertir los edificios en hubs y nodos de alto rendimiento minimizando la importancia del continente y trabajando para conseguir efectos de agregación. Es decir, abandonar la actitud que ha llevado a las instituciones públicas a un comportamiento propietario, centralizado (la descentralización ha sido muchas veces una simple difusión de la centralidad) y unidireccional. Llevamos más de un siglo centralizando la cultura a partir de la distribución de sus productos y eso es difícil de cambiar.

8. Acratización de las instituciones. O por lo menos focalizar los esfuerzos en la acción compartida y la inteligencia distribuida más que en las funciones ejecutivas al más puro estilo piramidal. O lo que es lo mismo meritocracia contra jerarquía y aquiescencia. Impulsar la iniciativa y la predisposición al riesgo.

9. Alejamiento de las experiencias de "cultura masiva" a favor de la dinámica ciudadana como estrategia para convertir los territorios en lugares inteligentes. Propiciar ese necesario caos que la creatividad necesita y que la institución desautoriza. La cultura proximal como referencia de crecimiento memético, la cultura hiperlocal como referencia de crecimiento viral.

10. Asumir la corresponsabilidad en los procesos de creación de sociedad. El cambio no depende única y exclusivamente de Administraciones Públicas como representantes del Estado. La ciudadanía y los creadores (y los técnicos no lo olvidemos somos también ciudadanos y en algunos casos creadores) deben/debemos asumir nuestra parte de compromiso. Coevolución. Todos somos parte de ese proceso de cambio.[94]

---

94   Es curioso observar como, hablo del caso español, como poco a poco y lo que fue estupendo en los 70-90 para consolidar una sociedad democrática se ha ido derivando hacia una especie de apropiacionismo por parte de la administración y una especie de dejacionismo por parte del ciudadano.

11. Trabajar la cultura expandida en forma de cultura construida-no recibida a partir de procesos de innovación. No solo en los productos sino también en los procesos. La hibridación que permite experimentar nuevos territorios de creación. Que saca la cultura de las instituciones, que la enmarcan en una reciprocidad con la sociedad general y que esa de cara a las transformaciones, al os nuevos saberes y a los nuevos modelos de comunicación y producción.

12. Priorizar las plataformas más que los contenidos manteniendo despejados los canales de comunicación con las redes de creación, desde el aporte comunitario y desde la flexibilidad y la autoorganización que permite el ecosistema social abierto. Exploración, experimentación y ejecución en un entorno de producción colectiva. El procomún.

13. Quizá uno de los problemas más preocupantes, y aquí hablo de todos los implicados en el desarrollo cultural del territorio, es creer que una vez puesto en marcha cierto plan, estratégico o no, ya está todo terminado. Que la cultura tal y como "se ha diseñado" y la desarrollamos ha venido para quedarse. Sin embargo la utopía del perpetuum movile es necesaria. Iniciar, ensayar, fallar... continuamente. Los cortos plazos han hecho del amor al riesgo y la curiosidad una de las facetas más olvidadas.

En todo caso y más allá de las extraordinarias infraestructuras que se van generando y aquello que las élites de la cultura pueden ofrecernos no debemos perder de vista que el potencial real para la creación de una sociedad culta esta en la generación de una ciudadanía creativa y creadora. Esa es la verdadera misión de las instituciones públicas ancladas en los territorios, la mediación como fuente de progreso cultural.

O lo que es lo mismo: valorar la esencia sobre la forma, la búsqueda sobre la certeza, la creación sobre el repertorio, la incertidumbre sobre los principios, la multiplicidad sobre el código, la palabra sobre el discurso, la calle sobre los despachos, la conversación sobre los medios, en intercambio sobre el consumo, la experimentación sobre la contemplación, la razón sobre el fetiche, la sorpresa sobre la nostalgia, la impertinencia sobre lo probable, la esfera sobre el plano, la pregunta sobre las respuestas, la indisciplina sobre el ceño, la exploración sobre el protocolo, lo común sobre lo propio, la conjunción sobre la jerarquía, lo complejo sobre lo cartesiano, la potencia sobre la materia, lo emergente sobre la estructura, lo sistémico sobre lo truncado, el corazón sobre la técnica, la proposición sobre la enunciación, el laboratorio sobre el observatorio, la mutación sobre el privilegio, la reapropiación sobre la posesión, la metacultura sobre la cultura... en definitiva una reinterpretación de la cultura en favor de estructuras abiertas a flujos ciudadanos que ensamblen imaginarios, que exploren relaciones emancipatorias, que consigan de verdad, una humanidad más "humana".

Notas para una teoría cuántica de la cultura.
v. 0.1 beta 2010

[#1]

Todo lo que se expande tiende a contraerse. La cultura globalizada frente a la cultura local. Lo local como escenario armonizador.

[#2]

TRG. Teoría de la relatividad general. Estudia, digamos, lo macro. En esta medida todo es, si puede considerarse así, más tranquilo, más predecible más homogéneo.

[#3]

Según esta teoría, el Universo (toda la materia) está representado por una ligera "sabana" sobre la que descansan los cuerpos. Estos al ejercer una presión, como si de un colchón se tratase, hunden el espacio que ocupan y provocan que los cuerpos que giran a su alrededor se vean atraídos por su fuerza de gravedad G.

[#4]

Mecánica cuántica. Estudia lo micro. Los cuerpos subatómicos. En esta dimensión el comportamiento es más caótico, menos predecible, menos uniforme.

[#5]

Las fuerzas que componen la mecánica quántica son:

i. EM la fuerza electromagnética, la que se encarga, a través del intercambio de partículas, de ejercer atracción o repulsión entre los cuerpos"
ii. S la fuerza nuclear fuerte. Es la encargada de mantener unido al núcleo. Actúa como un pegamento agrupando neutrones y protones
iii. W la fuerza nuclear débil que permite que los neutrones se conviertan en protones. La causante de la descomposición radiactiva.

[#6]

Cuando intentamos unir las dos teorías vemos que las ecuaciones no coinciden, que hay una contradicción entre una y la otra y que los resultados son distintos. Tenemos pues un problema, si las dos funcionan como teoría del universo deberían coincidir. Algo falla. Cuando la cultura se junta con la economía en disfunción también falla algo.

[#7]

La teoría de cuerdas o las supercuerdas. Nace a finales de los 60 y tras diferentes altibajos va tomando forma a partir de que las ecuaciones van perfeccionándose. Dice que el corazón de todo fragmento de materia esta compuesto por diminutas cuerdas, unos pequeños hilos vibrantes de energía, no por puntos como se creía. Es la teoría que va a aglutinar las dos teorías anteriores y va a explicar el funcionamiento general.

[#8]

La cultura es la cuerda vibrante que describe la teoría de cuerdas y que aglutina todo el ámbito social.

[#9]

Tal y como las cuerdas aglutinan el universo y explican su funcionamiento físico, la cultura es el elemento que aglutina el universo social y agrupa las partes más pequeñas con las más grandes, lo macro (TRG) y lo micro (Cuántica) en cultura.

[#10]

Evidentemente las dos magnitudes tienen comportamientos distintos: lo macro se rige por la la gravedad G alrededor de la cual gira todo y podemos identificarla con el mercado como agente aglutinador que ejerce su máxima influencia para que todo gire en su alrededor. Lo micro se rige por las fuerzas EM, S y W y componen las estructuras mínimas de los comportamientos, estructuras que podríamos comenzar a identificar en aquellos lugares donde el mercado no está presente como fuerza gravitatoria, el barrio, el grupo social, la familia, la persona... en estos niveles los elementos que rigen el comportamiento son más inestables.

[#11]

¿Qué aspectos sociales podríamos identificar con esas fuerzas, que parangón social podríamos poner a S, EM, W? ¿qué ecuación social podríamos componer?

[#12]

La diversidad cultural a través de la teoría de las partículas (pensemos en un acelerador de partículas): cuando se lanzan las partículas los choques más habituales son lo laterales sin embargo cuando se produce un choque frontal el resultado es una espectacular lluvia de partículas subatómicas, un autentico reguero de partículas (doc 2. 20:40) se descubrieron por este sistema multitud de partículas nuevas. De aquí salen los componentes básicos de la naturaleza afirmando que las fuerzas de la naturaleza se podrán llegar a explicar mediante las partículas.

[#13]

Trasladémoslo a la cultura. Habitualmente las culturas se rozan, conviven. Solo cuando hay un choque frontal se produce una explosión. Esta explosión puede estar controlada o no de forma que la liberación subatómica sea fatal o constructiva. Esto puede dar idea de que realidad es mucho más rica de lo que parece.

[#14]

Pensemos también en lo siguiente: Dos partículas de materia se lanzan una partícula mensajera, en el caso del magnetismo, la partícula intercambiada es un fotón, cuantas más partículas electromagnéticas se compartan mayor atracción habrá entre una y otra. La ciencia dice que la fuerza que sentimos es ese intercambio de partículas mensajeras. Otra bonita traducción para la cultura. Cuanto mayor intercambio haya de "partículas mensajeras" entre culturas, mayor será la atracción.

[#15]

Esto nos va a posibilitar avanzar en las teorías de la cultura por otros caminos que no sean estrictamente los económicos. Ampliar el foco y estructurar la cultura como lo que es: el componente básico de la estructura social.

[#16]

Porque no solo la economía estructura la sociedad sino que la economía es una partícula más. La cultura, en realidad es la que lo hace, la que incluye a la economía como una partícula subatómica. No al contrario. La economía esta integrada en la cultura, no la cultura integrada en la economía.

[#17]

La teoría de cuerdas parece describir todos los componentes básicos de la naturaleza: las cuerdas son el componente más pequeño del átomo, menor que el quarc, son pequeños hilos de energía que, a modo de las cuerdas de un chelo, producen diferentes sonidos según su vibración. Las cuerdas vibran de distintos modos dotando a las partículas de sus propiedades como la masa y la carga. Las diferencias pues entre los diferentes cuerpos es el modo distinto en el que vibran sus cuerdas. La cultura es la cuerda, las diferentes vibraciones son las formas diversas de vibrar que dotan a las sociedades de particularidades.

[#18]
Por ello la cultura no puede evolucionar alrededor de una teoría gravitacional única, como la naturaleza no puede explicarse únicamente por la TGR. La cultura no puede girar de modo único alrededor del mercado como si de un sistema heliocéntrico se tratase.

[#19]
La teoría de cuerdas se fundamenta sobre la existencia de "dimensiones adicionales" que deberían añadirse a las cuatro establecidas.

[#20]
Existen culturas adicionales que van más allá de las que percibimos habitualmente.

[#21]
Estas dimensiones adicionales son las que se unen y hacen vibrar a las cuerdas de un modo determinado.

[#22]
¿Por qué un departamento de investigación cultural, sobre todo si está radicado en la administración pública, se ve como algo inútil? Puede haber muchas razones pero, desde luego, una es clara. Hemos fragmentado de tal modo la cultura, la hemos reducido tan drásticamente (tan estratégicamente diría yo) a la producción y distribución de espectáculos, que nos resulta imposible imaginar la cultura como algo más que eso, como algo más que un producto en la cadena de producción financiera. Evidentemente toda investigación e inútil si no tiene un objetivo, un resultado, alguien que la escuche e imagine una aplicación. Esto es lo que falta en nuestras políticas de cultura: abrirnos a otros campos de pensamiento, liberarnos de la tiranía del mercado como paradigma de desarrollo. Imaginemos que después de investigar nadie hubiese querido fabricar la aspirina.

[#23]

La cultura también se sustenta sobre el pensamiento filosófico, no en vano si tenemos en cuenta el progreso de la ciencia, todo comienza con el pensamiento, con disquisiciones filosóficas

[#24]

La esencia de la física es la atracción y repulsión de los átomos. La esencia de la sociedad es la atracción y repulsión de las culturas.

[#25]

Teoría quántica aplicada a la cultura como una nueva perspectiva de funcionamiento de los procesos culturales y de sus relaciones e influencias.

[#26]

Para comprender mejor todo comencemos a reducir lo que llamamos cultura a un tamaño manejable. Imaginemos que la cultura, todas las cultura abarcan lo que abarca Zaragoza, de modo que una ciudad media abarca un paradigma cultural completo (doc 3. 05:12)

[#27]

Desde la física tradicional se entiende el espacio como una superficie plana, estática e inamovible. No es así.

[#28]

Para que la teoría de cuerdas tenga su sentido se necesitan 11 dimensiones. Las cuatro conocidas, seis demostradas por ecuaciones y una más sin determinar. En la traslación de la teoría de cuerdas a la teoría armonizada de la cultura estas dimensiones pueden corresponder a la diversidad.

[#29]

Las dimensiones están relacionadas con las direcciones que podemos tomar para nuestro desplazamiento por el mundo físico: arriba y abajo, delante detrás, izquierda derecha. También se las denomina "grados de libertad" cuantas más decisiones podamos tomar en relación con ese desplazamiento mayor grado de libertad tendremos. Por tanto si hay más dimensiones menos limitadas serán nuestras acciones.

[#30]
¿Son pues las dimensiones en cultura las posibilidades que tiene el pensamiento para evolucionar, para ser libre?

[#31]
Poder entrar en otras dimensiones, en otras culturas, en otras formas de pensamiento, aumenta la libertad.

[#32]
Cuantas más dimensiones existen, cuantas más formas de pensamiento, la cultura (las cuerdas) tiene muchos menos limites. Cuanto mayor es el "grado de libertad" menos limites se tienen para un crecimiento exponencial. La cultura como "teoría del todo"

[#33]
Siguiendo esta teoría nos encontramos con que el universo esta compuesto por multitud de dimensiones paralelas (la sociedad esta compuesta por pensamientos paralelos) que conviven contradiciendo incluso las teorías físicas conocidas. Hoy las culturas conviven de forma paralela y muchas veces sin que se toquen. Nuestra cultura no sólo no es especial sino que convive con multitud de cultura paralelas, con numerosos pensamientos vecinos.

[#34]
Sociedad-relaciones-cultura-pensamiento

Universo-materia-cuerdas-dimensiones

[#35]
Si hasta ahora la teoría de la relatividad general TRG, a través de la gravedad ha explicado el funcionamiento del universo podemos establecer un paralelismo y observar que la teoría de la cultura es explicada a través de una especie de teoría de la gravedad del mercado y afirmar que la cultura gira alrededor de este. Evidentemente esto se queda corto. Hasta ahora se consideraba que la gravedad G era la fuerza más potente sin embargo las recientes investigaciones nos afirman que no es así. Que la energía electromagnética EM es infinitamente más potente (un uno seguido de 39 ceros). Recordemos que la EM es la fuerza que se encarga, a través del intercambio de partículas, de ejercer atracción o repulsión entre los cuerpos. Tenemos una fuerza similar en la sociedad que se encarga de la atracción o repulsión

de las culturas y que esta es más potente que la fuerza del mercado ya que puede modificarla o atenuarla, la EMPATIA. (si nosotros nos tiramos de un edificio la G nos atrae hasta el suelo pero es la EM la que nos impide que sigamos cayendo hasta el centro de la tierra)

[#36]
Como la teoría de cuerdas nos dice que el universo que conocemos es solo una capa, una membrana, dentro de un todo multidimensional, así nuestra cultura se corresponde también con una membrana dentro de un todo multicultural.

[#37]
La filosofía trasciende en ciencia cuando existe una evaluación empírica de los hechos.

[#38]
Se trata de algo muy sencillo: si la ciencia se hubiese quedado con las explicaciones que pretenden un funcionamiento básico de las leyes físicas al estilo de Copérnico y Newton, la TGR no se hubiese dado, Einstein no habría renovado las ideas de tiempo, espacio y gravedad. Evidentemente tampoco se hubiese dado la mecánica quántica y no se hubiese buscado en lo pequeño, no se hubiese observado con detalle el universo y no se hubiese descubierto una nueva capa de la realidad. ¿por qué no nos embarcamos en esa curiosidad intelectual desde la cultura? ¿por qué no buscamos nuevas dimensiones que nos liberen de las leyes gravitatorias del mercado? ¿por qué no avanzamos hacia otras capas, hacia otras dimensiones paralelas? ¿por qué no buscamos también la "supersimetría"?

[#39]
De la misma forma que la física busca explicar los hechos simplificándolos, la cultura deber reducirse a lo simple para explicar los hechos complejos. Cuanto más hechos simples se expliquen mantendremos un conocimiento más preciso de la cultura como hecho macro. ¿decrecimiento conceptual? ¿lo podemos unir al decrecimiento económico?

[#40]
Propongo un modelo de pensamiento que analice desde la filosofía, desde la abstracción, desde la metástasis conceptual, los logros teóricos de las ciencias. Una lectura interpretada que pueda aplicarse al mundo de la cultura.

[#41]

El problema de la cultura es que estamos en un mundo intelectual secuestrado en el que pensamos que el producto es el componente principal de la cultura, en realidad el único. Eso creían con el átomo. Evidentemente esto no solo produce confusión sino que nos lleva a interpretaciones y a deducciones erróneas (partiendo de una tesis errónea no podemos llegar a una conclusión cierta). Ofrece realidades inexactas ya que consideramos certeza lo que en realidad es una falsedad, o una verdad a medias. Y la teoría que manejamos es que la gran aportación de la cultura es favorecer y desarrollar el bienestar económico de las sociedades. Es cierto en una parte pero esta parte no es el todo y desarrollar un principio desde esta visión parcial nos produce evidentes distorsiones. La óptica no es correcta, la visión es deforme. Una visión parcializada del universo tuvo a la ciencia anclada durante miles de años en una visión incorrecta de su funcionamiento. Esta visión incorrecta derivó en teorías equivocadas y en propuestas no fallidas. Pretender la evolución de la sociedad a partir únicamente de premisas económicas es absolutamente desatinado. La teoría armonizada de la cultura pretende, siguiendo los principios de la teoría de cuerdas, analizar una realidad que va más allá de la realidad atómica conocida e indagar en los campos subatómicos.

[#42]

Las teorías atómicas predicen que el universo es ordenado y predecible, la mecánica quántica, que busca en los campos subatómicos, no esta de acuerdo y busca abrir las puertas a una nueva visión de la realidad total. No estaría de más aplicar estas bases de pensamiento al mundo de la cultura. Abandonar certezas.

[#43]

Debemos aprender a desprendernos de las certidumbres economicistas que tenemos acerca de la cultura para llegar a entender todas su realidad "subatómica".

[#44]

Si el universo, gobernado por leyes físicas, no se comporta de una manera ordenada y predecible ¿cómo va a poder hacerlo algo tan simbólico, tan inmaterial, como la cultura?

[#45]

La cultura no es un lujo del que podamos prescindir. Esa es una de las conclusiones claras si somos capaces de liberarnos del secuestro gravitatorio del mercado. Porque la cultura es lo que nos hace humanos, nos identifica como los seres que somos. Lo que nos aclara el por qué de nuestro comportamiento. Lo que nos explica por qué algunos son transparentes y otros opacos, por qué unos abren su pensamiento y otros lo blindan, por que hay uniones imposibles y otras extremadamente sencillas. La cultura no es un lujo porque no es un producto, porque no es parte de la economía sino al revés, totalmente al revés. La cultura no es un lujo porque la cultura no es únicamente el espectáculo. En eso consiste también la necesidad de alcanzar una armonización de la cultura, la necesidad de establecer una teoría que unifique lo macro con lo micro, que haga cuadrar las ecuaciones tal y como se hizo cuadrar la TGR con la mecánica cuántica.

[#46]

La física quántica nos demuestra que las fuerzas EM, S y W funcionan a escala subatómica y que, aún pareciendo mínimas el impacto en la vida cotidiana de la materia es igual de profundo que el de la gran fuerza de la gravedad G. En ocasiones superior, si no recuérdese cuál es la fuerza generada cuando la S, la fuerza nuclear fuerte, la que mantiene unidos a los neutrones y protones, se libera. Al liberar estas partículas y dividir el átomo se produce una cantidad inimaginable de energía.

[#47]

Nuestro concepto de cultura no ha avanzado mucho en los últimos tiempos. Nos hemos acomodado a la onda gravitacional del mercado y hemos cerrado nuestros campos de investigación. O de otra manera, estamos unidos de tal manera al átomo (mercado) que no somos capaces de liberar la enorme fuerza que tenemos. Digamos que todavía es newtoniana.

[#48]

Seria interesante comprender que, como en la TGR, todo puede reducirse a unos principios básicos de funcionamiento de la materia. Y que esos principios hay que estudiarlos convenientemente, desentrañarlos y acercarnos al máximo a ellos, bajar hasta verlos lo más cerca posible. Quizá estos principios pudiese extrapolarse a la cultura y a la sociedad para intentar explicarnos cosas desde una abstracción de conceptos. Por ejemplo, si el dinero no se crea ni se destruye ¿dónde está el que tantos han perdido?

[#49]

La cultura se encargaría, desde estos parámetros, más bien de enseñar a pensar.

[#50]

Creo que la unión de la física con la filosofía es algo tremendamente potente.

todo sigue en http://yanotengoprisa.wordpress.com/

y en el repositorio de academia.edu >
https://independent.academia.edu/Jos%C3%A9Ram%C3%B3nInsaAlba

www.ingramcontent.com/pod-product-compliance
Lightning Source LLC
Chambersburg PA
CBHW060450290526
45791CB00001B/52